Eerste
Kamer *der Staten-Generaal*

Tweehonderd jaar Eerste Kamer

VEELZIJDIG
IN DEELTIJD

De laatste 25 jaar in het vizier

INHOUDSOPGAVE

EEN BIJZONDER INKIJKJE IN DE EERSTE KAMER

Het boek dat u nu in handen heeft, is geschreven ter gelegenheid van het 200-jarig bestaan van de Eerste Kamer, naast de Tweede Kamer. De Eerste Kamer: het instituut dat de laatste jaren vanuit de coulissen van de landelijke politiek in de volle schijnwerpers is komen te staan. Volgens sommigen zou de Kamer te politiek geworden zijn. Anderen daarentegen zijn er ten diepste van overtuigd dat het instituut keer op keer zijn waarde bewijst in de politieke checks-and-balances als dam tegen opportunistische of overhaaste regeringspolitiek of slechte wetgeving. Feit is dat de Eerste Kamer onderdeel is van het op één na oudste fungerende bicamerale parlement van Europa. Dat geeft alle reden om bij deze historische mijlpaal stil te staan. Het vizier van dit boek *Veelzijdig in deeltijd* is vooral gericht op de laatste 25 jaar. In 1990 verscheen immers al een monumentaal boek over de eerste 175 jaar van de Eerste Kamer, *Aan deze zijde van het Binnenhof.*

Dit boek heeft een tweeledige ambitie. Het zou voor kenners van de Eerste Kamer een feest der herkenning moeten zijn. En voor lezers die niet zo goed op de hoogte zijn van wat de Eerste Kamer doet, beoogt het een helder beeld te geven van haar rol, kerntaken en werkwijze. In tien hoofdstukken nemen de auteurs u mee in de geschiedenis van de Eerste Kamer, benoemen zij trends in de afgelopen 25 jaar, schrijven zij over het wetgevingsproces in de laatste fase, over rituelen en gebruiken, over

beeldvorming, laten zij u zien hoe een dag van een Eerste Kamerlid eruitziet, beschrijven zij Europese ontwikkelingen en bieden zij in het laatste hoofdstuk een blik op de ambtelijke ondersteuning van de 75 leden van de Eerste Kamer.

Het boek is niet geschreven door politici, maar laat wel veel politici aan het woord. In verschillende interviews laten (voormalig) senatoren – onder wie een aantal oud-Voorzitters – hun licht schijnen over gebeurtenissen in de afgelopen 25 jaar waarbij zij betrokken zijn geweest of waarover zij een opvatting hebben. Daarnaast komen in die interviews ook anderen aan het woord, onder meer de voormalige huismeester van de Eerste Kamer en de 'huisarchitect'. De uitspraken in de interviews geven een mooie inkleuring van de talloze zaken die in het desbetreffende hoofdstuk aan de orde komen.

Dit jubileumboek staat niet op zichzelf. Het 200-jarig bestaan van het tweekamerstelsel wordt in het parlementaire jaar 2015-2016 uitgebreid gevierd. Er zijn tal van activiteiten voor het publiek, waaronder open dagen, tentoonstellingen en extra rondleidingen. Het parlementaire hoogtepunt is een bijzondere Verenigde Vergadering van de Staten-Generaal op vrijdag 16 oktober 2015 in de Ridderzaal om officieel stil te staan bij ontstaan en ontwikkeling van onze moderne parlementaire democratie. De Staten-Generaal, dat zijn de Eerste Kamer en de Tweede Kamer tezamen.

De titel *Veelzijdig in deeltijd* is welbewust gekozen. Die titel benadrukt dat Eerste Kamerleden vanuit een brede maatschappelijke achtergrond en met een scala aan kennis en ervaring hun politieke functie in deeltijd uitoefenen – zij hebben immers doorgaans een hoofdfunctie elders. De titel geeft daarnaast aan dat het werk van de Eerste Kamer veelzijdig is en zich daarbij niet alleen tot de eigen landsgrenzen beperkt. Veel senatoren zijn ook in internationaal verband parlementair actief.

"DE EERSTE KAMER IS ONTEGENZEGGELIJK EEN KLEURRIJK EN BIJZONDER ONDERDEEL VAN ONZE DEMOCRATISCHE RECHTSSTAAT"

Naast alle serieuze onderwerpen die in dit boek aan bod komen, is ook ruimte gereserveerd voor enige zelfspot. De Eerste Kamer is weliswaar een eerbiedwaardig instituut, maar juist daardoor ook een dankbaar object voor cartoonisten. De afgelopen 25 jaar zijn in de dagbladen de nodige spotprenten over de Eerste Kamer verschenen. Wij hebben er een aantal voor u geselecteerd. Humor en een zekere mate van relativering, via de knipoog van de cartoonist, past wel bij de Eerste Kamer.

Tot slot: de auteurs aan wie ik refereerde, zijn medewerkers van de Griffie van de Eerste Kamer. Een van de trends van de afgelopen 25 jaar is een inhoudelijke professionalisering van de kleine ondersteunende staf waarover de Eerste Kamer beschikt. De Huishoudelijke Commissie van de Eerste Kamer meende dat de Griffie in staat zou zijn

zelf een boek voor het jubileum te maken. Ik meen dat het resultaat er mag zijn.

Wat voorligt, is zeker niet bedoeld als een uitputtende en volledig wetenschappelijke weergave en analyse van de gebeurtenissen in de afgelopen 25 jaar. De redactie heeft keuzes moeten maken. Bovendien heeft zij er welbewust voor gekozen om ook veel beeldmateriaal te gebruiken. De ruim 300 illustraties – vaak ook foto's die nog niet eerder zijn gepubliceerd – moeten daarom naast de tekst een fraai, historisch beeld geven van wat er in de Eerste Kamer gebeurt en van de mensen die het verhaal vormgeven. Wij denken dat de Eerste Kamer dit verdient, want zij is ontegenzeggelijk een kleurrijk en bijzonder onderdeel van onze democratische rechtsstaat.

Ankie Broekers-Knol
Voorzitter van de Eerste Kamer der Staten-Generaal

TRENDS IN DE EERSTE KAMER IN DE AFGELOPEN 25 JAAR

TRENDS IN DE EERSTE KAMER IN DE AFGELOPEN 25 JAAR

Openingsfoto vorige pagina's: senator Holdijk (SGP) heeft als lid van de Eerste Kamer verreweg het grootste gedeelte van de laatste 25 jaar meegemaakt. De media-aandacht is in die 25 jaar gegroeid.

De taken en bevoegdheden van de Eerste Kamer zijn in de afgelopen 25 jaar niet wezenlijk veranderd. Nog steeds controleert de Eerste Kamer de regering en heeft zij het laatste woord in het wetgevingsproces. De samenleving heeft in deze periode evenwel belangrijke ontwikkelingen doorgemaakt die hun invloed hebben gehad op het functioneren van de overheid. Zo is de burger mondiger geworden en stelt hij meer eisen aan de overheid, aan haar regels en aan de kwaliteit van de uitvoering daarvan. Daarnaast hebben de toenemende vraag naar openheid en de ontwikkeling van het internet informatie toegankelijk gemaakt als nooit tevoren. Googelen is vandaag de dag een van de meest voorkomende activiteiten van ons allen. De verdere ontwikkeling van de Europese Unie heeft zowel mogelijkheden – "Opa, moest je vroeger bij de grens echt je paspoort laten zien als je naar België ging?" – als dilemma's gecreëerd: waar hoort Brussel over te gaan en waarover niet?

Deze ontwikkelingen hebben het werk van de Eerste Kamer uiteraard niet onberoerd gelaten. Volksvertegenwoordigers behoren immers een stem te geven aan maatschappelijke ontwikkelingen en de controlerende rol naar de regering uit te oefenen. Veel wet- en regelgeving is de beide Kamers van de Staten-Generaal gepasseerd en veel beleidsdebatten zijn er gevoerd. De Eerste Kamer heeft daarin een zeer actieve, soms – bijvoorbeeld bij Europa – een voorhoederol gespeeld. Dit hoofdstuk behandelt de belangrijkste vier trends die zich in de afgelopen 25 jaar in de Eerste Kamer hebben voorgedaan, alsmede de voortdurende discussie over haar positie in het staatsbestel.

Die trends betreffen in de eerste plaats de sterk toegenomen aandacht voor wetgevingskwaliteit in het algemeen en het handelen van de Eerste Kamer in het bijzonder. Vervolgens komt de groeiende aandacht in de

Het vorige jubileumboek van de Eerste Kamer, Aan deze zijde van het Binnenhof. *Dit boek bestrijkt de periode 1815-1990.*

Eerste Kamer voor de diverse aspecten van gedelegeerde regelgeving aan de orde: wanneer is delegatie van wetgevende bevoegdheid acceptabel en hoe kan enige parlementaire betrokkenheid bij gedelegeerde regelgeving gewaarborgd worden? De zeer grote toename in invloed van de Europese Unie is de derde trend die behandeld wordt. Het gaat hierbij enerzijds om de invloed van Europese regelgeving, met name EU-richtlijnen, op de nationale regelgeving. Anderzijds gaat het om de inspanningen vanuit de Eerste Kamer om de inhoud van de Europese regelgeving te beïnvloeden, via contacten met de Europese instellingen en met de Nederlandse regering, die immers een stem in de Raad van ministers van de Europese Unie heeft, en daarmee een stem bij de totstandkoming van EU-regels. De vierde trend is de sterke ontwikkeling van het beleidsdebat waarin, ter vervanging van begrotingsbehandelingen, het beleid van de regering op langere termijn aan beschouwingen en discussies onderworpen wordt.

Voortgezet heeft zich de trend, die al 200 jaar oud is, dat er altijd discussie over nut en noodzaak van de Eerste Kamer is. Dit is een discussie die een extra dimensie heeft gekregen door het feit dat zich in het recente verleden na lange tijd weer het fenomeen is gaan voordoen dat de zittende regeringscoalitie niet over een meerderheid van zetels in de Eerste Kamer beschikt. Aan dit fenomeen zullen, ter afsluiting van dit hoofdstuk, ook enkele beschouwingen gewijd worden.

VVD-fractievoorzitter Rutte presenteert het regeerakkoord voor zijn eerste kabinet in de Noenzaal van de Eerste Kamer, september 2010.

10

Meer aandacht voor wetgevingskwaliteit

Een belangrijke trend in de afgelopen 25 jaar in het parlementaire proces aan het Binnenhof is de sterk gegroeide aandacht voor het thema wetgevingskwaliteit. De eerste initiatieven hiervoor kwamen van regeringszijde. In 1991 bood minister van Justitie Hirsch Ballin, die van 1995 tot 2000 lid van de Eerste Kamer zou zijn, namens het kabinet aan de Tweede Kamer de nota 'Zicht op wetgeving' aan.[1] De nota gaat over de rechtsstatelijke en bestuurlijke kwaliteit van de overheid en haar beleid in algemene zin. Aan de orde komen de gebreken in de wetgeving en de oorzaken daarvan, de aan de wet en de wetgevingsprocedure te stellen kwaliteitseisen en het algemene wetgevingsbeleid dat ter verbetering van die kwaliteit gevoerd dient te worden. De nota noemde een reeks kwaliteitseisen en merkte op dat het wenselijk was dat alle deelnemers aan het wetgevingsproces deze eisen in acht nemen, inclusief de beide Kamers. Bindend voor het parlement was de nota echter – uiteraard – niet. De nota 'Zicht op wetgeving' is gevolgd door diverse vervolgnota's.[2]

Senator Bemelmans-Videc (CDA)

In 1992 volgde een tweede belangrijke stap. De minister-president stelde als vervolg op de genoemde nota geheel herziene 'Aanwijzingen voor de regelgeving' vast.[3] Deze circulaire kan worden gezien als een soort handboek voor goede wetgeving voor ministers, staatssecretarissen en – met name – de onder hun verantwoordelijkheid werkende departementsambtenaren die belast zijn met het opstellen van wetsvoorstellen en andere (concept)regelgeving. Bij het schrijven van een wetsvoorstel dient onder meer te worden onderzocht wat de verhouding is tot hoger recht (bijvoorbeeld de Grondwet of internationale verdragen; zie Aanwijzing 18) en of de voorgestelde regeling wel handhaafbaar is (Aanwijzing 11). De Aanwijzingen spelen in de wetgevingspraktijk een belangrijke rol, maar kunnen naar hun aard de Kamers van de Staten-Generaal niet binden. De circulaire merkt in dit verband op dat het aanbeveling verdient dat de Staten-Generaal met de aanwijzingen rekening houden, maar zij kan dit uiteraard niet afdwingen.

De Eerste Kamer heeft de kwaliteit van wetgeving altijd hoog in het vaandel gehad. Geleidelijk groeide bij haar de behoefte om bij haar toetsing te kunnen beschikken over een eigen kader. In 2007 gaf de Kamer daarom, op initiatief van de senatoren Bemelmans-Videc (CDA) en Jurgens (PvdA), opdracht tot een onderzoek naar criteria voor wetgevingskwaliteit gehanteerd door de Raad van State, de Algemene Rekenkamer en de ministeries. Het onderzoek had enerzijds als doel een overzicht te bieden van elders gehanteerde criteria bij de toetsing van wetgeving en anderzijds het opstellen van een eigen catalogus van toetsingscriteria voor de Eerste Kamer.[4] Het resultaat van dit onderzoek is neergelegd in het rapport 'Criteria voor wetgevingskwaliteit'.[5] Op verzoek van het College van Senioren zijn de *criteria* voor wetgevings-

Senator Jurgens (PvdA)

kwaliteit omgedoopt tot *aandachtspunten*. Daarmee wordt bedoeld dat de lijsten uitdrukkelijk niet bedoeld zijn als normerend of richtinggevend voor het uiteindelijk oordeel van de Eerste Kamer. Zij kunnen dienen als leidraad bij de beoordeling van ontwerpwetgeving, hetgeen betekent dat het eenieder vrijstaat de aandachtspunten wel of niet te betrekken bij de oordeelsvorming.

In de praktijk van de debatten in de Eerste Kamer wordt doorgaans niet verwezen naar de catalogus van aandachtspunten als geheel, maar des te meer naar de verschillende onderdelen ervan. Het voert te ver deze allemaal afzonderlijk te bespreken.[6] De catalogus bestaat uit drie delen: een algemeen deel, een deel over rechtmatigheid en een deel over doeltreffendheid en doelmatigheid. In het kort kan worden gesteld dat het algemene deel veronderstelt dat de Eerste Kamer een probleem-analyse maakt en de inbreng van de diverse adviescolleges weegt. Ook de behandeling in de Tweede Kamer komt hier aan de orde, waarbij wordt bezien welke amendementen er zijn aangenomen en wat deze beteke-nen voor de consistentie en samenhang van het wetsvoorstel. De Eerste Kamer constateerde bijvoorbeeld begin 2012 dat de Tweede Kamer acht amendementen op het wetsvoorstel normering topinkomens publieke en semipublieke sector[7] had aangenomen, en dat daarmee de reikwijdte van het wetsvoorstel aanzienlijk was uitgebreid. Dit leidde ertoe dat de Eerste Kamer voorlichting door de Raad van State over de consequenties van de amendementen (en de vier nota's van wijziging van de regering) wenselijk achtte alvorens het wetsvoorstel te behandelen.

De andere onderdelen betreffen als gezegd de rechtmatigheid van het wetsvoorstel en de doeltreffendheid en doelmatigheid ervan, waarvan de subonderdelen uitvoerbaarheid en handhaafbaarheid het belangrijkst zijn. Zeer vaak stelt de Eerste Kamer tijdens de schriftelijke voorbereiding van wetsvoorstellen of tijdens de plenaire behandeling ervan de vraag aan de orde of deze voorstellen wel stroken met hoger recht. Daarbij kan in de eerste plaats aan de Grondwet worden gedacht. Een meerderheid van de Eerste Kamer achtte bijvoorbeeld het bij de Nationale ombuds-man onderbrengen van het voorgestelde Huis voor Klokkenluiders, waar maatschappelijke misstanden in de publieke én private sector gemeld konden worden, in strijd met artikel 78a van de Grondwet. Wellicht nog belangrijker dan de Grondwet zijn internationale verdragen, zoals het Europees Verdrag voor de Rechten van de Mens (EVRM) en het Interna-tionaal Verdrag inzake burgerrechten en politieke rechten (IVBPR). De wetsvoorstellen over invoering van een elektronisch patiëntendossier[8] en over invoering van een verplichte voorafgaande bedwelming bij ritueel slachten[9] sneuvelden in 2010 respectievelijk 2012 mede omdat de Kamer ze te ver vond gaan in het licht van de in deze mensenrechten-verdragen verankerde fundamentele rechten.

WEETJE

Diverse Eerste Kamerleden hebben de afgelopen jaren de overstap naar de Tweede Kamer gemaakt. Dat geldt bijvoorbeeld voor de senatoren De Wit, Smaling en Van Raak (SP), Schouw (D66) en Klever en Machiel de Graaf (PVV). Omgekeerd zijn diverse oud-leden van de Tweede Kamer senator geworden, bijvoorbeeld de leden Gerkens (SP), Thom de Graaf en Van Boxtel (D66), Terpstra en Brinkman (CDA), Barth en Klaas de Vries (PvdA) en Hermans en De Grave (VVD).

De senatoren Van Boxtel (D66) en Barth (PvdA) zaten eerder in de Tweede Kamer. De senatoren Klever (PVV) en Van Raak (SP) verruilden de Eerste Kamer voor de Tweede Kamer.

Senator Van Leeuwen (CDA) was in 2005 zeer kritisch over de Zorgverzekeringswet, maar stemde uiteindelijk wel vóór.

Toetsing van de uitvoerbaarheid en handhaafbaarheid speelde een prominente rol bij de behandeling van een reeks wetsvoorstellen van het kabinet-Rutte II betreffende de overheveling van taken van het Rijk naar de gemeenten. Het ging om wetsvoorstellen op het terrein van jeugdzorg, arbeidsparticipatie, werk en inkomen en maatschappelijke ondersteuning en centraal stond steeds de vraag of gemeenten een zo grote decentralisatie van taken wel aankonden. Ten principale is de Eerste Kamer alert op de uitvoerbaarheid wanneer het grote stelselwijzigingen betreft. Dat was in 2005 het geval bij de modernisering van het zorgverzekeringsstelsel[10] – één wettelijk verzekeringsregime voor alle ingezetenen van Nederland – maar ook bij de behandeling van de Wet algemene bepalingen omgevingsrecht[11] en bij een wetsvoorstel over gratis schoolboeken, beide in 2008.[12] Bij de wetgeving rondom de totstandkoming van de Nationale Politie speelde de uitvoerbaarheid eveneens een grote rol.[13] En bij de behandeling van een wijziging van de Wet informatie-uitwisseling ondergrondse netten vond de Eerste Kamer dat het voordeel van het betrekken van huisaansluitingen bij deze wet in geen verhouding stond tot de te maken kosten. Via een wijzigingswet werden de huisaansluitingen van de werking van de wet uitgesloten.[14]

Meer aandacht voor gedelegeerde regelgeving

De Eerste Kamer heeft de afgelopen jaren geregeld de degens gekruist met de regering over de manier waarop wordt omgegaan met gedelegeerde regelgeving, dat wil zeggen regelgeving die door de regering of een minister is vastgesteld op basis van delegatie van regelgevende bevoegdheid door de formele wetgever. Daarbij gaat het om zowel de mate van gebruik van gedelegeerde regelgeving als om het moment waarop gedelegeerde regelgeving eventueel bij de beide Kamers wordt 'voorgehangen'. De Eerste Kamer heeft zich bovendien beziggehouden met – en sterk verzet tegen – het fenomeen dat bij formele wet wordt bepaald dat daarvan bij lagere regelgeving kan worden afgeweken.

Als uitgangspunt hanteert de Eerste Kamer de opvatting dat een wetsvoorstel zodanig kaderstellend dient te zijn dat het niet nodig is de gedelegeerde regelgeving te kennen voor een goed begrip van de uitwerking in de praktijk. Immers, alleen bij het vaststellen van de kaders is het parlement ten volle betrokken. Dit was een van de redenen voor de Eerste Kamer om in 2008 het voorstel voor een Aanbestedingswet te verwerpen.[15] Dat voorstel regelde inhoudelijk bijna niets en liet alles over aan twee algemene maatregelen van bestuur. Pas in 2012 kwam een nieuwe Aanbestedingswet tot stand.[16]

Er zijn diverse manieren om nog enige parlementaire betrokkenheid bij gedelegeerde regelgeving te waarborgen. De bekendste vorm is zogenaamde gecontroleerde delegatie, waarbij de delegerende wet voorschrijft dat een concept-algemene maatregel van bestuur of ministeriële regeling bij de Kamers moet worden 'voorgehangen' alvorens zij voorgedragen kan worden voor advies door de Raad van State. De Eerste Kamer heeft inmiddels een (nagenoeg[17]) aan de Tweede Kamer gelijkwaardige positie waar het gaat om de voorhang (en eventueel nahang) van gedelegeerde regelgeving. De Eerste Kamer neemt ontwerpbesluiten regelmatig in behandeling, zij het in mindere mate dan de Tweede Kamer. Wekelijks wordt een geactualiseerd overzicht van aangeboden gedelegeerde regelgeving gehecht aan de convocaten van de relevante commissies, zodat leden tijdens de vergaderingen kenbaar kunnen maken dat zij over bepaalde ontwerpbesluiten met de verantwoordelijke bewindspersoon in overleg wensen te treden. Op deze lijsten wordt ook aangegeven wat de Tweede Kamer met een ontwerpbesluit doet, zodat de commissies van de Eerste Kamer daarmee rekening kunnen houden.

Het is belangrijk te constateren dat er bij gedelegeerde regelgeving geen instemmingsrecht voor de Kamers is; bij de genoemde vorm van gecontroleerde delegatie kunnen de Kamers alleen politieke druk op de regering of minister uitoefenen. Bij een andere vorm van delegatie, voorwaardelijke delegatie genaamd, is het voor het parlement wel mogelijk

WIJ WILLEM ALEXANDER, BIJ DE GRATIE GODS, KONING DER NEDERLANDEN, PRINS VAN ORANJE-NASSAU, ENZ. ENZ. ENZ.

Besluit van .... 2015 tot wijziging van het Besluit experimenten doorlopende leerlijnen vmbo-mbo 2014-2022 vanwege de uitbreiding van het aantal experimenten met doorlopende leerlijnen en aanpassing van de studieduur en inrichting van die leerlijnen

Op de voordracht van Onze Minister van Onderwijs, Cultuur en Wetenschap, van xxx, nr. WJZ/.., directie Wetgeving en Juridische Zaken, gedaan mede namens de Staatssecretaris van Economische Zaken;

Voorbeeld van een voorgehangen concept-AMvB.

AMVB

Een algemene maatregel van bestuur (AMvB) wordt bij koninklijk besluit vastgesteld en is dus een besluit van de regering, dat wil zeggen van de Koning en één of meer ministers of staatssecretarissen. Een AMvB moet in principe berusten op een door regering en Staten-Generaal gezamenlijk vastgestelde wet.

Commissie	Voorstel
VWS	Ontwerp ministeriële regeling houdende wijziging van de bijlage bij de Regeling maximumprijzen geneesmiddelen in verband met het toevoegen van twee productgroepen Brief van de minister van VWS van 9 april 2015 (griffienr EK 156323/ Kamerstuknr TK ?) - Voorhang op basis van artikel 2, eerste lid, van de Wet geneesmiddelenprijzen - Tweede Kamer (procedurevergadering 22-4-15; voorstel: voor kennisgeving aannemen)
EZ	**Ontwerpbesluit tot wijziging van het Uitvoeringsbesluit Meststoffenwet ten behoeve van een verantwoorde groei van de melkveehouderij** Brief van de staatssecretaris van EZ van 29 maart 2015 (griffienr EK 154172.13 / Kamerstuk I /II, 33979, N/73) Op 1 april 2015 is een aangepast ontwerpbesluit aan beide Kamers toegezonden (Kamerstuk I/II, 33979, O/76) - Voorhang op basis van artikel 21, zesde lid, Meststoffenwet - Tweede Kamer (inbreng schriftelijk overleg 8-4-15; procedurevergadering in april)
EZ	**Ontwerpbesluit tot wijziging van het Postbesluit i.v.m. wijziging van de Postwet 2009 tot modernisering en flexibilisering van de universele postdienstverlening (modernisering UPD) (Kamerstuknummer 34 024)** Brief van de minister van EZ van 24 maart 2015 (griffienr EK 156986 / Kamerstuk nr TK 34024, 24; EK 34024, C) Voorhang op basis van: Artikel 17, tweede lid, van de Postwet Artikel 16, achtste lid, zoals opgenomen in het bij de Eerste Kamer aanhangige voorstel van Wet houdende wijziging van de Postwet 2009 tot modernisering en flexibilisering van de universele postdienstverlening (modernisering UPD) (34024) - Tweede Kamer (de minister van EZ verzoeken om geen onomkeerbare stappen te zetten totdat het ontwerpbesluit naar genoegen van de Kamer is besproken; 3-4-15 inbreng geleverd)

Het wekelijkse overzicht van gedelegeerde regelgeving, dat standaard bij alle commissie-agenda's wordt gevoegd.

ARTIKEL 81 GRONDWET
Artikel 81 Grondwet luidt:
"De vaststelling van wetten geschiedt door de regering en de Staten-Generaal gezamenlijk."

te bewerkstelligen dat de materie alsnog bij wet geregeld moet worden. Voorwaardelijke delegatie komt niet heel vaak voor. Een goed voorbeeld is artikel 21 Meststoffenwet, dat bepaalt dat binnen een termijn van vier weken door of namens een van beide Kamers of door ten minste een vijfde van het grondwettelijk aantal leden van een van de Kamers de wens te kennen kan worden gegeven dat het onderwerp van de algemene maatregel van bestuur bij wordt geregeld. Een variant is artikel 110, eerste lid, van de Gezondheids- en welzijnswet voor dieren, dat bepaalt dat een Kamer of een vijfde van haar leden de wens kan uitspreken dat de *inwerkingtreding* (dus niet het onderwerp) van een algemene maatregel van bestuur bij wet zal worden geregeld. In 2010 hebben 21 leden aangegeven dat de inwerkingtreding van een wijziging van het Legkippenbesluit bij wet moest worden geregeld.[18]

Verder heeft de Eerste Kamer consequent te hoop gelopen tegen het fenomeen dat de regering het traject van vaststelling van gedelegeerde regelgeving al in gang stelt wanneer een wetsvoorstel met daarin de delegatiegrondslag al wel aanvaard is door de Tweede Kamer, maar nog niet door de Eerste Kamer. Er ontbreekt op dat moment een wettelijke basis voor het creëren van gedelegeerde regelgeving, terwijl niet vaststaat dat het wetsvoorstel aanvaard zal worden door de Eerste Kamer. Ook is nog mogelijk dat tijdens de behandeling door deze Kamer door de wijze van interpretatie van het wetsvoorstel de marge voor de delegatie beperkt zal worden. De Eerste Kamer heeft haar standpunt ter zake meerdere malen aan de regering voorgelegd, maar de praktijk blijkt weerbarstiger te zijn. In 2011 heeft de regering het voorstel van de Eerste Kamer om als staande praktijk in te voeren dat voorhang van gedelegeerde regelgeving niet eerder plaatsvindt dan nadat de Eerste Kamer een funderend wetsvoorstel heeft afgehandeld, afgewezen. De regering zag daarvoor – gesteund door de Raad van State – geen dwingende reden en vreesde voor haars inziens onnodige vertraging.[19]

Uit het oogpunt van kenbaarheid van de wet acht de Eerste Kamer het ook volstrekt onjuist dat bij gedelegeerde regelgeving afgeweken zou kunnen worden van hetgeen in de wet bepaald is. De Kamer maakt een uitzondering voor noodgevallen of experimenten. Relevant in dit verband zijn diverse moties-Jurgens c.s.[20] In de laatste van deze moties sprak de Kamer unaniem het voornemen uit wetsvoorstellen waarin afwijking van de formele wet bij lagere regelgeving wordt toegestaan niet meer te aanvaarden, omdat zulke voorstellen naar het oordeel van de Kamer in strijd met artikel 81 Grondwet komen. In reactie hierop heeft de regering het bestaande wettenbestand doorgespit op delegatiebepalingen die afwijken van een formele wet bij algemene maatregel van bestuur of ministeriële regeling toestaan, en aangegeven dat deze bepalingen zullen worden geschrapt.[21] Uiteraard blijft de Kamer scherp op eventuele 'foute' delegatiebepalingen in nieuwe wetsvoorstellen.

INTERVIEW MET SENATOR GERRIT HOLDIJK

"BEDWING DE NEIGING TOT MEEREGEREN"

Hoe bent u in de Eerste Kamer terecht gekomen?

In 1986 werd ik voor het eerst als Eerste Kamerlid gekozen, ik mocht ds. Abma opvolgen. Toen werd na de grondwetsherziening van 1983 de zittingsduur net van zes jaar naar vier jaar teruggebracht. Ik heb nooit gesolliciteerd naar het Kamerlidmaatschap. Die procedure voltrok zich, behalve de formele bewilliging, buiten mij om.

Is de Eerste Kamer sinds uw aantreden anders gaan functioneren?

De afgelopen dertig jaar zijn de politieke omstandigheden en vooral de politieke verhoudingen sterk veranderd. De media hebben een belangrijke rol gespeeld bij die veranderingen, maar voor het werk van de Eerste Kamer is de voortgaande europeanisering minstens zo belangrijk geweest. Overigens is het 'dagelijks' werk van de Kamer, gegeven de taken en bevoegdheden, in wezen hetzelfde gebleven. Wel zijn er meer moties gekomen. Mijn advies: bedwing de neiging tot meeregeren.

Kunt u als senator uw eigen autonome afweging maken? Is dit anders sinds het aantreden van de minderheidskabinetten-Rutte?

Ik heb gelukkig nimmer iets gemerkt van politieke druk, bijvoorbeeld uit de partij of de Tweede Kamerfractie van de SGP. Er is wel regelmatig contact met de Tweede Kamerfractie: we houden elkaar over en weer op de hoogte om te voorkomen dat de ene 'partij' de andere voor verrassingen plaatst. Zo was het en zo is het gebleven, ook bij het kabinet-Rutte I. Het enige verschil was dat de soort onderwerpen (vooral bezuinigingsvoorstellen) verschilde met de voorafgaande periode. Bij deze voorstellen heb ik altijd aandacht voor het overgangsrecht gevraagd. Meer dualisme dan voorheen schiep wel extra verantwoordelijkheid.

KORTE BIOGRAFIE

De jurist Gerrit Holdijk was van 3 juni 1986 – met een korte onderbreking – tot 9 juni 2015 senator voor de SGP, oftewel ruim 9.000 dagen lid van de Eerste Kamer. Hij was daarmee een van de langstzittende senatoren. Holdijk was ook lange tijd medewerker van de SGP-fractie in de Tweede Kamer.

Gerrit Holdijk

Hoe bereidt u zich op een vergadering voor? Is dit als eenmansfractie wel doenlijk?

Vóór mijn 65e jaar moest dat tussen alle bedrijven door, maar het concentreerde zich op de maandag vóór de vergaderingen. Na mijn pensionering spreidde ik dat over de gehele week. Alleen in de periode 2011-2015 heb ik als eenmansfractie moeten opereren. Dan ben je lid van alle commissies. Het is zonneklaar dat je niet op al die verschillende terreinen meester kunt zijn. Ik concentreerde mij op de gebieden waar ik door opleiding en achtergronden zinvolle bijdragen meende te kunnen leveren: justitie, binnenlands bestuur en landbouw. Op andere gebieden bewoog ik mij incidenteel. Ik heb mijzelf altijd gezien als een jurist die verloren raakte in de coulissen van de politiek.

Hoe kijkt u terug op uw periode als Eerste Kamerlid? Welke hoogte- en dieptepunten hebt u ervaren?

Met grote dankbaarheid en voldoening dat de partij mij de gelegenheid heeft geboden, heb ik mijn bescheiden aandeel in het wetgevingsproces mogen leveren. Het resultaat van mijn inspanningen gaf niet altijd een gevoel van voldoening. In 25 jaar ervaart men de nodige dieptepunten en af en toe een hoogtepunt. In de periode 2011-2015 was de aanvaarding van het (initiatief)voorstel tot schrapping van de bepaling inzake de strafbare godslastering voor mij een dieptepunt; niet eens zozeer om juridische redenen als wel vanwege moreel-ethische en culturele overwegingen. Een hoogtepunt zou ik noemen de verwerping van het (initiatief)voorstel om de ritueel-joodse slacht onmogelijk te maken. De meerderheid van de Kamer bewees daarmee respect te tonen voor het grondrecht van een godsdienstige en culturele minderheid in ons land.

Kamerleden draaien steeds korter mee. Wat vindt u van deze ontwikkeling?

Verversing is nodig én vanzelfsprekend. De Eerste Kamer heeft als Kamer van heroverweging naar mijn vaste overtuiging behoefte aan leden met veel ervaring buiten de politiek en vooral geen behoefte aan leden met politieke ambities, laat staan politieke carrièrejagers. De zittingsduur moet lang genoeg zijn – beter zes dan vier jaar – om expertise op te bouwen ten bate van de wetgevingskwaliteit.

U heeft afgelopen zomer afscheid genomen als Eerste Kamerlid. Welke boodschap zou u huidige en aankomende Kamerleden mee willen geven?

Kamerleden moeten, mede gezien de actuele discussies over de Eerste Kamer, de constitutioneel-staatsrechtelijke positie en bevoegdheden van de Kamer binnen het tweekamerstelsel scherp in het oog houden. Voorkom dat partijpolitiek en de media in de opstelling van de Kamer gaan domineren. Ga niet lichtvaardig om met een stelsel en een instituut dat lang goed heeft gewerkt.

Foto rechterpagina:
Gerrit Holdijk voert op
2 juni 2015 als nestor van de
Kamer namens de vertrekkende
leden het woord.

De Europese Unie neemt een steeds belangrijkere plaats in het werk van de Eerste Kamer in.

RICHTLIJN

Een richtlijn van de Europese Unie verplicht de EU-lidstaten tot het tot stand brengen van regelgeving of beleid met een bepaalde inhoud op een bepaald terrein.

Veel grotere rol van de Europese Unie

De afgelopen 25 jaar worden gekenmerkt door een forse groei van de Europese Unie en een zeer sterke toename van haar invloed. Diverse gebeurtenissen kunnen in dit verband genoemd worden. Het Verdrag van Maastricht uit 1992 is gevolgd door de Verdragen van Amsterdam (1997) en Nice (2001). Het Verdrag tot vaststelling van een Grondwet voor Europa werd vervolgens in een referendum met grote meerderheid afgewezen door de Nederlandse bevolking[22], maar met het Verdrag van Lissabon (2007) werd het Europese integratieproces weer volop voortgezet. Dertien nieuwe lidstaten zijn tot de Unie toegetreden, waaronder diverse landen die zich eind jaren tachtig hadden bevrijd van de communistische overheersing. Hun toetreding heeft het aanschijn van het Europese continent en de landen verenigd in de Europese Unie dramatisch veranderd. De euro is ingevoerd, er is een Europese Monetaire Unie tot stand gekomen en er is een Europees Stabiliteitsmechanisme (ESM) tot stand gebracht, dat de financiële stabiliteit in de eurozone in noodgevallen kan waarborgen.

De groei van de Europese Unie heeft ook een grote weerslag gehad op het werk van de Eerste Kamer, en wel op meerdere manieren. In de eerste plaats heeft de Eerste Kamer uiteraard alle goedkeuringswetten bij de Europese verdragen behandeld en daarbij fundamentele debatten gevoerd met de regering over de koers van de Unie. In de afgelopen 25 jaar is ook steeds meer nationale wetgeving gaan voortvloeien uit Europese wetgeving. Een belangrijk wetgevend instrument van de Europese Unie is immers de Europese richtlijn, die door de lidstaten moet worden omgezet – geïmplementeerd – in nationale regelgeving.[23] Voor de nationale parlementen, en zeker de Staten-Generaal, was het behandelen van implementatiewetgeving in toenemende mate een frustrerende aangelegenheid. Zeker ook in de Eerste Kamer stuitten kritische beschouwingen over wetsvoorstellen snel af op het gegeven dat de Nederlandse regering met de kritiek niet uit de voeten kon, omdat de Europese richtlijn simpelweg gevolgd moest worden en er geen ruimte was daarvan af te wijken.

Een sprekend voorbeeld daarvan betreft de wet ter implementatie van de zogenaamde Dataretentierichtlijn.[24] Tijdens de behandeling in de Eerste Kamer in 2009 rezen bij veel fracties grote twijfels over de rechtmatigheid van de bewaarplicht voor telefoon- en internetgegevens die uit de richtlijn voortvloeide. Die zou veel te ver gaan in het licht van het grondrecht op bescherming van de privacy. Een richtlijn *moet* echter geïmplementeerd worden, zodat een meerderheid zich genoodzaakt zag voor te stemmen, waarbij senator Franken (CDA) om meerdere redenen verzuchtte dat in dit geval "politieke opportuniteit zwaarder weegt dan wetenschappelijke rationaliteit". Saillant detail is dat de Dataretentierichtlijn in 2014 ongeldig is verklaard door het Hof van Justitie van de

Europese Unie wegens strijdigheid met het recht op eerbiediging van het privéleven. In maart 2015 werd de met zoveel tegenzin door de Eerste Kamer aangenomen implementatiewet ook nog eens door de Nederlandse rechter buiten werking gesteld.

Langzamerhand groeide het besef dat invloed uitoefenen op de inhoud van Europese richtlijnen een actieve houding aan het begin van het Europese wetgevingsproces vergt. Klagen als het spel gespeeld is, levert weinig op. De Eerste Kamer was een van de eerste parlementaire huizen in Europa die vanaf het begin van de 21e eeuw procedures heeft opgezet om de wetgevingsprogramma's en concrete voorstellen van de Europese Commissie direct na publicatie te analyseren en te toetsen.[25] De werkwijze die de Eerste Kamer in een vroeg stadium daarbij ging hanteren, is dat zij een eigen selectie maakt uit het bredere wetgevingsaanbod en via haar commissies een aantal dossiers grondig ging bestuderen en becommentariëren.

Senator Franken (CDA)

Met het Verdrag van Lissabon, dat in 2009 in werking trad, kregen de nationale parlementen structureel een rol in de Europese wetgevingsprocedure. Op basis van het Protocol betreffende de rol van de nationale parlementen in de Europese Unie ontvangen de nationale parlementen alle nieuwe Europese voorstellen die de Europese Commissie uitbrengt rechtstreeks van de Europese Commissie (soms ook van de Raad of het Europees Parlement). Nationale parlementen kunnen al sinds de Europese Commissie in 2006 de politieke dialoog openstelde rechtstreeks met de Europese Commissie communiceren over de opvattingen die bij hen leven over gepubliceerde voorstellen, alsmede over de interpretatie of onderbouwing van die voorstellen. Sinds de inwerkingtreding van het aan het Verdrag van Lissabon gehechte Protocol betreffende de toepassing van de beginselen van subsidiariteit en evenredigheid kunnen de nationale parlementen formeel aan de Europese instellingen kenbaar maken dat zij wetgevende voorstellen in strijd achten met het subsidiariteitsbeginsel, wat wil zeggen dat zij van oordeel zijn dat de betreffende materie door de lidstaten zelf op nationaal niveau behoort te worden geregeld. In hoofdstuk 7 van dit boek wordt nader ingegaan op de wijze waarop de Eerste Kamer van de politieke dialoog en de subsidiariteitstoets gebruik heeft gemaakt.

SUBSIDIARITEITS-BEGINSEL

Het subsidiariteitsbeginsel houdt in dat de instellingen van de Europese Unie pas mogen optreden als een bepaalde kwestie niet voldoende door de EU-lidstaten zelf kan worden geregeld.

Naast deze manieren van communicatie delen de commissies geregeld hun opvattingen en vragen over voorstellen van de Europese Commissie met de eigen regering, teneinde de inbreng van de regering in de vergaderingen van de Raad van ministers van de Europese Unie te beïnvloeden. Hoe eerder de commissies hun opvattingen kenbaar maken, hoe groter de beïnvloedingsmarge nog is. Gaandeweg het onderhandelingstraject heeft de regering met het laten vervallen van voorbehoud na voorbehoud steeds minder ruimte (nieuwe) politieke wensen van de Kamer

*Het gebouw van de Raad van
ministers van de Europese Unie
te Brussel.*

mee te laten spelen. Correspondentie met de regering over een Europees
voorstel geschiedt in de regel schriftelijk. Afhankelijk van de vraag of de
beantwoording naar tevredenheid van de behandelende commissie is,
kan de correspondentie worden voortgezet. Wanneer een commissie het
wenselijk acht meer politieke druk uit te oefenen, kan zij een mondeling
overleg met één of meer bewindspersonen organiseren. Zo nodig kan een
onderwerp ook plenair geagendeerd worden, waarbij gelegenheid bestaat
moties in te dienen. Dit komt echter niet veel voor. Wel houdt de Eerste
Kamer sinds 1996 ieder jaar een plenair debat met de regering over 'Europa', sinds 2010 in de vorm van de Algemene Europese Beschouwingen.
Op de correspondentie met de regering over Europese voorstellen en het
jaarlijks Europadebat wordt eveneens in hoofdstuk 7 nader ingegaan.

Een laatste trend in de Eerste Kamer met betrekking tot Europa is de sterk
toegenomen deelname aan interparlementaire bijeenkomsten in het land
dat het voorzitterschap van de Europese Unie bekleedt. Op het terrein
van de meeste vakcommissies vinden dergelijke bijeenkomsten plaats en
doorgaans worden hiervoor de commissievoorzitters uitgenodigd. Een
bijzondere positie wordt ingenomen door de COSAC, de vergadering van
de commissies voor Europese aangelegenheden uit de nationale parlementen van de lidstaten van de Europese Unie en van een delegatie uit
het Europees Parlement. Deze vergadering kent twee bijeenkomsten per
halfjaar: eenmaal voor de commissievoorzitters en eenmaal 'plenair'. In
2016 zullen de Staten-Generaal zelf een aantal conferenties organiseren
in het kader van de parlementaire dimensie van het Nederlandse voorzitterschap van de Europese Unie.

Toename van beleidsdebatten

Het huidige begrip 'beleidsdebat' is in de Eerste Kamer nauw verbonden
met de begrotingsbehandeling. De taak van de Eerste Kamer begint nadat
de Tweede Kamer de wetsvoorstellen heeft goedgekeurd die de begroting
van de verschillende ministeries voor het komende jaar behelzen. Tot het
parlementaire jaar 2003-2004 druppelden de wetsvoorstellen, die op
Prinsjesdag bij de Tweede Kamer werden ingediend, in het najaar geleidelijk bij de Eerste Kamer binnen. Met betrekking tot de begrotingen voor
2005 besloot de Tweede Kamer echter tot een andere aanpak. Die hield
in dat de stemming over de verschillende wetsvoorstellen na plenaire
behandeling werd aangehouden tot de laatste week voor het kerstreces
om zo nog over de mogelijkheid te beschikken een wijziging in de
begroting aan te brengen. Voor de Eerste Kamer betekende dit dat alle
begrotingswetsvoorstellen pas in januari 2005 in procedure genomen
konden worden. Hierdoor nam de tijdsdruk voor de Eerste Kamer toe.

Min of meer gelijktijdig met de veranderde tijdsplanning van begrotingen in de Tweede Kamer ging de Eerste Kamer geleidelijk over op een andere wijze van begrotingsbehandeling. Tot eind 2004 was het gebruikelijk dat de fracties de onderwerpen bepaalden die de woordvoerders tijdens de behandeling van een begroting aan de orde wilden stellen. Tijdens die 'reguliere' begrotingsbehandeling passeerden op die manier vele onderwerpen de revue zonder op voorhand in een kader te zijn geplaatst. De woordvoerders kozen als het ware allen eigen krenten uit de pap. Om meer diepgang in het debat te verkrijgen, zijn steeds meer vaste commissies vanaf ongeveer 2005 ertoe overgegaan in het kader van de begrotingsbehandeling een thema te kiezen. Aanvankelijk werden de benamingen 'themadebat' en 'beleidsdebat' naast elkaar gebruikt. De laatste jaren is het begrip 'beleidsdebat' algemeen gangbaar. Als toegevoegde waarde van een dergelijk beleidsdebat zagen veel commissies vooral de mogelijkheid om dwarsverbanden tussen (departementale) beleidsterreinen aan de orde te stellen en om onderwerpen te bespreken die ministerieoverstijgend zijn.

Inmiddels hebben vrijwel alle vaste commissies van de Eerste Kamer één of meerdere beleidsdebatten georganiseerd. De commissie voor Veiligheid en Justitie was in maart 2014 bijvoorbeeld verantwoordelijk voor een beleidsdebat over de staat van de rechtsstaat,[26] hetgeen heeft geleid tot een voortdurende, principiële discussie over bezuinigingen op de rechtsbijstand. De genoemde commissie nam samen met een aantal andere commissies ook het voortouw voor een beleidsdebat in mei 2011 over de rol van de overheid bij digitale dataverwerking en -uitwisseling,[27] dat in september 2014 een vervolg kreeg met een debat over privacy en toezicht op de inlichtingen- en veiligheidsdiensten.[28] Zeer succesvol was een beleidsdebat in maart 2012 over het Europees Hof voor de Rechten van de Mens (EHRM) en de mogelijke toetreding van de Europese Unie tot het Europees Verdrag voor de Rechten van de Mens (EVRM). In dit debat deed de regering vele toezeggingen aan de Kamer, waaronder de belofte dat zij haar onwelgevallige uitspraken van het EHRM niet ter discussie zou stellen.[29]

Senator Duthler (VVD) neemt als voorzitter van de commissie voor Veiligheid en Justitie een petitie tegen bezuinigingen op de rechtsbijstand in ontvangst.

En zo zijn er nog vele andere voorbeelden te geven van succesvolle beleidsdebatten. Deze betroffen onderwerpen als veiligheid en modernisering van de overheid (2004), het integratiebeleid (2005), veiligheid versus fundamentele rechten (2006), mensenrechten en ontwikkelingssamenwerking (2008), biotechnologie in de landbouw (2009), natuurbeleid (2011), de toekomst van het Koninkrijk der Nederlanden (2013), bezuinigingen op cultuur (2013) en de internationale veiligheidsstrategie van het kabinet (2015). Wat precies de 'opbrengst' is geweest van deze beleidsdebatten is lastig te kwantificeren. Zeker is wel dat de debatten veel toezeggingen van regeringszijde opleveren en dat de na afloop van de debatten aangenomen moties door de regering zeer serieus worden

Het Europees Hof voor de Rechten van de Mens te Straatsburg.

genomen. De thema's van de beleidsdebatten worden zorgvuldig uit-
gezocht; de Kameragenda biedt niet voor ieder beleidsdebat voldoende
ruimte en wetgeving gaat altijd vóór. Daarom wordt bij voorkeur tweemaal per jaar – voor de periode tot aan het kerstreces en de periode tot
aan het zomerreces – in het College van Senioren geïnventariseerd welke
voorstellen door welke commissies zijn gedaan, en wordt daaruit een
beargumenteerde keuze gemaakt.

Discussie over de positie van de Eerste Kamer

In de afgelopen 25 jaar is het functioneren van de Eerste Kamer regelmatig onderwerp geweest van kritiek. Geregeld kreeg de Eerste Kamer
het verwijt dat ze te politiek zou zijn of dat ze het werk van de Tweede
Kamer over zou doen en daarom geen toegevoegde waarde heeft. In de
media, de wetenschappelijke literatuur en het politieke debat is dan ook
veelvuldig over de positie van de Eerste Kamer gediscussieerd. Zou de
plaats van de Eerste Kamer in het staatsbestel niet ingrijpend moeten
worden gewijzigd door haar bijvoorbeeld rechtstreeks te laten verkiezen,
of haar een terugzendrecht toe te kennen? Of zou de Eerste Kamer beter
helemaal kunnen worden afgeschaft?

Dat de Eerste Kamer regelmatig onderwerp van discussie vormt, is beslist
geen nieuwigheid; er is eerder sprake van een oude trend die zich in de
afgelopen 25 jaar heeft doorgezet. Zoals in hoofdstuk 2 uitgebreid naar
voren komt, is de Senaat reeds vanaf zijn ontstaan in 1815 omstreden
geweest. In de loop van de geschiedenis zijn dan ook verscheidene
pogingen gedaan om de Eerste Kamer af te schaffen, waarvan de laatste
in 1974 was.[30] Sindsdien zijn echter wel verscheidene notities en
rapporten over de positie van de Eerste Kamer verschenen, waarvan
vier in de laatste 25 jaar.[31] Een voorbeeld hiervan is het voorstel van de
commissie-De Koning uit 1993 om aan de Eerste Kamer een terugzendrecht te geven. Al deze vier voorstellen bleken in beide Kamers echter
op te weinig draagvlak te kunnen rekenen om daadwerkelijk te kunnen
worden doorgevoerd.

De discussie over de positie van de Eerste Kamer heeft zich niet uitsluitend buiten de Eerste Kamer afgespeeld: ook de Eerste Kamer zelf
heeft de afgelopen 25 jaar geregeld kritisch naar haar eigen functioneren
gekeken. Zo zijn in de jaren negentig drie interpellaties[32] gehouden
waarin uitgebreid over de positie en het functioneren van de Senaat
is gesproken.[33] Ook vormden de Algemene Politieke Beschouwingen,
die elk jaar rond oktober plaatsvinden, zeer vaak aanleiding om over het
eigen functioneren te debatteren. Algemene Politieke Beschouwingen
waarbij niet over de positie van de Eerste Kamer werd gesproken, bleken
in de afgelopen 25 jaar een zeldzaamheid.

*Expertmeeting ter voorbereiding
van het beleidsdebat over natuurbeleid.*

TERUGZENDRECHT

Toekenning van een terugzendrecht zou inhouden dat de Eerste
Kamer een wetsvoorstel niet
alleen kan aannemen of verwerpen, maar ook met commentaar
terug kan zenden naar de Tweede
Kamer, die vervolgens een nieuwe
beslissing moet nemen. Dat kan
de eindbeslissing zijn, maar een
variant waarbij de eindbeslissing
bij de Eerste Kamer blijft, is ook
denkbaar. Voor toekenning van
een terugzendrecht moet de
Grondwet gewijzigd worden.

Tijdens dergelijke debatten werd geregeld over de binding aan het regeerakkoord gesproken. Feit is dat regeerakkoorden tussen Tweede Kamerfracties worden gesloten en dat Eerste Kamerfracties formeel niet bij de
totstandkoming van het regeerakkoord betrokken zijn. Maar betekent
dit ook dat de Eerste Kamerleden zich niets van deze regeerakkoorden
hoeven aan te trekken en volledig onafhankelijk wetsvoorstellen kunnen
beoordelen? In de debatten in de Eerste Kamer kwam deze vraag dikwijls
terug. Door senatoren werd dan vaak naar voren gebracht dat de Eerste
Kamer formeel niet aan regeerakkoorden is gebonden, maar dat er wel
sprake is van een zekere politieke binding met de partij waaruit de fractie
voortkomt. Volgens de senatoren betekende dit dat de politieke dimensie
zeker een rol speelt bij de afweging van wetsvoorstellen.[34]

'Bruggen slaan', regeerakkoord
voor het tweede kabinet-Rutte.

Dit bracht echter de vraag met zich mee in welke mate de fracties van de
Eerste Kamer politiek mochten bedrijven: mag de politieke afweging een
belangrijke plaats innemen of dient de politieke afweging zoveel mogelijk
beperkt te worden? Over deze vraag werd in de Eerste Kamer verschillend
gedacht. Aan de ene kant stonden senatoren zoals het lid Schuurman
(RPF en later ChristenUnie), die stelden dat politieke overwegingen bij
de beoordeling van wetgevingskwaliteit weliswaar een rol dienden te

Senator Schuurman (Christen-
Unie) bij zijn 25-jarig jubileum als
lid van de Eerste Kamer in 2008.
Rechts Eerste Kamervoorzitter
Timmerman-Buck.

Senator Kaland (CDA; rechts)
overlegt met partijgenoot senator
Van Velzen tijdens de Algemene
Politieke Beschouwingen in 1992.

spelen, maar zeker geen zelfstandige plaats mochten hebben. In deze taakopvatting zou de Eerste Kamer vooral dienen te controleren op kwaliteitsaspecten en rechtmatigheid: een 'chambre de réflexion'. Aan de andere kant stonden Eerste Kamerleden, zoals het lid Kaland en later Luck van Leeuwen (CDA), die stelden dat het verantwoord was om ook in de Eerste Kamer politiek te bedrijven, als dit noodzakelijk zou zijn. In deze visie zou het politieke element, weliswaar naast kwaliteitsaspecten, altijd aanwezig zijn bij de behandeling van wetsvoorstellen.

Ook werd tijdens dergelijke debatten veel gesproken over de vraag of aanpassingen van de Eerste Kamer wenselijk waren. Zou de Eerste Kamer niet beter kunnen functioneren indien zij bijvoorbeeld over een terug-zendrecht beschikte en zou het voor de democratische legitimatie niet beter zijn indien de Eerste Kamer rechtstreeks werd gekozen? De meest vergaande aanpassing – afschaffing van de Eerste Kamer – werd hierbij niet onbesproken gelaten: met name de SP- en GroenLinks-fractie – en later ook de PVV-fractie – pleitten geregeld voor een eenkamerstelsel.

1990: Algemene Politieke Beschouwingen en de interpellatie-Schuurman

Tijdens deze Algemene Beschouwingen werd onder andere gediscussieerd over de taakopvatting van de Eerste Kamer; een discussie die voor de nodige opschudding zorgde. Tijdens het debat vroeg senator Kaland (CDA) aan toenmalig minister-president Lubbers of de veranderde omstandigheden – zoals de strakke regeerakkoorden en de kwaliteit van wetgeving – niet zouden moeten leiden tot een andere taakopvatting van de Eerste Kamer. Zou aan de klassieke taakopvatting van de Eerste Kamer (toetsing op kwaliteitsaspecten en uitvoerbaarheid) geen politieke dimensie moeten worden toegevoegd?[35] Minister-president Lubbers antwoordde hierop dat als de Eerste Kamer een politieke toetsing zou gaan hanteren, de Senaat het werk van de Tweede Kamer over zou doen. Hierdoor zou er volgens de premier naast een spanning tussen Eerste Kamer en ministers ook een spanning tussen Senaat en Tweede Kamer ontstaan.[36] Volgens de premier zou het "echt de verkeerde kant op gaan" als de Eerste Kamer het werk van de regering, adviesorganen en Tweede Kamer op alle aspecten zou gaan controleren: "Ik zeg dan: pas verschrikkelijk op." [37]

De uitspraken van de premier zorgden voor veel opschudding, zowel in de Kamer zelf als in de media.[38] De commotie was aanleiding voor senator Schuurman (RPF) om een interpellatie over de positie van de Eerste Kamer aan te vragen. Tijdens deze interpellatie stelde Schuurman dat de Eerste Kamer het risico liep haar politieke taak te *overschatten*, maar dat het kabinet juist het gevaar liep de politieke taak van de Eerste Kamer te *onderschatten*, door bij voorbaat al uit te gaan van politieke volgzaamheid van de Eerste Kamer. Verder stelde Schuurman dat door de strakke regeerakkoorden de discussie in de Tweede Kamer steeds meer werd ingesnoerd, waardoor de Eerste Kamer steeds meer van haar bevoegdheden gebruik zou moeten maken. Minister-president Lubbers gaf in zijn antwoord toe dat ook het politieke element meespeelt in de Eerste Kamer; de Senaat is immers een politiek college met alle prudentie die daarbij hoort. Verder zei de premier dat hij tijdens de Algemene Beschouwingen duidelijk wilde maken dat de veranderde omstandigheden niet zouden moeten leiden tot een uitbreiding van de positie van de Eerste Kamer.[39]

WEETJE

De Nacht van Wiegel kan met enig recht ook de Nacht van Batenburg worden genoemd. Senator Batenburg (fractie-Batenburg) stemde in eerste lezing vóór het correctief referendum, maar in tweede lezing tégen. Zou hij in tweede lezing ook vóór hebben gestemd, dan had het correctief referendum het met 50 tegen 25 stemmen (tweederde meerderheid) gehaald.

1999 Interpellatie-Schuurman

Deze interpellatie werd gehouden naar aanleiding van de 'Nacht van Wiegel', waarin het voorstel tot invoering van een correctief referendum verworpen werd. Tijdens de interpellatie ging senator Schuurman (RPF) in op het feit dat premier Kok tijdens de bewuste Nacht van Wiegel gewaarschuwd had dat verwerping van het voorstel gevolgen zou hebben voor de stabiliteit van het kabinet.[40] Volgens Schuurman had de minister-president hiermee de Eerste Kamer onder "meer dan proportionele politieke druk" gezet.[41] Minister-president Kok was echter een andere mening toegedaan. Volgens hem was met zijn waarschuwing voor de gevolgen van een verwerping niet de vrijheid van Kamerleden ontnomen om tot een eigen afweging te komen.[42]

Een ander punt dat tijdens de interpellatie naar voren kwam, was de *binding aan het regeerakkoord*. Volgens Schuurman kwamen de plaats en taak van de Kamer gemakkelijk onder druk te staan als (coalitie)fracties aan het regeerakkoord werden gebonden.[43] Hij diende dan ook een motie in waarin uitgesproken werd dat het ongewenst is dat Eerste Kamerleden aan het regeerakkoord worden gebonden. De overige fracties gaven aan te onderschrijven dat Eerste Kamerleden niet gebonden zouden moeten worden aan het regeerakkoord, maar kamerbrede steun voor de motie was er niet. Uiteindelijk werd de motie vlak voor de stemming ingetrokken.[44]

Staatscommissie-Hermans? Halbe Zijlstra heeft de realiteit even uit het oog verloren. #Vk

Tweet van senator De Graaf (D66) over de nog in te stellen staatscommissie.

2014: Algemene Politieke Beschouwingen

Tijdens deze Algemene Politieke Beschouwingen werd veel gesproken over de kort daarvoor verschenen notitie Vormgeving tweekamerstelsels van minister Plasterk. VVD-senator Hermans vond dat uit de notitie onvoldoende naar voren kwam hoe de werking van het tweekamerstelsel kon worden verbeterd. Hermans stelde dan ook voor een staatscommissie in te stellen die het functioneren van het gehele parlementaire bestel zou onderzoeken, inclusief de verhouding tussen beide Kamers. Minister-president Rutte gaf hierop aan dat het kabinet bereid is een dergelijke commissie te faciliteren.[45] Bij het ter perse gaan van dit jubileumboek waren de besprekingen over instelling van een staatscommissie nog niet afgerond.

Wisselende kiezersvoorkeuren en ontbrekende Senaatsmeerderheden

Een andere trend die zich de afgelopen 25 jaar heeft voorgedaan, is dat de Nederlandse kiezers zich minder aan politieke partijen gebonden voelen en hun stem van verkiezing tot verkiezing aan kunnen passen. Er is kortom sprake van 'electorale volatiliteit'. Aangezien de Tweede Kamerverkiezingen en de verkiezingen voor provinciale staten op verschillende momenten plaatsvinden, kunnen de Eerste en Tweede Kamer vanwege deze sterk wisselende kiezersvoorkeuren behoorlijk in samenstelling verschillen. Zo behaalden VVD en PvdA bij de laatste Eerste Kamerverkiezingen van 26 mei 2015 slechts 21 van de 75 Eerste Kamerzetels, terwijl zij in de Tweede Kamer gezamenlijk over 76 van de 150 zetels beschikken.

De Kiesraad stelt de uitslag van de Eerste Kamerverkiezingen van 26 mei 2015 vast.

Voor kabinetten zou deze wisselende samenstelling van beide Kamers grote gevolgen kunnen hebben. Zo is het niet ondenkbaar dat een zittend kabinet na Eerste Kamerverkiezingen zijn meerderheid in de Senaat verliest. Verscheidene malen werd hier al voor gevreesd, bijvoorbeeld in 1999 en 2007. In beide gevallen behield het kabinet toen een meerderheid van één, respectievelijk twee zetels.

Ook is het mogelijk dat – vanwege de beperkte coalitiemogelijkheden – ervoor gekozen wordt een kabinet te formeren dat niet kan rekenen op een meerderheid in de Eerste Kamer. Dit gebeurde in 2010, toen het kabinet-Rutte I geformeerd werd. Dit kabinet, een coalitie van VVD en CDA, kwam in de Senaat drie zetels tekort voor een meerderheid. Aangezien het kabinet ook in de Tweede Kamer geen meerderheid had, werd daar gebruikgemaakt van een gedoogconstructie met de PVV. Deze constructie bood in de Eerste Kamer echter geen uitkomst, omdat de PVV in deze Kamer niet vertegenwoordigd was. Hoewel de PVV na de Eerste Kamerverkiezingen van 2011 een fors aantal Senaatszetels wist te behalen, bleef de coalitie (inclusief PVV) met 37 zetels één zetel te kort houden voor een meerderheid.

Senator Putters (PvdA) werd na de Eerste Kamerverkiezingen van 2011 tot eerste Ondervoorzitter gekozen.

Ook het opvolgende kabinet-Rutte II, een coalitie van VVD en PvdA, startte in 2012 met een minderheid in de Senaat. Waar de coalitie in de Tweede Kamer op een comfortabele meerderheid kon rekenen (aanvankelijk 79 zetels, later 76 in verband met afsplitsingen), kwam zij in de Eerste Kamer acht zetels tekort. Na de Eerste Kamerverkiezingen in 2015 werd deze minderheid zelfs nog kleiner. Overigens is het in de geschiedenis al eerder voorgekomen dat kabinetten een meerderheid in de Senaat ontbeerden. Voorbeelden hiervan zijn onder andere het kabinet-Kuyper (1901-1905) en het kabinet-Cort van der Linden (1913-1918), dat zelfs in beide Kamers geen meerderheid had. De kabinetten-Rutte zijn dan ook niet volkomen nieuw. Bijzonder zijn ze wel.

28

ZETELVERDELING VAN DE EERSTE KAMER OVER DE AFGELOPEN ZESTIG JAAR

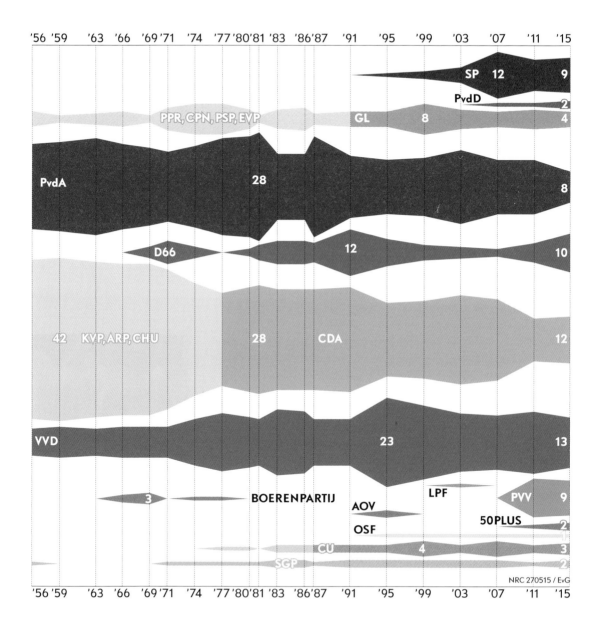

NRC 270515 / EvG

INTERVIEW MET OUD-SENATOR HANS WIEGEL

"IK GA ABSOLUUT NIET TEGEN JOU ZEGGEN DAT JE VOOR MOET STEMMEN"

Waarom bent u Eerste Kamerlid geworden?

Omdat mijn partij mij had gevraagd. Ik vond het ook wel leuk om in die hele trits van Kamerlid, fractievoorzitter in de Tweede Kamer, minister, ook nog een keer senator te zijn. Ik ben dat een jaar of vijf geweest. De Eerste Kamer is niet gemakkelijk en de leden waren – is ook nog steeds zo, niets veranderd – heel correct, de Kamerleden, tegenover elkaar en tegenover de bewindslieden. En vriendelijk. Als een minister z'n stof beheerst dan kun je daar potten breken. Als minister heb ik het in de Eerste Kamer nooit moeilijk gehad.

Hoe kijkt u terug op 'De Nacht van Wiegel', waarin u het referendum tegenhield met uw tegenstem?

Dat was een goede zaak. De VVD is altijd tegen het referendum geweest. Ik verwoordde impliciet ook het verkiezingsprogramma van mijn partij. Geertsema heeft ooit geschreven: 'Het referendum is de bijl aan de wortels van de democratie.' Ga daar maar eens aan staan. In de eerste termijn was mijn fractie het ook helemaal met mij eens, in de tweede termijn werd dat moeilijk en werden de Kamerleden ook onder druk gezet; het aantal tegenstemmers werd steeds minder. Vlak voor het debat kwam de partijtop in de fractiekamer op bezoek. De partijvoorzitter, de fractie-voorzitter in de Tweede Kamer en de vice-mp. Die kwamen ons uitleggen dat we voor moesten stemmen. Daar heb ik toen in alle hartelijkheid kennis van genomen. De enige die vooraf wist dat ik zou tegenstemmen, was mijn fractievoorzitter, Ginjaar. Ik zei: 'Leendert, alles mooi en aardig, maar wat er ook door die anderen wordt gedaan, ze bekijken het, ik stem in ieder geval tegen en ik verander ook niet.' Heeft hij ook gerespecteerd. Hij heeft nooit tegen mij gezegd dat ik ook voor moest stemmen. Klasse! Het was voor hem natuurlijk ook niet gemakkelijk.

KORTE BIOGRAFIE

Hans Wiegel (VVD) was van 13 juni 1995 tot 1 april 2000 lid van de Eerste Kamer. Daarvoor was hij Tweede Kamerlid, minister van Binnenlandse Zaken en commissaris van de Koningin van Friesland. Wiegel is als senator vooral bekend van de 'Nacht van Wiegel' (18-19 mei 1999), waar-in een voorstel voor invoering van een bindend correctief referen-dum mede door zijn toedoen in de Eerste Kamer sneuvelde.

Hans Wiegel

In hoeverre is een senator nog autonoom met bijvoorbeeld al die regeerakkoorden?

De Eerste Kamer is niet gebonden aan een regeerakkoord, wordt er ook niet over geraadpleegd. Ook werd ooit een initiatiefwetsontwerp van VVD en PvdA over abortus door de Tweede Kamer aanvaard – ik stemde toen als fractievoorzitter ook voor – maar had de fractievoorzitter van de VVD in de Eerste Kamer, mevrouw Van Someren, er grote moeite mee. Ze zei mij: 'Mijn geweten zegt eigenlijk tegen mij dat ik niet moet voorstemmen.' Ik zei haar: 'Ik ga absoluut niet tegen jou zeggen dat ik vind dat jij wel voor moet stemmen. Jij moet dat zelf beslissen.' Nou, dat heeft ze ook gedaan. De VVD-fractie was verdeeld, het wetsontwerp is verworpen. Vervolgens heeft ze een lawine van ellende, vooral uit de liberale achterban van de VVD, over zich heen gekregen. Mijn standpunt was: als een Eerste Kamer-lid echt grote moeite heeft met een voorstel, moet hij zijn geweten volgen. Zo eenvoudig is dat.

Bij het debat over de zorg eind 2014 stemden drie senatoren van de coalitie tegen.

Die drie PvdA-Kamerleden hebben dat gewoon gedaan op de gronden die zij in hun hoofd hadden. Als een fractielid vindt – en dat zullen ze onge-twijfeld ook hebben gemeld, of niet, of alleen aan de fractievoorzitter – 'je kunt hoog of laag springen, maar ik ben mordicus tegen', dan kun je een beroep doen op de eenheid of zeggen: doe het voor mij, maar dat houdt

1978: Hans Wiegel als minister van Binnenlandse Zaken in de Eerste Kamer. Rechts premier Van Agt.

op een gegeven moment op. De verwijten aan mevrouw Barth dat ze de fractieleden niet in de hand had weten te houden bij het debat over de zorg vind ik daarom ook niet helemaal terecht.

Waarom bent u uit de Eerste Kamer gegaan?

Als voorzitter van de verzekeraars in de gezondheidszorg heb ik destijds met de toenmalige minister van Volksgezondheid over de zorgverzekeringsplannen veelvuldig overleg gehad. Dat wetsvoorstel zou zonder twijfel door de Tweede Kamer worden aangenomen, misschien wel een beetje aangepast en dan naar de Eerste Kamer gaan. Toen dacht ik: in de eerste plaats ben ik belanghebbende, functioneel, als voorzitter van die verzekeraars en in de tweede plaats moet ik er ook over stemmen, als Eerste Kamerlid. Er zou een kleine kans bestaan dat dat een soort conflict van plichten voor mij zou zijn en daar had ik geen zin. Ik vond het heel jammer om uit de Eerste Kamer te gaan, maar toen heb ik gezegd: wat het zwaarst is, moet het zwaarst wegen en heb ik mijn Eerste Kamerlidmaatschap neergelegd.

U had zich kunnen onthouden van stemming. Of even achter de gordijnen kunnen gaan staan?

Dat kan niet, je moet voor of tegen zijn. Daar is een parlement ook niet voor. Het is VOOR of TEGEN.

1999: Hans Wiegel als senator in de Eerste Kamer tijdens de zogenaamde 'Nacht van Wiegel'. Op de voorgrond premier Kok en minister Peper van Binnenlandse Zaken.

Kamervoorzitter Van der Linden verlaat Paleis Noordeinde tijdens de kabinetsformatie in juni 2010. Hij is daar voor consultatie ontvangen door de Koningin.

Met de komst van de kabinetten-Rutte kwam de Eerste Kamer in een grote belangstelling te staan. Door velen werd immers de vraag gesteld hoe de Eerste Kamer zich zou gaan opstellen. Zou de Eerste Kamer – als 'chambre de réflexion' – de voorstellen van het kabinet op hun kwaliteit beoordelen, zoals Kamervoorzitters Van der Linden in 2010 en De Graaf in 2012 tijdens de kabinetsformatie stelden? Of zouden de politieke scheidslijnen ook in de Eerste Kamer wel degelijk een rol spelen? Volgens senator Noten, die van juni 2003 tot februari 2013 voor de PvdA in de Eerste Kamer zat, dient wel degelijk rekening te worden gehouden met de politieke verhoudingen in de Eerste Kamer. Op basis van zijn ervaringen als senator formuleerde hij in 2012 de zogenoemde 'IJzeren Wet van Noten':

> "Een fractie in de Eerste Kamer zal een regering nooit aan een meerderheid helpen als haar partijgenoten in de Tweede Kamer tegen het betreffende wetsvoorstel hebben gestemd."[46]

Op basis van deze IJzeren Wet zou een wetsvoorstel gesteund moeten worden door een deel van de oppositie in de Tweede Kamer om zo een meerderheid van de Eerste Kamerleden achter het wetsvoorstel te krijgen.

Senator Noten (PvdA; rechts). Naast hem senator Linthorst (eveneens PvdA).

Recent onderzoek, waarin het stemgedrag van politieke partijen in de Tweede Kamer tussen 2012 en 2014 geanalyseerd werd, toonde aan dat dit in de praktijk vaak lijkt te lukken.[47] Zo bleek de Tweede Kamerfractie van 'oppositiepartij' CDA in 91% van de gevallen hetzelfde te stemmen als de coalitiepartijen. Ook de fracties van PVV en SP stemden met respectievelijk 63% en 69% geregeld hetzelfde als de coalitie.

Veel wetsvoorstellen die de Eerste Kamer bereikten, bleken dus door (een deel van) de oppositie in de Tweede Kamer te zijn gesteund, waarna deze voorstellen in de meeste gevallen ook de Eerste Kamer passeerden. Hier moet natuurlijk wel het voorbehoud worden gemaakt dat de volgzaamheid van de Eerste Kamer niet altijd een gegeven is. Als een bepaalde fractie in de Tweede Kamer voor heeft gestemd, wil dat namelijk nog niet zeggen dat de geestverwante fractie in de Senaat ook voor zal stemmen. Eerste Kamerleden maken immers een autonome afweging, waarbij weliswaar politieke aspecten, maar zeker ook kwaliteitsaspecten een rol spelen.

Hierdoor kan het voorkomen dat de Eerste Kamer een wetsvoorstel verwerpt, terwijl de Tweede Kamer dit met een grote meerderheid heeft aanvaard. Een voorbeeld hiervan is de verwerping van het wetsvoorstel inzake het elektronisch patiëntendossier. Waar een grote Tweede Kamermeerderheid vóór het wetsvoorstel stemde, werd het in 2011 door de Eerste Kamer unaniem verworpen.[48] Dit voorbeeld laat zien dat volgzaamheid van de Eerste Kamer geen gegeven is. Ondanks de uitkomst van de behandeling in de Tweede Kamer kan het kabinet zich dan ook niet veroorloven in de Eerste Kamer de kantjes ervan af te lopen.

Senator Dupuis (VVD; links) schudt minister Schippers van VWS de hand voorafgaand aan een debat over het elektronisch patiënten-dossier.

Overigens heeft recent onderzoek aangetoond dat de Wet van Noten sinds 1998 een aantal maal is doorbroken.[49] Een voorbeeld is een wetsvoorstel uit 2013 dat ertoe strekte af te zien van de indexering van kinderbijslag.[50] Bij de stemming in de Tweede Kamer stemden slechts VVD, PvdA en D66 voor, niet genoeg voor een meerderheid in de Eerste Kamer (want toen samen goed voor 35 zetels). Bij de stemming in de Eerste Kamer hebben VVD, PvdA , D66 en CDA voor het voorstel ge-stemd. In dit geval heeft de CDA-fractie (toen 11 zetels) het wetsvoorstel in de Senaat dus aan een meerderheid geholpen.

Om toch vooraf verzekerd te zijn van de steun voor bepaalde belangrijke wetsvoorstellen in de Eerste Kamer, hebben de kabinetten-Rutte I en II regelmatig in ruil voor concessies ad-hocakkoorden gesloten met verschillende partijen. Ten tijde van het kabinet-Rutte I werden geregeld akkoorden gesloten met de SGP, aangezien de enige Senaatszetel van deze partij het kabinet in de Eerste Kamer aan een meerderheid kon helpen. Op deze wijze wist het kabinet-Rutte I verscheidene belangrijke wetsvoorstellen de Eerste Kamer te laten passeren. Ook het kabinet-Rutte II

WEETJE

Het aannemen van een wetsvoorstel met één stem verschil – de stem van de SGP – werd wel aangeduid als 'een Holdijkje doen', genoemd naar SGP-senator Holdijk.

heeft met verschillende partijen akkoorden gesloten om zo verzekerd te zijn van steun in de Eerste Kamer. Vaak werden akkoorden gesloten met D66, ChristenUnie en de SGP, die ook wel als de 'Constructieve 3 (C3)' zijn aangeduid. Op deze wijze zijn onder andere begrotingen en hervormingen op het gebied van de woningmarkt de Senaat gepasseerd. Soms werd ook steun bij andere partijen gezocht. Dit gebeurde bijvoorbeeld bij het wetsvoorstel tot hervorming van de studiefinanciering, toen het kabinet steun zocht bij GroenLinks en D66.[51]

Hoewel de verwerping van de Zorgwet[52] eind 2014 een gevoelige klap was voor het kabinet, bleek de Eerste Kamer vanaf 2010 – gezien het aantal verwerpingen – geen grote barrière te zijn voor het kabinetsbeleid. De Eerste Kamer is sinds 2010 immers niet significant meer wetsvoorstellen gaan verwerpen. Met de combinatie van een breed draagvlak voor wetsvoorstellen en ad-hocakkoorden bleek het kabinet tot nu toe in staat te zijn een omvangrijk pakket aan wetgeving de Eerste Kamer te laten passeren. Ook al heeft het kabinet hier in de Eerste Kamer hard voor moeten werken.

Enkele leden van de PvdA-fractie na de verwerping van de Zorgwet in december 2014. V.l.n.r. de senatoren Koole, Sylvester, Linthorst en Ter Horst.

Voetnoten

1 Kamerstukken II 1990/91, 22 008, nrs. 1 en 2.

2 Zoals: Kabinetsstandpunt Voortvarend wetgeven, Kamerstukken II 1993/94, 23 462, nr. 1; nota Vertrouwen in wetgeving, Kamerstukken II 2008/09, 31 731, nr. 1.

3 Circulaire van de Minister-President van 18 november 1992.

4 Het onderzoek beoogde tevens verder invulling te geven aan het takenpakket van de afdeling Inhoudelijke Ondersteuning van de Eerste Kamer.

5 B. Dijksterhuis, 'Criteria voor wetgevingskwaliteit', Onderzoek naar het gebruik van criteria voor wetgevings-kwaliteit, alsmede voor de kwaliteit van de uitvoering van in wetsvoorstellen neergelegde beleidsprogramma's door de Eerste Kamer en andere organen op het terrein van wetgeving, bestuur en advies, juni 2007.

6 Zie voor de volledige lijst de website van de Eerste Kamer: www.eerstekamer.nl/begrip/aandachtspunten_voor

7 Kamerstukken 32 600.

8 Kamerstukken 31 466.

9 Kamerstukken 31 571.

10 Zie o.a. Kamerstukken 29 763.

11 Kamerstukken 30 844.

12 Kamerstukken 31 325.

13 Kamerstukken 30 880 en 32 822. Zie tevens Kamerstukken 33 368.

14 Kamerstukken 30 475 en 31 540.

15 Kamerstukken 30 501.

16 Kamerstukken 32 440.

17 Enkele oudere wetten bepalen nog dat een concept-AMvB alleen aan de Tweede Kamer wordt overgelegd. Zie bijvoorbeeld artikel 69, vierde lid, van de Wet op het primair onderwijs.

18 Kamerstukken 2010/11, 31 923, nr. C.

19 Zie o.a. Kamerstukken I 2008/09, 31 700, VI, K; Kamerstukken I 2010/11, 32 500 VI, B en P.

20 Kamerstukken I 2000/01, 26 200 VI nr. 65, nr. 37b; Kamerstukken I 2005/06, 21 109, A; Kamerstukken I 2006/07, 26 200 VI nr. 65/21 109, D.

21 Kamerstukken I 2007/08, 26 200 VI nr. 65/21 109/30 800 VI, F.

22 Zie voor de ingetrokken goedkeuringswet Kamerstukken 30 025.

23 Artikel 288 van het Verdrag betreffende de werking van de Europese Unie.

24 De Wet bewaarplicht telecommunicatiegegevens, ter implementatie van Richtlijn 2006/24/EG. Zie daarvoor Kamerstukken 31 145.

25 De Eerste Kamer en Europa, eigen uitgave Eerste Kamer, 2007, p. 25 e.v.

26 Zie Kamerstukken 33 750 VI.

27 Zie Kamerstukken 31 051.

28 Zie Kamerstukken CVIII.

29 Kamerstukken 32 735; Toezegging T01476 op www.eerstekamer.nl

30 Motie-De Vries c.s., Kamerstukken II 1974/75, 12 944, nr. 18. Zie daarover ook hoofdstuk 2.

31 Bijlage bij de Notitie tweekamerstelsels, Kamerstukken I 2014/15, 34 000, C.

32 Zie voor de interpellatie ook hoofdstuk 5.

33 Het betrof de interpellaties-Schuurman (1990), -De Boer (1996) en -Schuurman (1999).

34 In bijvoorbeeld de Algemene Beschouwingen van 1996 komen de verschillende stellingnames over de mate van politiek goed naar voren: zie Handelingen I 1995/96, nr. 7, p. 245-246.

35 Handelingen I 1989/90, nr. 10, p. 337.

36 Handelingen I 1989/90, nr. 10, p. 355.

37 Handelingen I 1989/90, nr. 10, p. 356.

38 N. Cramer, 'De Eerste Kamer na 1917 in heroverweging', in: A. Postma e.a. (red.), Aan deze zijde van het Binnenhof, Den Haag: Sdu 1990, p. 342.

39 Handelingen I 1989/90, nr. 13, p. 452-455.

40 Handelingen I 1998/99, nr. 35, p. 1530-1533.

41 Handelingen I 1998/99, nr. 35, p. 1533.

42 Handelingen I 1998/99, nr. 35, p. 1532.

43 Handelingen I 1998/99, nr. 35, p. 1533.

44 Handelingen I 1998/99, nr. 36, p. 1549.

45 Handelingen I 2014-2015, nr. 4, item 3 en item 6.

46 'Senaatsmeerderheid is lang niet zeker', NRC Handelsblad 26 september 2012.

47 S.P. Otjes & Th. P. Louwerse, 'Een middenkabinet of een minderheidskabinet', in: G. Voerman (red.), Halverwege? Tussenbalans kabinet-Rutte II (Den Haag 2014), p. 35- 48.

48 Kamerstukken 31 466.

49 S.P. Otjes, 'De Vier Wetten van Noten getoetst', in: B.M. van den Braak (red.), Het 'probleem' Eerste Kamer. Visies op de toekomstige rol van de Senaat, Den Haag: Montesquieu Instituut 2015, p. 52- 67, aldaar 62-63.

50 Kamerstukken 33 525.

51 Kamerstukken 34 035.

52 Formeel: Wijziging van de Wet marktordening gezondheidszorg en enkele andere wetten, teneinde te voorkomen dat zorgverzekeraars zelf zorg verlenen of zorg laten aanbieden door zorgaanbieders waarin zij zelf zeggenschap hebben, Kamerstukken 33 362.

DE GESCHIEDENIS
VAN DE EERSTE KAMER
IN VOGELVLUCHT

DE GESCHIEDENIS
VAN DE EERSTE KAMER
IN VOGELVLUCHT

*Openingsfoto vorige pagina's:
plafond van de vergaderzaal van de
Eerste Kamer.*

Dit hoofdstuk behandelt in het kort de geschiedenis van het instituut Eerste Kamer. Het beschrijft het ontstaan van het tweekamerstelsel en de ontwikkeling van de Eerste Kamer van een door de Koning voor het leven benoemd college tot een indirect gekozen vertegenwoordigend orgaan dat is ingebed in de parlementaire democratie. Bij de beschrijving gaat het vooral om ontwikkelingen rondom het instituut Eerste Kamer zelf. Hoe is de Eerste Kamer ontstaan, wat is er in de afgelopen 200 jaar veranderd aan haar samenstelling en bevoegdheden, hoe was de waardering voor haar bestaan en functioneren? Wat de Eerste Kamer in de afgelopen 200 jaar heeft gedaan, welke wetsvoorstellen en andere dossiers zij heeft behandeld, blijft grotendeels buiten beschouwing. De eerste 175 jaar van de Eerste Kamer komen aan de orde in het in 1990 verschenen jubileumboek *Aan deze zijde van het Binnenhof*. Andere hoofdstukken van het voorliggende jubileumboek besteden aandacht aan de ontwikkelingen in de periode na 1990, waarbij de nadruk op de laatste jaren ligt.

*Ontwerp van de Staatsregeling
voor het Bataafsche Volk.*

Aanloop naar het tweekamerstelsel (1798-1815)

Nederland kent sinds 1464 een Staten-Generaal, oorspronkelijk de vergadering waarin de Bourgondische landheer overleg pleegde met vertegenwoordigers van de standen van de Nederlandse gewesten. Deze Staten-Generaal vormden ten tijde van de Republiek der Zeven Verenigde Nederlanden (1581-1795) het platform waarin afgevaardigden van de zeven soevereine provinciën met elkaar vergaderden en bij unanimiteit besloten over zaken die de Unie aangingen, zoals de landsverdediging. Al die tijd bestonden de Staten-Generaal uit slechts één kamer. Een eerste ervaring met een tweekamerstelsel deed Nederland op ten tijde van de Bataafse Republiek (1795-1806). De Staatsregeling voor het Bataafsche Volk van 1798 stelde een Vertegenwoordigend Lichaam in dat binnen de Republiek de hoogste macht uitoefende. Dit lichaam splitste zich krachtens artikel 52 van de Staatsregeling "in twee Kamers, genoemd Eerste Kamer en Tweede Kamer", waarbij de uit 64 leden bestaande Eerste Kamer tot taak had wetsvoorstellen te maken, en de uit 30 leden bestaande Tweede Kamer om deze goed te keuren of te verwerpen.[1] Deze eerste ervaring met een tweekamerstelsel duurde slechts kort. In 1801 werd het alweer verlaten.

Toen na de periode van het Koninkrijk Holland (1806-1810)[2] en na de inlijving bij het Franse keizerrijk (1810-1813) de noordelijke Nederlanden hun onafhankelijkheid herwonnen, stond de vraag naar de nieuwe staatsinrichting prominent op de agenda. Willem Frederik (1772-1843), sinds 1806 Prins van Oranje en zoon van de laatste stadhouder Willem V, had begin december 1813 de positie van Soeverein Vorst aanvaard "onder waarborging eener wijze constitutie". Hoewel de Soeverein Vorst wel voelde voor de instelling van een Hogerhuis bestaande uit ridders en andere edellieden met onbeperkt vetorecht, wenste de grondwetscommissie onder leiding van Gijsbert Karel van Hogendorp (1762-1834) aan te sluiten bij de situatie zoals die tijdens de Republiek der Zeven Verenigde Nederlanden had bestaan. De Grondwet van 1814 stelde dan ook een uit slechts één kamer bestaande Staten-Generaal in, waarvan de leden werden gekozen door de provinciale staten.

Lang heeft deze unicamerale Staten-Generaal niet gefunctioneerd. De vereniging met de zuidelijke Nederlanden, waartoe was besloten tijdens het Congres van Wenen, veranderde de politieke en staatsrechtelijke situatie aanzienlijk. Een nieuwe grondwetscommissie, wederom onder leiding van Van Hogendorp, ging op 22 april 1815 aan het werk om een nieuwe constitutie te ontwerpen. De Belgische leden van de commissie drongen sterk aan op de instelling van een aparte kamer voor de adel. Deze wens stuitte niet op grote weerstand bij de noordelijke leden en de Koning – Soeverein Vorst Willem Frederik had zichzelf op 16 maart 1815 tot Koning der Nederlanden uitgeroepen – had al eerder een voorkeur voor een Hogerhuis uitgesproken. Op 22 mei 1815 adviseerde een subcommissie de instelling van een volksvertegenwoordiging die uit twee kamers bestond, "ten einde alle overijling in de raadplegingen te voorkomen, in moeielijke tijden aan de driften heilzame palen te stellen, den troon te omringen door een bolwerk waartegen alle partijen afstuiten, aan de natie eene volkomene zekerheid te waarborgen tegen alle willekeurige uitbreiding van gezag".

Daarmee was het pleit ten faveure van het tweekamerstelsel beslecht: de in augustus 1815 afgekondigde nieuwe Grondwet kende een door de provinciale staten gekozen Tweede Kamer en een Eerste Kamer waarvan de leden door de Koning voor het leven benoemd werden uit de aanzien-

Koning Willem I; buste in de wandelgang van de Eerste Kamer.

Gijsbert Karel van Hogendorp door Jean François Valois of Cornelis Cels.

*Koning Willem I opent de Verenig-
de Vergadering in het stadhuis te
Brussel, 21 september 1815.*

*De Trêveszaal aan het Binnenhof te
Den Haag, waar tegenwoordig de
ministerraad vergadert.*

lijksten van het land.[3] Tot eerste Voorzitter van de Eerste Kamer werd
de katholieke Belgische edelman Charles graaf de Thiennes de Lombise
(1758-1839) benoemd. Hij bleef dat tot oktober 1818 en wisselde daarna tot 1830 het voorzitterschap jaarlijks af met de Noord-Nederlander
Willem Frederik baron Röell (1767-1835).

De eerste ervaringen met het tweekamerstelsel (1815-1848)

De Eerste Kamer vergaderde, net als de Tweede, afwisselend in Den Haag
en in Brussel.[4] In Den Haag was de Trêveszaal doorgaans de plaats van
haar vergaderingen.[5] In Brussel vergaderden de Staten-Generaal van
21 tot 29 september 1815 in buitengewone zitting in het Brusselse stadhuis, waarbij de Eerste Kamer de zaal gebruikte die bestemd was voor het
stadsbestuur. Vanaf 1 oktober 1816 vergaderde de Eerste Kamer in een
zaal tegenover het Warandepark op de eerste verdieping van het Paleis
der Natie. Een brand in het Paleis op 29 december 1820 dwong de Eerste
Kamer tijdelijk naar een ander deel van het gebouw uit te wijken.

De Eerste Kamer heeft zich niet ontwikkeld tot een instituut dat specifiek oog had voor Belgische belangen. Oppositie tegen het beleid van de Koning kwam voornamelijk vanuit de Tweede Kamer, terwijl de volledig door de Koning benoemde Eerste Kamer zulke oppositie juist de wind uit de zeilen nam. Aldus ontwikkelde de Eerste Kamer zich inderdaad tot een bolwerk rondom de troon, maar dan een dat in de praktijk functioneerde als een machtsinstrument van de Koning en met haar vetorecht iedere poging tot vernieuwing kon dwarsbomen. Spottend werd wel gesproken van de Eerste Kamer als de 'ménagerie du Roi' (dierentuin van de Koning). Hoewel het economische beleid van 'kanalenkoning' en 'koning-koopman' Willem I ook in het zuiden waardering oogstte, vielen zijn autoritaire en centralistische maatregelen op het gebied van de godsdienst, het onderwijs, de taal en de pers bijzonder slecht. Een opstand volgde en op 4 oktober 1830 verklaarden de Belgen zichzelf onafhankelijk van de noordelijke Nederlanden.

Tekening van het Paleis der Natie te Brussel, gezien vanuit het Warandepark.

Na de afscheiding bleef slechts één 'Belg' lid van de Eerste Kamer. Dit was jhr. mr. A.Ch. Membrède, die zichzelf overigens als noorderling zag omdat hij te Maastricht geboren was en ook burgemeester van die stad was geweest. Membrède overleed op 25 oktober 1831, zodat de Eerste Kamer voortaan uitsluitend nog uit noordelijke leden bestond. Omdat instelling van de Eerste Kamer vooral een Belgische wens was geweest, lag de vraag op tafel of zij behouden moest blijven. Bij de grondwetsherziening van 1840 werd die vraag door regering en beide Kamers positief beantwoord, ondanks het feit dat 15 van de 45 Tweede Kamerleden vóór afschaffing waren en de bekende antirevolutionaire politicus Groen van Prinsterer (1801-1876) de Eerste Kamer "eene mislukte copie [...] naar Engelsch model" noemde. Ook een andere belangrijke staatsman keerde zich tegen het instituut Eerste Kamer. Dat was Johan Rudolf Thorbecke (1798-1872), die in een publicatie van zijn hand uit augustus 1848 de Eerste Kamer "zonder grond en zonder doel" noemde.

Johan Rudolf Thorbecke door Johan Heinrich Neuman.

Dat was echter niet de opvatting van de meerderheid van de door dezelfde Thorbecke voorgezeten en enkele maanden eerder ingestelde grondwetscommissie. Deze commissie, door Koning Willem II (1792-1849) ingesteld vanwege revolutionaire ontwikkelingen en de roep om meer democratie in heel Europa, adviseerde in april 1848 om zowel de Eerste als de Tweede Kamer rechtstreeks te laten kiezen. Senatoren zouden worden gekozen uit de hoogstaangeslagenen in de directe belastingen. De regering werkte de voorstellen van de commissie uit tot concrete wetsvoorstellen en de verdediging daarvan berustte bij minister van Justitie Dirk Donker Curtius (1792-1864), die ook lid van de grondwetscommissie was geweest. De regering verdedigde handhaving van de Eerste Kamer onder andere met het argument dat met een extra kamer binnen de volksvertegenwoordiging overijling voorkomen kon worden en "tijd van beraad, welke steeds tot bedaarde overweging leidt" gewon-

Dirk Donker Curtius

nen werd. Daaraan voegde zij toe dat het nut van de Eerste Kamer "meer gelegen is in het voorkomen van het kwaad dan in het stichten van het goede".

De in meerderheid uit conservatieven bestaande Tweede Kamer voelde wel voor handhaving van de Eerste Kamer, maar weinig voor rechtstreekse verkiezing van dit orgaan. De Tweede Kamer had een voorkeur voor behoud van het benoemingsrecht van de Koning, maar kon instemmen met een compromis, dat overigens uit de koker kwam van een ambtenaar van de minister: de Eerste Kamer zou gekozen worden door de provinciale staten (die immers voorheen al de Tweede Kamer kozen) uit de hoogstaangeslagenen in de directe belastingen. De Tweede Kamer aanvaardde het voorstel over de Staten-Generaal met 41 tegen 15 stemmen, maar in de Eerste Kamer staakten aanvankelijk de stemmen. Na een pauze en druk van de Koning zelf werd het voorstel alsnog met 14 tegen 12 stemmen aangenomen. De tweede lezing verliep soepeler en in oktober 1848 kon de grondwetsherziening worden afgerond. Op 3 november van dat jaar werd de nieuwe Grondwet formeel afgekondigd.

> Onder de Grondwet van 1840 werd de tweede lezing van een grondwetsherziening nog behandeld door een Tweede Kamer waarvan het aantal leden met het oog op de grondwetsherziening werd verdubbeld. In deze 'dubbele Tweede Kamer' was een meerderheid van drie vierden vereist. De Grondwet van 1848 werd met 92 tegen 22 stemmen aangenomen. In de Eerste Kamer volstond een gewone meerderheid. De stemverhouding was daar 17 tegen 9. Sinds 1848 geldt voor beide Kamers het vereiste van een tweederde meerderheid in tweede lezing.

CENSUSKIESRECHT

Bij censuskiesrecht komt het kiesrecht toe aan personen die een bepaald bedrag aan belasting betalen.

De Grondwet van 1848 bracht de grondslagen van het staatsbestel zoals die ook nu nog gelden: een rechtstreeks gekozen Tweede Kamer (toen nog op basis van censuskiesrecht), een indirect gekozen Eerste Kamer, het recht van amendement en het recht van enquête voor de Tweede Kamer, invoering van de politieke ministeriële verantwoordelijkheid en het recht van de regering om elk van beide Kamers te ontbinden. Bovendien zou de Eerste Kamer, in navolging van de Tweede, voortaan in het openbaar vergaderen.

Voorkomen van het kwaad (1848-1917)

De Grondwet van 1848 had de bevoegdheden van de Eerste Kamer niet veranderd: zij beschikte nog steeds over een vetorecht en miste de rechten van initiatief en amendement. Verder bepaalde de nieuwe Grondwet dat er 39 Eerste Kamerleden waren, die uit "de hoogst aangeslagenen in de rijks-directe belastingen" werden gekozen door de leden van de provinciale staten.[6] De Grondwet bepaalde hun zittingsduur op negen jaar, waarbij om de drie jaar een derde aftrad en werd vervangen.[7] De minimumleeftijd voor het lidmaatschap was verlaagd van 40 naar 30 jaar en het was senatoren verboden tegelijkertijd lid te zijn van provinciale staten.[8]

De grondwettelijke eis van openbare vergaderingen maakte een verhuizing uit de Trêveszaal noodzakelijk. De Eerste Kamer streek in 1849 neer op haar huidige locatie, de voormalige vergaderzaal van de Staten van Holland en West-Friesland. Een praktisch probleem daarbij was dat deze vergaderzaal ook gebruikt werd door de provinciale staten van Zuid-Holland, zodat goede afspraken tussen beide organen noodzakelijk waren. Deze situatie zou tot 1975 voortduren, toen de statenleden vertrokken naar hun nieuwe vergaderlocatie. Het liberale Tweede Kamerlid

Vergaderzaal van de Staten van Holland en West-Friesland omstreeks 1730.

INTERVIEW MET SENATOR PIA LOKIN-SASSEN

"ENIGE 'PUBLIC SPIRIT' PAST WEL IN DE FAMILIE-TRADITIE"

KORTE BIOGRAFIE

Pia Lokin-Sassen (CDA) was van 7 juni 2011 tot 9 juni 2015 lid van de Eerste Kamer. Haar vader E.M.J.A. (Maan) Sassen was van 1952 tot 1958 eveneens lid van de Eerste Kamer. Hetzelfde gold voor zijn overgrootvader N.F.C.J. Sassen, die van 1853 tot 1871 lid was, en zijn oudoom A.M. Sassen, die van 1892 tot 1907 in de Senaat zat.

Pia Lokin-Sassen

Kunnen we spreken van een 'Haagse dynastie' Sassen in de Eerste Kamer?

Volgens mij is een speciaal 'Eerste Kamer'-gen nog niet ontdekt. Maar ik ben wel opgevoed met de gedachte dat je de gaven die je per slot van rekening ook maar gekregen hebt niet alleen voor jezelf moet gebruiken, maar ook ten dienste stelt van de samenleving. Enige 'public spirit' past wel in de familietraditie.

Uw vader was ook lid van de Eerste Kamer. Wat kreeg u daar als kind van mee en welk beeld had u toen van het instituut?

Ik herinner me mijn 'eerste' Prinsjesdag als jong meisje nog goed: wij hadden vanuit de Eerste Kamer een prachtig zicht op de Gouden Koets en alle hoogwaardigheidsbekleders. Het was een stralende dag en één van de militairen tegenover ons viel plotseling flauw, hetgeen voor enige commotie zorgde. Bij het 175-jarig bestaan van de Eerste Kamer heb ik mijn vader mogen vergezellen tijdens de feestelijkheden in de Ridderzaal en ook daar bewaar ik de beste herinneringen aan: de hartelijke, gastvrije en gulle ontvangst staat me nog helder voor de geest. De Eerste Kamer was in mijn vaders tijd vooral een bedaagd en eerbiedwaardig instituut vol overwegend sigaren rokende, wijze heren en hier en daar een wijze dame.

Had u het idee dat u in zijn voetsporen zou treden?

Nee, ik heb nooit het idee gehad dat ik op dit gebied in de voetsporen van mijn vader zou treden. In mijn werkzaam leven heb ik mij toch eerder op het recht gericht, eerst als advocaat, later in het universitaire onderwijs en als rechter-plaatsvervanger. Pas sinds mijn lidmaatschap van de gemeenteraad in Groningen heb ik ontdekt dat ik een zekere aanleg voor de politiek bezit, maar ook toen was ik niet zelf op het idee gekomen mij te kandideren als lid van de Senaat. Het CDA-bestuur van de provincie Groningen heeft mijn naam destijds doorgegeven als potentiële kandidaat voor de Eerste Kamer en zo ben ik uiteindelijk op de lijst gekomen.

N.F.C.J. Sassen

A.M. Sassen

E.M.J.A. Sassen

Wat is er volgens u veranderd aan de Eerste Kamer sinds de tijd dat uw vader lid was?

Er is natuurlijk wel het een en ander veranderd sinds de jaren zestig van de vorige eeuw. Het instituut is met zijn tijd meegegaan. Allereerst valt op dat er veel meer vrouwen lid van de Eerste Kamer zijn en dat de gemiddelde leeftijd aanmerkelijk is verjongd, hoewel de wijze heren gelukkig niet helemaal verdwenen zijn. Ook het sigaren roken bestaat nog, zij het nu buiten op het Binnenhof, en in plaats van de kroontjespen bedienen wij sinds vier jaar de iPad als eerste volksvertegenwoordigers in de Europese Unie, alsof we nooit anders gedaan hebben. De media-aandacht is de laatste tijd toegenomen, maar dat ligt niet zozeer aan de Eerste Kamer als wel aan de heren Rutte en Samsom, die even vergaten dat het de Staten-Generaal zijn die het gehele Nederlandse volk vertegenwoordigen, dus inclusief de Eerste Kamer en niet alleen de Tweede Kamer.

De roep om afschaffing of wijziging van de Senaat is ingegeven door deze omissie en het zou onzinnig zijn om de Senaat om die reden de laan uit te sturen. Beter ware het om in de toekomst weer een kabinet te formeren dat kan rekenen op een ruime meerderheid in beide Kamers, zoals het hoort. De versplintering van de partijen is ook relatief nieuw sinds de zestiger jaren. De scherpe en grove toon die men in de Tweede Kamer soms bezigt, is tot nu toe aan de Eerste Kamer vreemd, gelukkig. Als mijn vader nu een kijkje in de Senaat zou nemen, dan zou blijken dat er toch ook weer niet zoveel veranderd is: de deskundigheid is nog steeds indrukwekkend en de sfeer is vriendelijk en hoffelijk gebleven. De Senaat vervult nog steeds zijn even bescheiden als nuttige functie met name als medewetgever en als bolwerk tegen de waan van de dag.

Ziet u onder uw kinderen toekomstige senatoren?

Enige 'public spirit' is ook onze kinderen niet vreemd, maar hoe zíj daar weer gestalte aan geven…dat ligt in de schoot der toekomst verborgen.

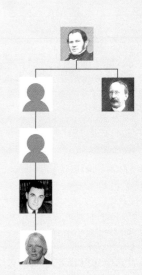

Van der Linden (1812-1888) had wel medelijden met de Eerste Kamer, die haar vergaderzaal moest delen. De situatie deed hem denken "aan die twee Franschen, die met hen beiden maar één rok hadden, zoodat de een moest te huis blijven als de ander uitging".

De positie van de Eerste Kamer bleef in de tweede helft van de negentiende eeuw grotendeels ongewijzigd. De grondwetsherziening van 1887 bracht slechts kleine veranderingen. Ook de Eerste Kamer kreeg toen het recht van enquête en bovendien werd het aantal leden uitgebreid naar 50 (tegenover 100 van de Tweede Kamer). De eisen voor het lidmaatschap werden enigszins versoepeld. Naast de hoogstaangeslagenen waren voortaan ook personen die "eene of meer hooge en gewigtige openbare betrekkingen, bij de wet aangewezen, bekleeden of bekleed hebben" verkiesbaar.[9] Veranderingen in de samenleving gingen aanzienlijk sneller. Nederland industrialiseerde, de steden groeiden, wegen, spoorwegen en kanalen werden aangelegd en tegelijkertijd nam de sociale problematiek in de vorm van armoede, gebrekkige hygiëne en kinderarbeid toe. In 1879 werd de eerste politieke partij opgericht, de Anti-Revolutionaire Partij (ARP) van Abraham Kuyper (1837-1920), gevolgd door partijen van liberalen, sociaaldemocraten en katholieken, en later afsplitsingen daarvan. Hoewel het bestaansrecht van de Eerste Kamer ook in de tweede helft van de negentiende eeuw weleens ter discussie werd gesteld, kwam het toen niet tot concrete voorstellen tot afschaffing. Dat veranderde aan het begin van de twintigste eeuw.

Affiche met Pieter Jelles Troelstra.

In 1903 maakte SDAP-voorman Troelstra (1860-1930) een initiatief-wetsvoorstel aanhangig dat een vergaande democratisering van het parlement moest bewerkstelligen. Het voorstel beoogde invoering van algemeen mannenkiesrecht, het wegnemen van belemmeringen voor de invoering van vrouwenkiesrecht en het creëren van de mogelijkheid om op basis van evenredige vertegenwoordiging verkiezingen te houden in plaats van op basis van het geldende meerderheidsstelsel. De Eerste Kamer zou moeten worden afgeschaft en worden vervangen door een facultatief referendum. Volgens Troelstra was de Eerste Kamer geen bolwerk meer tégen overijling, maar juist een bolwerk ván overijling ge-worden, nu zij in april 1903 binnen 24 uur na ontvangst had ingestemd met een belangrijk wetsvoorstel van de regering. Minder ver ging een wetsvoorstel van de vrijzinnig-democraat Drucker (1857-1917). Dit voorstel wilde rechtstreekse verkiezing van de Eerste Kamer invoeren en bovendien de eisen voor het passief kiesrecht aanzienlijk afzwakken. Van geen van beide voorstellen is iets terechtgekomen. De voorstellen zijn niet in de Tweede Kamer behandeld en uiteindelijk in 1917 ingetrokken.

*Foto rechterpagina:
poster uit 1916 voor het
vrouwenkiesrecht.*

GEEF AAN DE VROUW
HAAR RECHTMATIGE
PLAATS NAAST DEN MAN

PROVINCIALE
LANDDAG
VAN DEN
NEDERLANDSCHEN
BOND
VOOR
VROUWEN-
KIESRECHT
OP
Zaterdag 3 Juni '16
's namiddags 2 uur,
op het terrein „Park ZORGVLIET"
te 's Gravenhage

Sprekers:
de Heer Prof. Dr. B. D. Eerdmans, uit Leiden,
Lid v.d. Tweede Kamer der Staten-Generaal.
Mejuffrouw J. Westerman,
Hoofd eener School te Amsterdam.
de Heer W. I. E. H. M. de Jong,
Lid v.d. Tweede Kamer der Staten-Generaal.

Tusschen de toespraken zullen Nederlandsche
Liederen gezongen worden onder leiding van
den heer ARNOLD SPOEL, waarbij de
medewerking van het Publiek wordt verzocht.

Muziek op het terrein
van de Residentie-Harmonie-Kapel, Kapelmeester A. Kerrebijn.
TOEGANG f 0.25.
Liederenbundel v. d. Nationale Vereeniging v. d. Volkszang
op het terrein te verkrijgen. - Opening v. h. terrein 1½ uur.
Secretariaat Zoutmanstraat 22, DEN HAAG.

De Grondwet van 1917 bracht grote veranderingen voor Nederland. De grondwetsherziening speelde in op twee belangrijke maatschappelijke vraagstukken die al decennialang speelden, te weten de door de confessionelen gewenste gelijkstelling van openbaar en bijzonder onderwijs (inzet van de zogenaamde 'schoolstrijd') en de met name door liberalen en sociaaldemocraten gewenste uitbreiding van het kiesrecht. Voortaan bepaalde de Grondwet dat bijzonder algemeen vormend lager onderwijs dat voldeed aan wettelijke eisen van deugdelijkheid naar dezelfde maatstaf als het openbaar onderwijs uit de openbare kas zou worden gefinancierd. Voor de Tweede Kamer, provinciale staten en gemeenteraden werd het algemeen mannenkiesrecht ingevoerd en werd het bestaande meerderheidsstelsel vervangen door een stelsel van evenredige vertegenwoordiging. Vrouwen kregen direct passief kiesrecht, en actief kiesrecht voor vrouwen kon bij gewone wet worden ingevoerd, hetgeen in 1919 gebeurde.

De Grondwet van 1917 bracht ook enkele belangrijke wijzigingen voor de Eerste Kamer. Voortaan golden voor het lidmaatschap van de Eerste Kamer dezelfde eisen als voor het lidmaatschap van de Tweede Kamer. Die eisen waren bezit van de Nederlandse nationaliteit en een minimum-leeftijd van 30 jaar.[10] Vrouwen konden nu ook lid van de Eerste Kamer worden en in 1920 kon SDAP-politica Carry Pothuis-Smit (1872-1951) als eerste vrouw zitting nemen in de Senaat.

Carry Pothuis-Smit

In het interbellum (1917-1940)

De grondwetsherziening van 1922 bracht nog meer wijzigingen voor de Eerste Kamer met zich mee. Aan de herziening was een advies voorafgegaan van een door minister-president Ruijs de Beerenbrouck (1873-1936) voorgezeten grondwetscommissie (1918-1920). Deze commissie was mede ingesteld vanwege de revolutionaire sfeer die in het Europa van na de Eerste Wereldoorlog hing. De commissie hield zich dan ook zeker niet alleen met de positie van de Eerste Kamer bezig, maar ook met onderwerpen als de troonopvolging, de buitenlandse betrekkingen, volksinitiatief en referendum. De meerderheid van de commissie achtte het voortbestaan van het tweekamerstelsel gewenst, terwijl een minderheid voor afschaffing van de Eerste Kamer pleitte. De commissie adviseerde verder ook de Eerste Kamerverkiezingen te laten plaatsvinden op basis van evenredige vertegenwoordiging, de zittingsduur van de Eerste Kamer op vier jaar te bepalen en de Kamer voortaan in haar geheel te laten verkiezen, dus zonder tussentijdse vervangingen. Omdat ontbinding van de Eerste Kamer weinig zinvol was als de leden van provinciale staten, die immers het kiezerskorps van de Eerste Kamer vormden, aanbleven, stelde de commissie ten slotte voor ook ontbinding van provinciale staten mogelijk te maken.[11]

Afschaffing van de Eerste Kamer is waarschijnlijk nooit dichterbij geweest dan in de periode 1918-1922. In november 1918 deed de vrije liberaal Visser van IJzendoorn (1858-1924) tijdens een interpellatie-debat in de Tweede Kamer de beroemde uitspraak dat de handelwijze van de Eerste Kamer in de afgelopen jaren "niet van eene groote opvatting van haar taak getuigt", wat hem tot de conclusie bracht dat het instituut wel kon worden afgeschaft. "Wanneer de Eerste Kamer ten grave mocht dalen en haar uitvaart wordt gevierd, dan ben ik bang dat de boden van die Kamer het meest zullen treuren", aldus Visser van IJzendoorn. De regering volgde echter het oordeel van de grondwetscommissie en wenste het tweekamerstelsel te behouden. Bijna slaagde de Tweede Kamer erin haar zusterinstelling uit het regeringsvoorstel te schrappen. Een amendement tot opheffing van de Eerste Kamer van de hand van VDB-leider Marchant (1869-1956) werd op 24 november 1921 maar nét verworpen met 46 tegen 38 stemmen. Overigens is het weinig waarschijnlijk dat de Eerste Kamer met haar eigen opheffing zou hebben ingestemd.

Henri Marchant

De Eerste Kamer bleef dus behouden, maar er veranderden wel een paar belangrijke zaken met betrekking tot haar verkiezing en zittingsduur. In het oorspronkelijke regeringsvoorstel was conform het advies van de grondwetscommissie een zittingsduur van vier jaar voorgesteld in combinatie met verkiezing op basis van evenredige vertegenwoordiging en introductie van de mogelijkheid van ontbinding van provinciale staten. De Tweede Kamer kon met dit voorstel instemmen, maar de Eerste Kamer verwierp het in april 1922. Voor SDAP-voorman Troelstra was dit overigens aanleiding opnieuw een wetsvoorstel tot afschaffing van de Eerste Kamer aanhangig te maken. Dit voorstel was kansloos, maar een nieuw en minder vergaand voorstel van de regering was wel succesvol. De mogelijkheid van ontbinding van provinciale staten kwam daar niet meer in voor. Voortaan zou de Eerste Kamer op basis van evenredige vertegenwoordiging worden gekozen voor een periode van zes jaar, waarbij om de drie jaar de helft van de leden aftrad. Aldus kwam het systeem tot stand dat tot 1983 heeft gegolden. Het verbod voor Eerste Kamerleden tegelijkertijd lid van provinciale staten te zijn kwam met deze grondwetswijziging overigens te vervallen.

De periode van rust die aanbrak nadat de revolutionaire woelingen van na de Eerste Wereldoorlog weer tot bedaren waren gebracht, was slechts van korte duur. In de samenleving groeide de onvrede over het verzuilde politieke bestel, dat niet in staat zou zijn de grote maatschappelijke kwesties aan te pakken. Na de beurskrach in 1929 werd deze onvrede alleen maar groter. Zij leidde tot de opkomst en groei van politieke partijen die in essentie de parlementaire democratie verwierpen, zoals de communistische CPN (aanvankelijk CPH), de Revolutionair-Socialistische Partij[12] en de in 1931 opgerichte extreemrechtse NSB. Alleen die laatste partij

WEETJE

Er zijn vele voorbeelden van senatoren die ook statenlid waren. Enkele bekenden zijn:

- Gerrit Holdijk (SGP), zie het interview met hem in hoofdstuk 1;
- Maan Sassen (KVP), zie het interview met zijn dochter in dit hoofdstuk;
- Liesbeth Ribbius Peletier (SDAP), het eerste vrouwelijke lid van de Raad van State;
- Ad Kaland (CHU/CDA), bekend van zijn confrontaties in de Eerste Kamer met toenmalig premier Lubbers.

*Kamervoorzitter De Vos van Steen-
wijk; tekening van Karel James in de
Eerste Kamer.*

*Vergadering van de Eerste Kamer
in de jaren dertig van de twintigste
eeuw.*

wist in het interbellum zetels in de Eerste Kamer te verwerven. Zij trad
na voor haar succesvolle statenverkiezingen in 1935 tot de Senaat toe
met twee zetels en bezette er in 1937 zelfs vier. Dat was gelijk aan haar
zetelaantal in de Tweede Kamer in 1937, zij het dat het gewicht van
de Eerste Kamerzetels natuurlijk tweemaal zo groot was vanwege het
geringere aantal zetels in die Kamer. Het is niet overdreven te stellen dat
het onconventionele optreden van de NSB-senatoren en vooral dat van
hun fractievoorzitter, de advocaat mr. A.J. van Vessem (1887-1966), op
weerstand van hun collega's in de Eerste Kamer stuitte. Genoemde Van
Vessem botste regelmatig met Kamervoorzitter De Vos van Steenwijk
(1859-1947).

Deze Voorzitter kon echter vrij weinig uitrichten tegen ordeverstoringen,
aangezien het toenmalige Reglement van Orde hem nauwelijks bevoegdheden toekende om in de debatten in te grijpen.[13] De situatie liep in 1939
kennelijk dusdanig uit de hand dat deze bevoegdheden binnen een dag
alsnog door de Kamer verleend werden. Met de summiere motivering
"de ervaring heeft geleerd, dat deze versterking van de bevoegdheden
van den Voorzitter noodig is" werd op 15 maart van dat jaar een voorstel
tot Reglementswijziging ingediend dat de Voorzitter onder meer de be-

voegdheid toekende leden te vermanen, het woord te ontnemen en zelfs uit te sluiten van verdere bijwoning van de vergadering bij beledigingen, ordeverstoringen en het aansporen tot onwettige handelingen. Het voorstel was gebaseerd op gelijksoortige bepalingen in het Reglement van Orde van de Tweede Kamer, die de ordebevoegdheden van de Kamervoorzitter al sinds 1849 langzaam had uitgebreid.

Het voorstel tot wijziging van het Reglement van Orde van de Eerste Kamer werd al op 16 maart 1939 aanvaard met 34 tegen 4 stemmen. Tegen stemden uiteraard de vier NSB-senatoren, die de Reglementswijziging als een anti-NSB-maatregel zagen. Het nieuwe Reglement bepaalde ook dat de Kamervoorzitter beledigende en andere onwenselijke passages uit de stenografische verslagen kon schrappen en daarmee uit de officiële Handelingen kon weren.[14] Het schrapartikel heeft tot 1983 bestaan. Ter vergelijking: het artikel had in de Tweede Kamer een aanzienlijk langer leven (1934-2001) en is daar ook veel vaker toegepast.

Wederopbouw en beperkte hervorming (1945-1971)

Op 10 mei 1940 begon voor Nederland de Tweede Wereldoorlog met de Duitse inval, die reeds vijf dagen later resulteerde in een capitulatie. De Duitse bezetter schortte op 24 juni 1940 de activiteiten van de beide Kamers "tot nader order" op. Zij werden dus niet ontbonden of opgeheven, maar kwamen ook niet meer bijeen. Na de bevrijding trad eerst een Tijdelijke Staten-Generaal aan, bestaande uit in beginsel alle leden van Eerste en Tweede Kamer die op 10 mei 1940 lid waren geweest. In theorie bestond de Eerste Kamer dus weer uit 50 leden, maar in de praktijk waren het er slechts 34. Sommige leden hadden bedankt, andere werden wegens fout gedrag in de oorlog niet meer toegelaten en weer andere waren overleden. Zo was het lid De la Bella (1889-1942) vermoord in Dachau, het concentratiekamp waar het voormalige lid Wiardi Beckman (1904-1945) – hij had na de Duitse inval ontslag genomen als senator – vlak voor de bevrijding aan tyfus overleed. Voormalig minister-president Colijn (1869-1944), die sinds 31 oktober 1939 voor de derde maal lid was van de Eerste Kamer, was in Duitse ballingschap gestorven.

H.B. ('Stuuf') Wiardi Beckman

De Tijdelijke Staten-Generaal hadden als voornaamste (en aanvankelijk enige[15]) taak te stemmen over het wetsvoorstel Voorlopige Staten-Generaal. De Eerste Kamer stemde op 25 oktober 1945 met dat voorstel in. De vervolgens optredende Eerste Kamer van de Voorlopige Staten-Generaal werd weer aangevuld tot 50 leden. Deze werden volgens een speciale procedure benoemd door een commissie, niet gekozen. Onder hen bevond zich een Indonesiër, Nazir Pamontjak (1897-1966), en ook de beroemde rechtsgeleerde Paul Scholten (1875-1946) maakte korte tijd

Roelof Kranenburg

BUDGETRECHT

Het budgetrecht is het recht van het parlement om mee te beslissen over de begroting.

deel uit van de Eerste Kamer. In 1946 werden er weer verkiezingen voor de beide Kamers gehouden, waarmee een einde kwam aan de Voorlopige Staten-Generaal en het 'gewone' parlementaire leven weer een aanvang kon nemen.

De naoorlogse periode werd allereerst gekenmerkt door wederopbouw en economisch herstel, alsmede door dekolonisatie en de opbouw van de verzorgingsstaat, bijvoorbeeld de invoering van de AOW in 1956. Tegelijkertijd werd ook binnen en buiten het parlement nagedacht over de samenstelling, rol en bevoegdheden van de Eerste Kamer. De discussies over de Eerste Kamer vonden doorgaans plaats in de bredere context van de wens tot modernisering van het staatsbestel in het algemeen en de Grondwet in het bijzonder. In 1950 stelde de regering de staatscommissie-Van Schaik in, die zich met een veelheid aan constitutionele onderwerpen bezig zou houden. Tot haar leden behoorde Eerste Kamervoorzitter Kranenburg (1880-1956). In haar interim-rapport uit 1951 stelde de commissie voor het aantal leden van de Eerste Kamer uit te breiden naar 75. De Tweede Kamer zou voortaan 150 leden moeten tellen. Voor beide Kamers zou de leeftijd voor het passief kiesrecht op 23 jaar moeten worden gesteld. In 1954 presenteerde de commissie haar eindrapport, met wederom voorstellen voor uitbreiding van het aantal leden en verlaging van de leeftijd van het passief kiesrecht. De commissie bepleitte handhaving van het tweekamerstelsel en van het vetorecht van de Eerste Kamer, maar meende in meerderheid dat het budgetrecht van de Eerste Kamer grotendeels geschrapt zou kunnen worden. Ook zou de Eerste Kamer iedere vier jaar in haar geheel gekozen moeten worden.

De voorstellen van de staatscommissie zijn slechts gedeeltelijk omgezet in wijzigingen van de Grondwet. Hierbij speelde overigens de Eerste Kamer zelf, die immers over haar eigen positie moest oordelen, een belangrijke rol. Het voorstel om het aantal leden uit te breiden naar 75 werd nog niet rijp genoeg bevonden en sneuvelde in 1952 in eerste lezing in de Eerste Kamer.[16] Enkele weken later verwierp de Eerste Kamer ook het voorstel om de leeftijd voor het passief kiesrecht (voor Eerste én Tweede Kamer) te verlagen. Pas bij de grondwetsherziening van 1956 werd het aantal leden van de Tweede Kamer op 150 bepaald en dat van de Eerste Kamer op 75. De grondwetsherziening van 1963 legde vast dat Nederlanders van 25 jaar en ouder lid van Eerste of Tweede Kamer konden worden. Ook bij deze wijziging speelde de Eerste Kamer een belangrijke rol. Zij verwierp namelijk begin 1963 een wetsvoorstel dat de minimumleeftijd voor het Eerste Kamerlidmaatschap op 30 jaar wilde handhaven, terwijl de minimumleeftijd voor het lidmaatschap van de Tweede Kamer op 25 jaar zou komen te liggen. Een meerderheid van de Eerste Kamer zag niet in waarom deze leeftijdseisen verschillend moesten zijn (ze waren sinds 1848 immers gelijk). Ook voor de Eerste Kamer zou de minimumleeftijd 25 jaar worden.

Naar de grondwetsherziening van 1983 (1971-1983)

De jaren zestig kenmerkten zich door een verlangen naar meer inspraak van de bevolking op het openbaar bestuur. Voorvechters van meer democratie richtten daarbij hun pijlen op de Eerste Kamer, die immers slechts indirect gekozen wordt, maar wel een volledig vetorecht heeft. Een minderheid – 7 van de 17 leden – van de in 1967 ingestelde staatscommissie-Cals/Donner bepleitte afschaffing van het instituut, omdat het een inefficiënte doublure van de Tweede Kamer zou zijn. De meerderheid achtte handhaving van de Eerste Kamer echter gewenst. Unaniem herhaalde de commissie wat ook de staatscommissie-Van Schaik jaren eerder had geadviseerd: de Eerste Kamer diende voortaan iedere vier jaar in haar geheel te worden verkozen. Het budgetrecht van de Eerste Kamer zou in zijn geheel kunnen worden geschrapt en de meerderheid van de commissie was voorstander van rechtstreekse verkiezing van de Eerste Kamerleden, waarbij de minimumleeftijd voor actief en passief kiesrecht op 18 jaar zou moeten worden gesteld. Het idee om de Eerste Kamer het recht te geven wetsvoorstellen waartegen zij bezwaren koesterde terug te zenden naar de Tweede Kamer, werd door de commissie afgewezen.

Beëdiging van nieuwe Eerste Kamerleden in 1969.

INHULDIGING
De inhuldiging van Koning
Willem-Alexander in de Nieuwe Kerk
te Amsterdam, 30 april 2013.

Op basis van de voorstellen van de staatscommissie, die in 1971 in een eindrapport waren vastgelegd, formuleerde het kabinet-Den Uyl (1973-1977) een nota inzake het grondwetsherzieningsbeleid. Het kabinet was onder meer voorstander van een rechtstreeks gekozen Eerste Kamer met een zittingsduur van vier jaar, die geen begrotingen meer behandelde of parlementaire enquêtes kon instellen, maar wel haar volledige vetorecht behield. Een deel van de Tweede Kamer vond dat deze voorstellen niet ver genoeg gingen. Het Tweede Kamerlid De Vries (PvdA) diende een motie in waarin werd overwogen dat "de Eerste Kamer in ons staatsbestel geen functies vervult die haar voortbestaan wenselijk maken". Indirecte verkiezing van de Eerste Kamer was uit democratisch oogpunt ongewenst, terwijl rechtstreekse verkiezing van de Senaat een "ongewenste dubbelganger" van de Tweede Kamer zou maken. De motie riep de regering daarom op afschaffing van de Eerste Kamer te bevorderen. Bij de stemming op 28 januari 1975 kreeg de motie onvoldoende steun. Alleen PvdA, D66, PPR en PSP (samen goed voor 58 zetels) stemden vóór. Opvallend is dat van de zes ondertekenaars van de motie er vier – De Vries zelf, Jurgens, Van Thijn en Stoffelen (allen PvdA) – later zelf in de Eerste Kamer zitting zouden nemen.

Klaas de Vries (links) in de Tweede Kamer.

Een ander deel van de Tweede Kamer vond de kabinetsvoorstellen juist te ver gaan. De regering zou van de Eerste Kamer te zeer "een college van heroverweging zonder reële politieke bevoegdheden" willen maken. In een motie van het Tweede Kamerlid De Kwaadsteniet (ARP) werd overwogen dat "hierdoor de positie van de Eerste Kamer wordt verzwakt, terwijl zij in het tweekamerstelsel een zinvolle functie vervult voor de werking van ons parlementaire stelsel". De motie riep de regering op de indirecte verkiezing van de Eerste Kamer – nu wel voor vier jaar – te handhaven en de haar thans toekomende taken en bevoegdheden niet te wijzigen. Deze motie werd met 68 tegen 63 stemmen aangenomen. Een andere motie van het lid De Kwaadsteniet, waarin werd gepleit voor het in de Grondwet opnemen van de mogelijkheid voor de Eerste Kamer om met een tweederde meerderheid wetsvoorstellen terug te zenden naar de Tweede Kamer, werd ingetrokken. De indiener achtte de gedachte van een terugzendrecht nog niet voldoende rijp voor discussie.

Senator Steenkamp (CDA; links) in gesprek met premier Lubbers, omstreeks 1985. Steenkamp was van 1965 tot 1999 lid van de Eerste Kamer en was van 1983 tot 1991 haar Voorzitter. Hij geldt als de geestelijk vader van het CDA. Het opleidingsinstituut van deze partij is naar hem vernoemd.

Als gevolg van de hiervoor beschreven discussies en aangenomen en verworpen moties begonnen zich de contouren van de vernieuwde Grondwet en de positie daarin van de Eerste Kamer duidelijk af te tekenen. De nieuwe Grondwet bepaalde dat de Eerste Kamer voortaan iedere vier jaar in haar geheel werd gekozen door de leden van provinciale staten. De leeftijd voor het actief en passief kiesrecht voor beide Kamers werd op 18 jaar gesteld. De bevoegdheden van de Eerste Kamer bleven ongewijzigd: zij behield haar volledige vetorecht, haar recht van enquête en haar budgetrecht. Omdat de regering[17] geen voorstander was van een terugzendrecht, deed zij geen voorstellen daartoe. Opmerkelijk is dat de Eerste

Kamer tijdens het proces van grondwetsherziening tweemaal een voorstel over het voorzitterschap van de Verenigde Vergadering verwierp.
Dat voorzitterschap berust bij de Voorzitter van de Eerste Kamer.[18] Een
wetsvoorstel om het voorzitterschap over te hevelen naar de Voorzitter
van de Tweede Kamer werd door de Eerste Kamer verworpen en hetzelfde
gold voor een voorstel om de Verenigde Vergadering zelf haar voorzitter
te laten kiezen.[19] Het voorzitterschap bleef daardoor bij de Eerste Kamer
en als gevolg daarvan was het Eerste Kamervoorzitter De Graaf die de
Verenigde Vergadering leidde waarin Koning Willem-Alexander op
30 april 2013 werd ingehuldigd.

*Eerste Kamervoorzitter Korthals
Altes leidt op 3 juli 2001 de
Verenigde Vergadering die de
toestemmingswet voor het huwelijk
van kroonprins Willem-Alexander
behandelt.*

Positie verankerd en de blik op Europa (1983-heden)

Na de grondwetsherziening van 1983 zijn er nog diverse rapporten
en notities geschreven over de positie van de Eerste Kamer.[20] Tot veel
concrete voorstellen om die positie te wijzigen heeft dat echter niet
geleid. Een voornamelijk door bezuinigingen ingegeven wetsvoorstel
uit de koker van het eerste kabinet-Rutte om het aantal leden van beide
Kamers met een derde terug te brengen, werd in maart 2013 weer
ingetrokken. De veelgehoorde bewering dat de Eerste Kamer sinds 1983
'activistischer' is geworden, doordat zij als gevolg van haar verkiezing

*Senator Hermans (VVD; links) in
overleg met senator Barth (PvdA).*

INTERVIEW MET SENATOR KLAAS DE VRIES

"GEEN ENKEL REËEL BEZWAAR TEGEN RECHT-STREEKSE VERKIEZING EERSTE KAMER"

KORTE BIOGRAFIE

Klaas de Vries (PvdA) was van 12 juni 2007 tot 9 juni 2015 lid van de Eerste Kamer. Van 2007 tot 2011 was hij tweede Onder-voorzitter. Eind 1974 diende hij als Tweede Kamerlid een motie in waarin de regering werd verzocht afschaffing van de Eerste Kamer te bevorderen.

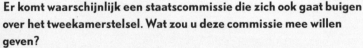

Klaas de Vries

Wat waren uw motieven om deze motie in te dienen?

In die tijd leefde in brede kring de overtuiging dat de waarde die de Eerste Kamer toevoegde te beperkt was. De senatoren waren vooral naarstig op zoek naar punten en komma's. De politieke verhoudingen waren ook veel stabieler. Grote partijen droegen het systeem. Bij verkiezingen won of verloor een politieke partij hooguit een paar zetels. Als een gekozen orgaan geen verschil maakt, heb je het niet nodig.

Wanneer bent u anders gaan denken over het functioneren van de Eerste Kamer?

Dat moet rond het begin van deze eeuw zijn geweest. Het populisme sloeg toe en de Tweede Kamer versnipperde door echte politieke aardverschui-vingen. Wetgeving en beleid werden steeds onvoorspelbaarder, kabinetten instabieler. De Eerste Kamer heeft in die periode met succes gewaakt tegen de waan van de dag. Zij is voor de Nederlandse bevolking eigenlijk een garantie geworden dat er breed gedragen beleid wordt gevoerd. De kwaliteit van de debatten hier in huis is bovendien uitstekend. De sena-toren kunnen met een meer afstandelijke blik naar problemen kijken. Er is ontegenzeggelijk een toegevoegde waarde zolang de fracties zich tenminste niet door hun collega's in de Tweede Kamer laten ringeloren. Er moeten zelfstandig denkende mensen in de Eerste Kamer zitten, geen stemvee.

Er komt waarschijnlijk een staatscommissie die zich ook gaat buigen over het tweekamerstelsel. Wat zou u deze commissie mee willen geven?

Allereerst: vermijd kopieergedrag. Het is veel te gemakkelijk om te zeggen: Denemarken en Noorwegen hebben hun Senaat afgeschaft, dus dat kunnen wij ook. Landen hebben allemaal een eigen staatkundige geschiedenis en cultuur. Voorts hecht ik enorme waarde aan het representatief-democratisch karakter van ons staatsbestel. De burger moet zien dat hij via de vertegenwoordigende democratie deelheeft aan de macht. Het serieus nemen van minderheden is essentieel. Het besturen van een land mag nooit tot het machtsmonopolie leiden van een toevallige meerderheid. Ten slotte, een staatscommissie moet zich er goed in verdiepen hoe het kiessysteem in een tijd van grote volatiliteit een matigend effect kan hebben op al te incidentele veranderingen in de volksgunst. Spreiding van verkiezingen hoort daarbij.

Zou u op dit moment iets willen veranderen aan wijze van verkiezen, de bevoegdheden of het functioneren van de Eerste Kamer?
De Eerste Kamer is een landelijk orgaan. De politieke partijen vinden dat ook en misbruiken in toenemende mate de provinciale verkiezingen voor dat doel. Dat is een fundamentele falsificatie, die dwingend tot de conclusie leidt dat deze verkiezingen ontkoppeld moeten worden. Het eerste recht van de kiezer is dat men hem een eerlijke keus laat maken. Kies ik nu voor de provincie of voor het landsbestuur? Er is naar mijn mening geen enkel reëel bezwaar tegen rechtstreekse verkiezing van de Eerste Kamer. Dat zij daardoor "te veel legitimiteit" zou krijgen, is wel een heel vreemd argument. Daar heeft een parlement nooit te veel van. In de Tweede Kamer worden overigens ook maar twintig leden direct gekozen. De rest stroomt in. Het lijkt me verder zaak dat er nog eens heel goed naar de mogelijkheid van een terugzendrecht gekeken wordt.

Klaas de Vries tijdens de behandeling van een wetsvoorstel over de positie van de burgemeester.

in één keer vaak op een actuelere kiezersuitspraak is gebaseerd dan de Tweede Kamer, heeft wel geleid tot pleidooien om terug te keren naar de situatie van vóór 1983, maar niet tot concrete voorstellen. Sinds oktober 2014 is er, na oproepen hiertoe van senator Hermans (VVD), sprake van een voornemen een staatscommissie herbezinning parlementair stelsel in te stellen. Het lijkt aannemelijk dat deze commissie, mocht zij inderdaad worden ingesteld, zich ook over de positie van de Eerste Kamer zal buigen.

De enige grondwettelijke wijziging met betrekking tot de positie van de Eerste Kamer die hier nog genoemd dient te worden, werd bij de grondwetsherziening van 1995 doorgevoerd. Sindsdien bepaalt de Grondwet dat na de eerste lezing van een grondwetsherziening niet meer beide Kamers ontbonden hoeven te worden, maar alleen de Tweede Kamer.[21] Eind 2010 zijn er nog wel op het niveau van de gewone wet enige wijzigingen doorgevoerd in de wijze van verkiezen van de Eerste Kamer, overigens voornamelijk op verzoek van de Eerste Kamer zelf. De Kamer was vrijwel unaniem van oordeel dat de drempel om met voorkeurstemmen gekozen te worden te laag was. Deze is daarom in de Kieswet verhoogd naar 100% van de kiesdeler (één volle zetel). De Kieswet bepaalt thans ook dat de stemming voor de Eerste Kamer in alle provinciale staten op hetzelfde tijdstip plaatsvindt. De Eerste Kamer had daarop met algemene stemmen aangedrongen, opdat de stemming in de ene provinciale staten niet meer beïnvloed kon worden door kennis van de uitslag in de staten van een andere provincie. Ten slotte zijn sinds de wijziging van de Kieswet van eind 2010 lijstverbindingen bij de Eerste Kamerverkiezingen niet langer mogelijk. Het hoofddoel van de genoemde wijzigingen – terugdringen van strategisch gedrag bij de stemmingen voor de Eerste Kamer – lijkt overigens niet geheel gerealiseerd te zijn: bij de Eerste Kamerverkiezingen van 2011 en 2015 kwam strategisch stemgedrag nog geregeld voor.

De positie en de bevoegdheden van de Eerste Kamer worden steeds meer beïnvloed door de voortschrijdende Europese integratie. EU-wetgeving wordt doorgaans vastgesteld door de Raad van ministers en het Europees Parlement, op voorstel van de Europese Commissie. Het Europees Parlement beschikt thans over verstrekkende bevoegdheden, maar dit is niet altijd zo geweest. Met name op het terrein van Justitie en Binnenlandse Zaken (het zogenaamde JBZ-terrein) heeft het Europees Parlement lange tijd alleen adviesrecht gehad. In Nederland is sinds begin jaren negentig getracht dit democratisch tekort te verzachten door de Kamers van de Staten-Generaal instemmingsrecht te geven met betrekking tot het optreden van de Nederlandse ministers in de JBZ-Raad. Een amendement van het Tweede Kamerlid Van der Linden (CDA), die later lid én Voorzitter van de Eerste Kamer werd, voegde dit instemmingsrecht toe aan de goedkeuringswet bij het Verdrag van Maastricht uit 1992.[22] Latere goed-

WEETJE

Bij de Eerste Kamerverkiezingen van 2011 werd de stem van een statenlid van D66 in Noord-Holland ongeldig verklaard omdat dit lid met een blauwe pen in plaats van met het wettelijk voorgeschreven rode potlood had gestemd. Deze fout, in combinatie met strategisch stemgedrag in een andere provincie, kostte D66 een zetel in de Eerste Kamer.

keuringswetten bij de Verdragen van Amsterdam, Nice en Lissabon hebben het instemmingsrecht gehandhaafd, maar, omdat de bevoegdheden van het Europees Parlement op JBZ-terrein met ieder nieuw verdrag sterk toenamen, wel navenant beperkt.

Thans speelt het instemmingsrecht nog slechts een bescheiden rol. Belangrijker is de subsidiariteitstoets, ingevoegd door een apart protocol bij het Verdrag van Lissabon.[23] Dit instrument geeft kamers van nationale parlementen de mogelijkheid voorstellen voor EU-wetgeving te toetsen aan het subsidiariteitsbeginsel en in gemotiveerde adviezen aan de EU-instellingen uiteen te zetten dat deze voorstellen niet stroken met het genoemde beginsel. Bij voldoende bezwaren moet het voorstel door de Europese Commissie heroverwogen worden. Sinds de inwerkingtreding van het Verdrag van Lissabon in 2009 heeft de Eerste Kamer al een aantal maal van de subsidiariteitstoets gebruikgemaakt, veelal samen met de Tweede Kamer. Hoofdstuk 7 gaat uitgebreider in op de Eerste Kamer en Europa.

Sinds 2013 moeten lidstaten op grond van EU-regelgeving hun begrotingen vóór 1 januari van het jaar waarop de begrotingen betrekking hebben, hebben vastgesteld.[24] Deze regelgeving legt een behoorlijke druk op de agenda van de Eerste Kamer. De voorstellen voor begrotingswetten worden immers conform de Grondwet op de derde dinsdag van september ingediend bij de Tweede Kamer, die de behandeling van de voorstellen doorgaans pas eind november afrondt. Dat betekent dat voor behandeling door de Eerste Kamer nog slechts enkele vergaderdagen resteren. Niettemin is de Eerste Kamer er tot nu toe, op één uitzondering na,[25] in geslaagd de behandeling van alle begrotingen vóór het nieuwe jaar af te ronden. Op zichzelf is dat ook weinig verrassend. Een instituut dat kan bogen op 200 jaar ervaring heeft wel voor hetere vuren gestaan.

Europa is steeds belangrijker geworden in het werk van de Eerste Kamer.

KONING WILLEM II

Schilderij van Cornelis Kruseman in de
plenaire zaal van de Eerste Kamer.

Voetnoten

1   Artikel 60 Staatsregeling 1798: "Het ontwerpen en voorstellen van alle wetten en besluiten behoort alleen, en bij uitsluiting, aan de Eerste Kamer, en het al of niet bekragtigen van dezelven, aan de Tweede Kamer."
2   Met op de troon Lodewijk Napoleon (1778-1846), de broer van de Franse keizer Napoleon Bonaparte.
3   Artikel 78 Grondwet 1815: "De Staten-Generaal bestaan uit twee Kamers."
    Artikel 80 van dezelfde Grondwet: "De andere kamer, welke den naam van eerste draagt, is zamengesteld uit niet minder dan veertig en niet meerder dan zestig leden, den vollen ouderdom van veertig jaren bereikt hebbende, welke door den Koning voor hun leven benoemd worden, en gekozen uit hen die door diensten aan den Staat bewezen, door hunne geboorte of gegoedheid onder de aanzienlijksten van den lande behooren."
4   Artikel 98 Grondwet 1815: "In tijd van vrede worden de zittingen der Staten-Generaal beurtelings om het andere jaar in eene stad der noordelijke, en in eene der zuidelijke provinciën gehouden."
5   In maart 1846 werd bij een ziek lid thuis vergaderd om het quorum te kunnen halen.
6   Artikel 78 Grondwet 1848.
7   Artikel 86 Grondwet 1848.
8   Artikel 124 Grondwet 1848: "Niemand kan te gelijk zijn lid der Eerste Kamer van de Staten-Generaal en lid der Staten eener provincie, noch ook lid der Staten van meer dan ééne provincie."
9   Artikel 90 Grondwet 1887.
10 Zie de artikelen 84 en 90 Grondwet 1917.
11 "Reeds in 1907 is door de Regeering in overweging gegeven ontbinding van de Eerste Kamer steeds met ontbinding van de Provinciale Staten gepaard te doen gaan, een denkbeeld, dat jaren te voren door staatslieden van uiteenloopende richting als eisch van logica was verdedigd", aldus de commissie.
12 Vanaf 1935 Revolutionair-Socialistische Arbeiderspartij.
13 Zie thans de artikelen 94-97 van het Reglement van Orde.
14 Geschrapte passages werden "lijken" genoemd.
15 Volgens het Besluit Tijdelijke Staten-Generaal. Druk vanuit met name de Tweede Kamer zorgde er echter voor dat later ook over de oprichting van de Verenigde Naties en de situatie in Nederlands-Indië kon worden vergaderd.
16 Het voorstel om het aantal leden van de Tweede Kamer uit te breiden sneuvelde in tweede lezing in de Eerste Kamer. Het behaalde geen tweederde meerderheid.
17 Specifiek het kabinet-Den Uyl en de opeenvolgende kabinetten-Van Agt.
18 Zie artikel 62 van de huidige Grondwet.
19 Een voorstel dat feitelijk op hetzelfde neerkwam, gelet op het tweemaal zo grote aantal leden van de Tweede Kamer.
20 Rapport van de commissie-De Koning uit 1993, notitie van minister Dijkstal uit 1997, notitie van minister Peper uit 2000, rapport van de Nationale Conventie uit 2006, notitie tweekamerstelsels van minister Plasterk uit 2014.
21 Artikel 137, derde lid, Grondwet. Ontbinding van de Eerste Kamer had weinig zin, omdat de provinciale staten niet ontbonden worden.
22 Het amendement werd medeondertekend door de latere Eerste Kamerleden Jurgens (PvdA) en Van Middelkoop (GPV/ChristenUnie), en door het voormalige Eerste Kamerlid Eisma (D66).
23 Protocol 2 betreffende de toepassing van de beginselen van subsidiariteit en evenredigheid.
24 Verordening (EU) Nr. 473/2013 van 21 mei 2013 betreffende gemeenschappelijke voorschriften voor het monitoren en beoordelen van ontwerpbegrotingsplannen en voor het garanderen van de correctie van buitensporige tekorten van de lidstaten van de eurozone.
25 De begroting Veiligheid en Justitie 2015 is in januari 2015 afgehandeld.

OPLAND 1928-2001

Opland was het pseudoniem van de politiek tekenaar Rob Wout. Wout brak zijn studie politico-logie aan de Universiteit van Amsterdam af en ging in 1947 als politiek tekenaar werken voor *De Groene Amsterdammer* en daarna ook voor *Het Parool* en *Vrij Nederland*. In 1948 werd hij aangenomen bij *de Volkskrant*, waar hij tot aan zijn dood voor zou werken, net als voor *De Groene Amsterdammer*. Bekend werd hij vooral door zijn spotprenten van politici en legendarisch is zijn cartoon over de plaatsing van kruisraketten in Nederland.

66

HET GEBOUW
VAN DE EERSTE KAMER
– DE RENOVATIES

HET GEBOUW
VAN DE EERSTE KAMER
– DE RENOVATIES

*Openingsfoto vorige pagina's:
de nieuwe Amalia van Solms-
galerij na de renovatie in 2013;
met portretten van hofdames en
een ambtskostuum van een
vroegere senator.*

WEETJE

De Eerste Kamer is gehuisvest
in het voormalige stadhouderlijk
kwartier, het vroegere kwartier
van de Staten van Holland en
West-Friesland, en de vleugel van
de vroegere Hofkapel.

*Noenzaal. Voormalige vergader-
zaal van de Gecommitteerde
Raden van de Staten van Holland
en West-Friesland. Nu eetzaal van
de Eerste Kamer.*

Historische panden zoals de gebouwen van de Eerste Kamer aan
het Binnenhof zijn prachtig. Hun uiterlijk staat symbool voor
eeuwen historische gebeurtenissen in het politieke machtscen-
trum van Nederland. Ze tonen hun pracht aan de vele duizenden
bezoekers – jong en oud, nationaal en internationaal – die er hun
blik op werpen, jaar in, jaar uit. De gebouwen, en zeker het voormalig stadhouderlijk kwartier waarin de Eerste Kamer is gehuisvest,
behoren zo tot het mooiste erfgoed waarover Nederland beschikt.

Tegelijkertijd zijn die gebouwen in principe totaal ongeschikt om als
modern kantoorpand te dienen. De eisen die daaraan gesteld worden,
zijn niet altijd te realiseren zonder afbreuk te doen aan de historiciteit van
de gebouwen. Ondertussen wordt er wel gewerkt in de Eerste Kamer: de
senatoren komen elke dinsdag bijeen voor hun wekelijkse vergaderingen,
de medewerkers van de Griffie werken er elke dag en ook vinden er tal
van andere bijeenkomsten in de Eerste Kamer plaats.

Er is een aantal ingrijpende verbouwingen geweest de afgelopen 25 jaar.
Zo werd de plenaire vergaderzaal gerestaureerd en werd het Eerste
Kamercomplex uitgebreid met de vleugel van het stadhouderlijk kwartier
die tot die tijd in gebruik was bij de Raad van State. Ook de begane grond,
de entreehal, de Noenzaal en de griffiegang werden verbouwd.

Eigenlijk werd en wordt er bijna ieder jaar wel gerestaureerd en verbouwd
in de Eerste Kamer. Soms had dat consequenties voor het werk van de
Kamerleden en staf. Bij de restauratie van de plenaire vergaderzaal in
1994/1995 moesten de Kamerleden meer dan een jaar in de Ridderzaal
vergaderen. Bij het verbouwen van de Noenzaal en keuken kon er maan-
denlang niets anders dan soep en broodjes in de wandelgang genuttigd
worden. Andere verbouwingen konden gerealiseerd worden met een
beperkte hoeveelheid overlast voor de gebruikers.

Dit hoofdstuk beschrijft de belangrijkste verbouwingen van de afgelopen 25 jaar in de Eerste Kamer. Die vergden steeds een afweging tussen enerzijds het historisch verantwoorde en anderzijds het praktisch noodzakelijke. De Eerste Kamer wil het authentieke karakter van het complex maar wat graag behouden en waar mogelijk in oude luister herstellen, maar ondertussen moet er natuurlijk wel gewoon goed doorgewerkt kunnen worden. Een parlement is immers geen museum.

Restauratie plenaire zaal

Toestand 1994

De plenaire vergaderzaal is de pronkkamer van de Eerste Kamer. De Senaat vergadert sinds 1849 in de zaal die tussen 1650 en 1655 door de architect Pieter Post (1608-1669) werd gebouwd voor de Staten van Holland en West-Friesland. De zaal is verschillende keren gerepareerd en gerestaureerd, maar in de jaren negentig van de vorige eeuw werd duidelijk dat dringend een opknapbeurt nodig was. Er was gelukkig geld om dat op een ingrijpende manier te doen.

Wat was zoal het probleem? Om te beginnen was het schitterende plafond van de plenaire zaal door de jaren heen door het verwarmen met open haarden en kolenkachels sterk vervuild geraakt en bruin geworden. Dit maakte een grondige restauratie van de beschilderingen van het plafond en van de muren om esthetische redenen noodzakelijk. De grote schilderijen over oorlog en vrede boven de haard hadden sterk vervuilde vernislagen die verwijderd moesten worden.

Maar ook het binnenklimaat van de plenaire zaal was niet meer adequaat voor het huidige gebruik. De ventilatie was bijzonder gebrekkig en de verlichting was benedenmaats. Doordat de verlichting uit beperkte bronnen kwam, was er sterke schaduwwerking, wat het lezen erg moeilijk maakte.

Ten slotte, het geluid in de zaal. Dit is vanaf het gereedkomen van de zaal in 1655 een aandachtspunt geweest. Nu ging het echter niet alleen om de algehele akoestiek, die verband houdt met de bouw van de zaal en de wandafwerking, maar in deze renovatie was ook een technische oplossing voor het verbeteren van het geluid nodig. De plenaire zaal wordt buiten de vergaderingen van de Kamer ook gebruikt voor symposia en expertmeetings die een andere geluidsversterking vergen dan de traditionele vergaderopstelling.

PLENAIRE ZAAL

De grote vergaderzaal van de Eerste Kamer werd tussen 1650 en 1655 gebouwd voor de Staten van Holland en West-Friesland. Het is de oudste parlementaire vergaderzaal van Europa. De Eerste Kamer vergadert er in beginsel elke dinsdag.

WEETJE

De wanden van de plenaire vergaderzaal van de Eerste Kamer zijn om akoestische redenen met kleden afgewerkt, om de sprekers beter te kunnen horen.

VEELZIJDIG IN DEELTIJD
TWEEHONDERD JAAR
EERSTE KAMER

Onderzoek

Aan de restauratie ging grondig onderzoek vooraf op technisch en bouwkundig terrein, maar ook op kunsthistorisch gebied. Het technisch
onderzoek liet zien dat door de gebrekkige ventilatie de toegestane
CO_2-waarden binnen twee uur vergaderen werden overschreden. Door
de verouderde verlichting – die behalve licht ook veel warmte afgaf –
steeg de temperatuur in de zaal 2,5 graad. De temperatuur in de zaal behaalde in de zomer na een aantal uren vergadering 28 graden; dat maakte
vergaderen bepaald geen pretje. Daarnaast bleek de bedrading brand-
gevaarlijk.

Uit het onderzoek van het plafond bleek dat de originele kleuren van
het plafond veel helderder waren dan ze nu waren geworden. Vooral
de blauwe en grijze tinten waren ernstig aangetast. Het plafond was in
1884 gerestaureerd omdat er toen zwam gesignaleerd was. Daarbij
werden de spijkergaten en scheuren in het houten plafond gerepareerd
en bijgewerkt. Deze eerdere aanpassingen moesten verwijderd worden
en opnieuw gerepareerd.

Verder kwam aan het licht dat de kleuren van de in 1849 ingeschilderde
medaillons van de Raadspensionarissen aangepast waren aan de kleuren
die het plafond toen had. Dit leidde er toe dat deze medaillons na de
schoonmaakbeurt niet dezelfde frisse, fleurige aanblik gegeven kon
worden als het plafond.

Aanpak: geschikt vergaderen met behoud historisch karakter

Het onderzoek leidde tot een plan van aanpak met een dubbel uitgangspunt: de zaal moest aangepast worden zodat zij (weer) vele jaren kon
voldoen aan de eisen voor een vergaderzaal, maar daarbij mocht de
historische zaal geen geweld aangedaan worden. Sterker nog: de zaal
moest weer in volle glorie hersteld worden zodat ook de oorspronkelijke
eenheid tussen plafond, muren en zaal uit de zeventiende eeuw weer
terugkwam. De noodzakelijke technische verbeteringen van de zaal
moesten binnen dit kader aangepakt worden.

De uitgangspunten van de restauratie van de inrichting: respecteren
van het zeventiende-eeuwse werk, herstel en restauratie van de schilderingen, herstoffering van de wanden en het minder in het oog laten
springen van de balkons.

*Restauratiewerkzaamheden aan
de schilderingen op het houten plafond van de plenaire vergaderzaal.*

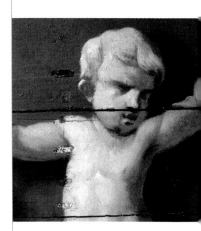

*Beschadiging aan een putto op het
plafond van de plenaire vergaderzaal. Gerestaureerd in 1995.*

*Foto linkerpagina:
De plenaire vergaderzaal van
de Eerste Kamer voor (boven) en
na de restauratie in 1995 (onder).*

De concrete aanpak

- aanpassen van een historische zaal voor het huidige gebruik als vergaderzaal;
- herstellen van de eenheid van het interieur van de zaal tussen muren en plafond;
- wegwerken van alle technische aanpassingen van ventilatie, geluid en verlichting;
- herstellen van eerdere restauraties.

Van het *plafond* zijn de oude vernislagen verwijderd en de restauraties van de negentiende eeuw verwijderd. Dat kon niet anders, want de retouches die toen gedaan zijn, waren ook in de 'vervuilde' kleuren aangebracht en konden dus niet 'schoongemaakt' worden met de rest van het plafond. Dit keer echter zijn alle herstelwerkzaamheden zo uitgevoerd dat ze volledig reversibel zijn en dus ook hernieuwde restauraties mogelijk maken. Ook is er deze keer een matte vernislaag aangebracht. Die maakt het plafond beter zichtbaar, omdat het licht minder weerkaatst wordt door de lak. In de verlichting zijn ledlampen aangebracht.

Voor de *stoffering* van de wanden is een integrale stoffering gekozen. Stoffering van de muren in de plenaire zaal is om akoestische redenen noodzakelijk. Dat is bij de bouw van de zaal in de zeventiende eeuw al vastgesteld. Toentertijd zijn er wandtapijten met voorstellingen van landschappen ontworpen en geweven voor de zaal. In de tijd van Lodewijk Napoleon, Koning van Holland tussen 1806 en 1810, zijn deze wandtapijten door de Fransen naar hun land meegenomen en nadien nooit meer teruggevonden. Bij de ingebruikneming van de zaal in de negentiende eeuw is er voor de goedkopere oplossing van losse gordijnen in de muurnissen gekozen, maar die gaven een rommelige uitstraling. Met de nu gekozen integrale stoffering konden allerlei technische aanpassingen in de zaal mooi wegvallen achter de wandtapijten. De patronen van het stofferingsontwerp voor de wandkleden zijn gebaseerd op de vormen en kleuren van het plafond. Op die wijze wordt de eenheid tussen plafond en muren weer hersteld, maar met een geheel eigentijdse oplossing. De tapijten werden gemaakt door een weverij bij Grenoble op basis van een voor het jaar 1994 geavanceerd computersysteem.

De patronen van het stofferings-ontwerp.

Het laatste grote element dat aangepakt moest worden, waren de *balkons*. Sinds de grondwetswijziging van 1848 zijn de vergaderingen van de Eerste Kamer openbaar, dus toegankelijk voor publiek. Na een aantal tijdelijke oplossingen zijn de toen bestaande tribunes vervangen door balkons. Die snijden ook vandaag de dag nog de wanden van de Kamer met de daar hangende schilderijen van de allegorie op de oorlog (Mars) en de allegorie op de vrede (Irene) erg abrupt doormidden. De betimmering van de balkons die aansloot bij de betimmering rond de haardpartijen maakt de balkons nog nadrukkelijker aanwezig.

Bij de renovatie werden de balkons daarom gestript. Daarmee kwam de ijzeren constructie bloot te liggen die het uiterlijk en de degelijkheid had van een spoorbrug. De betimmering werd niet hersteld en de ijzeren liggers bleven in het zicht. Door ze gedeeltelijk te bespannen met stof ogen de balkons nu slanker en lichter, maar ze blijven een omstreden punt in de zaal.

Voor de herinrichting schonken de gezamenlijke provincies de Eerste Kamer via het Interprovinciaal Overleg (IPO) zes speciaal ontworpen messingen *tafellampen*. Zij staan nu op de ministerstafel en het rostrum van waaraf de Voorzitter de plenaire vergaderingen leidt.

De provincies hebben de Eerste Kamer zes messingen tafellampen geschonken voor de plenaire vergaderzaal.

INTERVIEW MET TOM EN YVON VAN BOKHOVEN

"DAN WERD IK UIT BED GEBELD: 'KUN JE NOG WAT TOASTJES MAKEN?'"

KORTE BIOGRAFIE

Tom en Yvon van Bokhoven hebben vanaf 1986 een groot aantal jaren in het gebouw van de Eerste Kamer gewoond. Tom was er de huismeester. Hij 'paste' op het gebouw en was het vertrouwde gezicht en visitekaartje van de Senaat. Na zijn vertrek kwam er geen huismeester meer.

Tom en Yvon van Bokhoven in de gang van hun voormalige woning in de Eerste Kamer.

Hoe was het om niet te hoeven reizen naar je werk?

Tom: Het was natuurlijk een hele wonderlijke zaak voor ons, wonen op je werk. Dat was wel even wennen. Ik werkte bij de beveiliging in de Tweede Kamer toen deze vacature in de Eerste Kamer vrijkwam.

Yvon: Er was direct een strenge winter. En we hadden alleen maar een kolenkachel.

Tom: Er kwam centrale verwarming, maar die stond aangesloten op de Kamer. Was de Kamer weg, dan werd het bij ons weer koud. Dat is later aangepast...

Yvon: ... maar de eerste tijd hebben we er een kacheltje bijgezet...

Hoe woonden jullie?

Tom: Onze woonkamer was boven de kamer van de Voorzitter, onze slaapkamer boven die van de Griffier. Daar hielden we wel rekening mee, bijvoorbeeld met geluidsoverlast door muziek. Ik had een vleugel, maar pianospelen deed ik niet als de Voorzitter beneden zat. De vleugel moest een keer gestemd worden. Dat had ik keurig gemeld, maar de Voorzitter kwam onverwachts in de Kamer. Ze vond dat wel vervelend...

Yvon: We hebben twee keer lekkage gehad vanuit de badkamer. Eén keer had ik de kraan van het bad aanstaan. Toen kwam er een schilder een kopje koffie drinken en vergat ik de kraan uit te doen en liep het bad over. Al dat water kwam door het plafond naar beneden, in de koffiekamer...

Tom: We hadden ook een hond. Die ging blaffen als er gebeld werd en we er niet waren. Dat verstoorde dan weleens een vergadering in de zaal...

Yvon: In het weekend gaf de Griffier vaak rondleidingen. Dan help je even, maar soms duurde dat de hele dag. Daar gaat je mooie dag weer. Of iemand was iets vergeten, dan werd er weer 's avonds gebeld. De telefoon stond na 5 uur doorgeschakeld naar ons, je kreeg alles binnen. Daar was ik echt een uur mee bezig, aardappeltjes schillen, daar kwam dan even niks meer van.

Vast wel rare dingen meegemaakt?

Tom: Het inbraakalarm ging geregeld af. Ooit heeft een man zes keer ingebroken. Hij kwam via een steiger die voor de gevel stond binnen, door een raampje van de wandelgang in te slaan. Vervolgens ging de man in de plenaire zaal zitten, het was een hele rustige man. Dan kreeg ik via een alarm door: 'Meneer Hengst is weer binnen.' Het enige dat hij wilde, was premier Kok spreken.

Yvon: En we kregen weleens een brandmelding, bijvoorbeeld als we vlees braadden of als je de haarföhn per ongeluk op het alarm richtte, of een kaarsje brandde...

Tom: Soms was het Binnenhof afgesloten. Dan zeiden wij: 'Maar we moeten naar huis.' 'U mag hier niet door.' 'Maar ik woon hier.' Dat geloofde natuurlijk geen hond, maar we zijn altijd doorgelaten. Een keer was er een bomalarm en werd alles ontruimd. We zeiden toen tegen elkaar: 'Wat is het toch stil op het Binnenhof.' Toen waren ze ons vergeten...

Ook het nodige van de politiek meegekregen in al die jaren?

Yvon: Ja, natuurlijk vergaderingen die heel heftig waren. Of met kabinets-formaties. Die gingen vaak heel lang door, tot 3 uur 's nachts. Dan werd ik uit bed gehaald: 'Kun je nog wat toastjes maken, want ze hebben nu honger. En ik heb een keer voor onze huidige Koning gekookt. Die was in de leer bij de toenmalige Voorzitter Tjeenk Willink en kreeg les in de staatsinrichting. Ik heb het niet opgediend, dat deed Tom.

Zouden jullie het zo weer doen?

Yvon: Ja, ik denk het wel.

Tom: Een Voorzitter zei eens: 'U woont hier wel goedkoop.' Dat leek mis-schien zo, maar we betaalden gewoon huur en daarnaast nog voor energie. En als ik alle extra uren die ik hier heb gedraaid bij elkaar optel, dan woon-den we heel duur. Maar als ik de kans kreeg zou ik het zo weer doen. Om met je eigen bootje over de Hofvijver te kunnen roeien is onbetaalbaar!

Voormalig huismeester Tom van Bokhoven voor de ingang van 'zijn' Eerste Kamer.

Ook de technische voorzieningen in de plenaire zaal werden bij de restauratie in 1994/1995 verbeterd. Er kwam een nieuw geluidssysteem. Dat betekende een directe *radioverbinding* met de Tweede Kamer en de ministeries, zodat die het geluid van de debatten in de Eerste Kamer live konden volgen. De debatten waren ook live te horen via het toen nog jonge internet.

Maar *livebeelden* waren er toen nog niet. Die mogelijkheid werd pas begin 21e eeuw gerealiseerd, zij het eerst met een statisch overzichtsbeeld. Later werden de statische beelden vervangen door aan de microfoons gelinkte camera's: in plaats van een statisch overzichtsbeeld kwam van nu af aan de spreker in beeld. Achter in de zaal is een 'inprikpunt' ingericht waar het radio- en/of tv-signaal direct naar de omroepen kan worden doorgegeven. Momenteel wordt een nieuwe stap voorbereid die het mogelijk maakt om de debatten zo te registreren dat ze ook teruggekeken kunnen worden.

De introductie van het papierloze parlement in september 2011 zorgde ervoor dat de Kamerleden via een aangebrachte wifiverbinding ook in de plenaire zaal met hun tablet konden werken. Zo wordt de zaal voortdurend aangepast om ervoor te zorgen dat de Kamerleden hun werk optimaal kunnen verrichten.

De huismeesterswoning

Tot 2009 woonde er in de Eerste Kamer een huismeester. Die had op de tweede verdieping van het Kamergebouw – boven de centrale hal – een appartement rondom de monumentale glazen kap. De huismeester, later hoofd Interne Dienst, woonde hier met zijn gezin. De woonkamer lag aan de Hofvijverzijde en vanuit de keuken was er een prachtig overzicht over het Binnenhof.

Na de pensionering van de laatste huismeester kwamen ook deze ruimtes beschikbaar voor gebruik door de Eerste Kamer. De ruimtes van de huismeester aan de Hofvijverzijde werden omgebouwd tot kantoorruimtes, maar bepaalde ruimtes van destijds – zoals de badkamer – zijn intact gebleven.

De verbouwing aan de Binnenhofzijde is veel langduriger en ingrijpender geweest. De huiselijke ruimtes werden zoveel mogelijk weer teruggebracht naar de originele indeling. De keuken van de huismeester werd samengevoegd met de gang waar de departementsambtenaren werkplekken hadden om hun bewindspersoon te ondersteunen gedurende debatten. Ook werd de ruimte die senatoren gebruikten als leeskabinet teruggebracht in de staat zoals deze deels moet zijn geweest in de zeventiende

De keuken van de huismeester, met uitzicht op het Binnenhof. Nu maakt deze ruimte deel uit van de Amalia van Solms-galerij.

WEETJE
Eerste Kamerleden droegen vroeger een ambtskostuum en een daarvan staat nog in de Eerste Kamer. Zie p. 67.

Foto's rechterpagina: Het Mary Stuart-kabinet, voorheen in gebruik als leeskabinet, is na de renovatie deels in ere hersteld.

GALERIJ

Links: de voormalige 'ambtenarengang',
die ook door de pers gebruikt werd.
Rechts: in 2013 is de originele galerij in
ere hersteld en vernoemd naar Amalia
van Solms, de vrouw van stadhouder
Frederik Hendrik.

Ambtenaren en pers vertoefden voor de renovatie in dezelfde gang.

eeuw toen de ruimte nog de bedkamer was van de Engelse konings-dochter Mary Stuart (1631-1660), de echtgenote van stadhouder Willem II (1626-1650).

Uiteindelijk werd in 2013 weer de originele galerij in ere hersteld die de verschillende delen van het stadhouderlijke kwartier met elkaar verbond. Deze galerij draagt nu de naam Amalia van Solms-galerij, genoemd naar de vrouw van stadhouder Frederik Hendrik die in dit complex heeft gewoond. In de galerij hangen portretten van vrouwen uit de hofhouding van Amalia van Solms en een portret van Willem van Nassau-LaLecq (1601-1627), de oudste natuurlijke zoon van stadhouder Maurits en Margaretha van Mechelen. Ook staat er een ambtskostuum dat gedragen werd door de Eerste Kamerleden van 1815 tot vlak na de Tweede Wereld-oorlog.

Nieuwe vleugel in gebruik genomen

Het vroegere stadhouderlijk kwartier strekte zich ook uit tot de eerste en tweede verdieping aan de westkant van het Binnenhof, boven de Stadhouderspoort. De gebouwen werden omstreeks 1600 gebouwd als ambtswoning voor stadhouder Prins Maurits. Hier huisde lange tijd de Raad van State.

De nieuwe ambtenarenkamer, voor ondersteuning van de bewindslieden.

Sinds het voorjaar van 2011 beschikt de Eerste Kamer over beide ver-diepingen om het nijpend tekort aan werk-, spreek- en overlegruimtes – vooral op vergaderdagen – op te lossen. Die extra ruimte was nodig omdat er onder meer meer fracties in de Eerste Kamer zijn gekomen: van acht in 1991 naar de twaalf fracties in de periode 2011-2015.

De Raad van State is na het gereedkomen van de restauratie van het paleis op de Kneuterdijk daarnaartoe verhuisd. Alleen de vice-president van de Raad van State en de kamerbewaarder van de Raad hebben nog steeds ook een kamer in het oorspronkelijke complex.

Prijsvraag voor tijdelijke oplossing renovatie
De nieuwe Eerste Kamer met extra fracties trad op 7 juni 2011 aan. Er was daarom geen tijd voor grondig bouwkundig en cultuurhistorisch onderzoek en om het gebouw bouwkundig te restaureren en de ruimtes te herstellen naar kunsthistorisch verantwoorde stijlkamers. De restau-ratiearchitect van de Rijksgebouwendienst, Krijn van den Ende, stelde daarom voor de ruimtes tijdelijk zodanig te herstellen dat ze geschikt werden voor gebruik voor de komende vijf jaren. Een grondige histori-sche restauratie van dit deel van het Eerste Kamergebouw wordt onder-deel van de grote restauratie van het Binnenhof die over een aantal jaren gaat plaatsvinden.

WEETJE

In de 17e eeuw woonden twee Engelse koningsdochters Mary Stuart in het huidige gebouw van de Eerste Kamer. De eerste was een tante van de tweede. Zij waren getrouwd met respectievelijk de stadhouders Willem II en Willem III.

Voor de tijdelijke installatie en herinrichting van de kamers is begin 2011 een ontwerpwedstrijd uitgeschreven voor studenten voor toegepaste kunst van de kunstacademies van Den Haag en Rotterdam, met als titel: 'Door tijd en ruimte'. Hierbij konden de studenten inspiratie opdoen uit de Nederlandse geschiedenis waarmee deze gebouwen verbonden zijn. Van het begin van de Republiek der Zeven Verenigde Nederlanden via de Bataafse Republiek naar het Koninkrijk der Nederlanden en de hedendaagse parlementaire democratie.

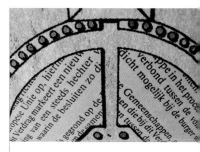

Het openingsartikel van het Verdrag van Maastricht verwerkt in een tapijt.

Het resultaat was dat elke kamer een eigen tijdperk heeft gekregen met een eigen ontwerp. De ontwerpen werden uitgevoerd op doek dat half loshangend in de kamers bevestigd werd. Deze oplossing benadrukt het tijdelijke karakter van de restauratie. De niet-afgewerkte muren met de leidingen en halve stuclagen zijn zichtbaar door de half transparante doeken heen. De vroege periodes die de kamers kregen toegewezen zijn gekoppeld aan de regeerperioden van de stadhouders. Het tijdperk na de stadhouders, van 1795 tot vandaag, is vervolgens in vier perioden opgedeeld: van 1795 tot 1848, van 1848 tot 1945, van 1945 tot 1967 en van 1967 tot heden.

Het winnende ontwerp is van Richard Wendling. Het is uitgevoerd in kamer 2.5 en betreft de periode van stadhouder Willem V (1751-1795). Het heeft als onderwerp de strijd tussen de patriotten en orangisten. Richard Wendling heeft typografische elementen, zoals pamfletten en

Het winnende ontwerp van Richard Wendling voor de renovatie van de kamers in de westvleugel.

*Het ontwerp met een euro-
muntstuk van Josje Hatting.*

een overzicht van de Volkstelling uit de Bataafse Republiek gebruikt.
Sommige elementen zijn ondersteboven afgedrukt om de revolutionaire
tijd te verbeelden waarin alles op zijn kop stond: het volk boven de adel.
Het uitgangspunt van het ontwerp in Kamer 1.8 (van 1967 tot heden)
van Josje Hatting, is de snelle verandering in de moderne maatschappij.
Het wandontwerp heeft aan de ene kant een gulden en aan de andere
wand een euromuntstuk als symbool voor vernieuwing en verandering.

Tapijten

Voor de vloeren in gangen en kamers is voor één ontwerp gekozen
om rust en eenheid in de gangen te bewaren. Rijksgebouwendienst-
kunstenares Liesbeth Stinissen heeft zich hiervoor laten inspireren door
de Renaissancetuin op het Binnenhof van prins Maurits uit het begin van
de zeventiende eeuw. In de gangen ligt een tapijt met tulp. Deze bloem
veroorzaakte in de zeventiende eeuw de eerste speculatiezeepbel en is
inmiddels uitgegroeid tot een symbool voor Nederland.

Voor elke kamer is er een ontwerp gemaakt gebaseerd op de symme-
trische bloemenperken die in de zeventiende-eeuwse tuinontwerpen
voorkwamen. In die perken zijn historische documenten uit het voor die
kamer gekozen tijdperk te zien. Zo vindt men in de eerste kamer – kamer
2.7 – de tekst van het Twaalfjarig Bestand uit 1609, een paar kamers verder zijn stukken uit de Vrede van Munster van 1648 te lezen, en dat gaat
via teksten van Boerhaave uit 1731, een artikel uit de *Curaçaose Courant*
uit 1863 over afschaffing van de slavernij naar 1982, het Akkoord van
Wassenaar, om af te sluiten met het Verdrag van Maastricht uit 1992.

De aanpassingen op de tweede verdieping waren ingrijpender dan op de
eerste verdieping. Dat komt doordat er in de jaren vijftig van de vorige
eeuw op de tweede verdieping een middengang is gemaakt om zoveel
mogelijk kantoorruimte te creëren, met aan beide zijden kamers. Deze
indeling is ongedaan gemaakt om de originele indeling weer te herstellen
met een gang/galerij aan de Binnenhofzijde en vertrekken aan de Buiten-
hofzijde. De Eerste Kamer kon daardoor ook pas begin 2012 haar intrek
nemen op deze verdieping.

*Foto's rechterpagina:
de gang op de tweede verdieping
van de westvleugel, voor en na de
renovatie.*

Leeskabinet en perskamer

Ook in de Mauritstoren en de daaraan gekoppelde Hoektoren hebben zich de afgelopen tijd veranderingen voorgedaan. Zo is in 2014 in de Mauritstoren een vernieuwd leeskabinet in gebruik genomen nadat dit in het zogenoemde Mary Stuart-kabinet was verdwenen teneinde deze ruimte in de oorspronkelijke staat te herstellen. De senatoren kunnen op hun dinsdagse vergaderdag van dit leeskabinet gebruikmaken. Andere dagen is het in gebruik als vergaderruimte voor de ambtelijke ondersteuning.

Een verdieping lager in de Hoektoren, direct grenzend aan de plenaire vergaderzaal, is sinds 2014 een perskamer gevestigd. De perskamer grenst aan de perstribune in de vergaderzaal. Hoewel veel journalisten de debatten via de livestream van de Eerste Kamer volgen, zijn zij als de spanning toeneemt vaak ook op de perstribune te vinden om het debat te verslaan. De perskamer is voorzien van tv, computers en printfaciliteiten.

TORENS

Het Eerste Kamercomplex omvat onder meer twee markante torens. De hoogste, de Mauritstoren, is ooit gebouwd voor de stadhouder Maurits. De Hoektoren is iets lager en ligt direct aan de Hofvijver.

Het nieuwe leeskabinet van de Eerste Kamer in de Mauritstoren; in 2014 in gebruik genomen.

Gravenkamer revisited

Commissiekamer 1 in de vleugel van de vroegere Hofkapel is de mooiste kleine vergaderruimte van de Eerste Kamer, niet in de laatste plaats door de 36 houten paneeltjes uit het einde van de 16e of het begin van de 17e eeuw met afbeeldingen van graven en gravinnen van Holland uit de oudste tijd van bewoning van het Binnenhof. Daarom heet dit ook wel de Gravenkamer. Wekelijks vergadert de Voorzitter er met de fractie-voorzitters van de partijen in de Eerste Kamer en de Ondervoorzitters. De Gravenkamer wordt ook gebruikt om hoge buitenlandse gasten te ontvangen.

De serie portretten begint bij Graaf Dirk I, graaf van Holland vanaf ongeveer 896, en eindigt met Koning Filips II, graaf van Holland van 1555 tot 1581, het jaar van het Plakkaat van Verlatinghe waarbij de Staten Generaal van de Nederlanden Filips II afzetten als heerser. De portretgelijkenis van de panelen is niet historisch betrouwbaar. Portret-ten van Philips Galle uit 1578, naar aanwijsbare prenten van de kunste-naar Willem Thybout, dienden als basis voor de serie. Deze portretten zijn niet bewaard gebleven, maar zijn zoveel gekopieerd dat ze bepalend zijn geworden voor de weergave van de beeltenissen van de graven. De meeste portretten zijn vervaardigd lang nadat de weergegeven persoon was overleden. De portretten moeten door onnauwkeurigheden bij het kopiëren en het naar eigen inzicht toevoegen van ontbrekende details eerder gekwalificeerd worden als fantasieportretten dan als betrouwbare beeltenissen.

Filips II in de Gravenkamer.

Ontvangst van Koning Felipe van Spanje en zijn vrouw in 2014 in de Gravenkamer; een van de portretten op de achtergrond is van een van zijn voorgangers, Koning Filips II van Spanje, de laatste graaf van Holland.

INTERVIEW MET KRIJN VAN DEN ENDE

"HET ZIJN NIET ALLEEN MAAR MOOIE PLAATJES, ER ZIT EEN VERHAAL ACHTER"

KORTE BIOGRAFIE

Restauratie- en interieurarchitect Krijn van den Ende is met zijn bedrijf gespecialiseerd in onderzoek, conservering en restauratie van monumenten. Hij is sinds 1976 actief voor de Rijksgebouwendienst. Tussen 1995 en 2015 was hij verantwoordelijk voor alle grote renovaties in de Eerste Kamer.

Krijn van den Ende

Wanneer raakte u betrokken bij de Eerste Kamer?

In 1994 vroeg de toenmalige rijksbouwmeester Kees Rijnboutt mij een restauratieontwerp te maken voor de plenaire vergaderzaal van de Eerste Kamer. Er was al vooronderzoek gedaan naar de geschiedenis van de zaal en naar de technische staat van de plafondschilderingen. Ik moest een integraal ontwerp maken voor de afwerking van de zaal: een interessante opdracht, omdat het om een fantastische 17e-eeuwse zaal gaat. Van dit soort zalen zijn er niet zoveel meer.

Wat moest er in de plenaire zaal gebeuren?

De zaal was in de 17e eeuw volledig behangen met wandtapijten. Die speelden in de hele architectuur van de zaal zoals Pieter Post die heeft ontworpen een belangrijke rol. Op basis van de oorspronkelijke afwerking is nieuwe wandbekleding ontworpen die weer integraal in de zaal aanwezig is. Het nieuwe ontwerp is niet hetzelfde, het is een soort eigentijdse vertaling van wat er in de 17e-eeuw zat.
Daarnaast zijn er in 1870 voor het publiek rijk aangeklede stalen balkons in de zaal aangebracht. Vooral door de afwerking waren die balkons heel prominent aanwezig. In 1995 werd dat heel erg ervaren als een ingreep in de monumentale zaal. De betimmeringen zijn daarom vervangen door een textiele afwerking. Dit verzacht het beeld van die staalconstructie. De balkons zijn nu veel bescheidener en zo een acceptabeler onderdeel van het interieur.

Hoe karakteriseert u die verbouwing van de plenaire zaal?

Het interieur is nu veel meer een eenheid geworden. Eerst waren er kale wanden en hingen er in vakken wel gordijnen, maar was duidelijk een onbalans. Dit ontwerp is nu 20 jaar oud en wordt in het algemeen nog steeds mooi gevonden. Het ontwerp heeft kennelijk de tijd doorstaan.

Welke renovaties heeft u nog meer gedaan in de Eerste Kamer?

In 2000 hebben mijn collega Frederik Franken en ik een masterplan opgesteld. Hoe kun je bepaalde gebruiksbehoeftes verenigen met de structuur van een gebouw dat destijds met een heel ander oogmerk ontworpen is? Daarop is het hele entreegebied aangepast, de lift is vanuit de garderobe toegankelijk gemaakt en in het souterrain zijn een werkruimte en een vergaderzaal gekomen. Ook de 'griffiegang' is aangepakt.
In 2011 zijn de eerste en tweede verdieping van de westvleugel in razend tempo met een soort tijdelijke aanpak gerenoveerd. Dat moest voor de Kamerwisseling in 2011 klaar zijn. Op de tweede verdieping is de galerij weer hersteld en zijn pleetjes weggehaald die een barrière vormden tussen de Raad van State en de Eerste Kamer. Nu is er weer een verbinding met de Mauritstoren, dat was voorheen een doodlopend stuk.

Het Mary Stuart-kabinet is ook weer in ere hersteld?

Het vrijkomen van de ambtswoning bood de mogelijkheid om de galerij – die heel scharrig was – op te knappen en weer te verbinden met het Mary Stuart-kabinet. Dat kabinet heeft een vroeg-17e-eeuws interieur met renaissancemotieven waarvan we op het hele Binnenhof maar één voorbeeld hebben. We hebben het plafond gerestaureerd en overgeschilderd, maar de oorspronkelijke beschilderingen zitten er nog onder.
De tweede verdieping was altijd de verdieping van de echtgenote van de stadhouder, de stadhouder zat zelf op de eerste verdieping. Dit was dus ooit de verdieping van Amalia van Solms. Daarom hangen hier nu ook portretten van dames uit haar hofhouding. Het zijn niet alleen maar mooie plaatjes, er zit een verhaal achter. Het is nu weer een prachtige galerij die mooi op het Mary Stuart-kabinet aansluit.

Krijn van den Ende in de Amalia van Solms-galerij.

Wat had u nog eens graag willen aanpakken?

De kap van de Hofkapel biedt nog een interessante uitdaging. Daar zijn nu plafonds in gemaakt, maar er zit een prachtige kapconstructie boven. Die ruimte zou heel goed een fantastische grote vergaderzaal kunnen worden.

Kan een gebouw als dit beter in gebruik zijn of moet het meer museaal worden ingericht?

Gebruik is de beste garantie voor het gebouw: het leeft, je moet er zorgvuldig mee omgaan. Iedere keer zijn er weer mogelijkheden om dit cultureel erfgoed te behouden en er tegelijk voor te zorgen dat de Eerste Kamer als organisatie hier goed kan functioneren. Het Binnenhof is in alle eeuwen in beweging geweest en aangepast. Uiteindelijk blijkt toch dat die gebouwen geweldig multifunctioneel zijn.

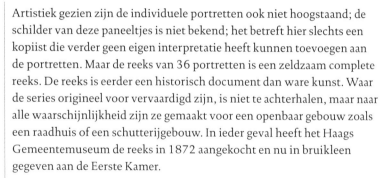

ZEEHELDEN

In de Eerste Kamer hangen tal van portretten van zeehelden als De Ruyter, Tromp en Van Heemskerck. Zij waren vaak als opperbevelhebber van de vloot in dienst van de toenmalige Staten.

Artistiek gezien zijn de individuele portretten ook niet hoogstaand; de schilder van deze paneeltjes is niet bekend; het betreft hier slechts een kopiist die verder geen eigen interpretatie heeft kunnen toevoegen aan de portretten. Maar de reeks van 36 portretten is een zeldzaam complete reeks. De reeks is eerder een historisch document dan ware kunst. Waar de series origineel voor vervaardigd zijn, is niet te achterhalen, maar naar alle waarschijnlijkheid zijn ze gemaakt voor een openbaar gebouw zoals een raadhuis of een schutterijgebouw. In ieder geval heeft het Haags Gemeentemuseum de reeks in 1872 aangekocht en nu in bruikleen gegeven aan de Eerste Kamer.

De Gravenkamer zowel als de panelen zijn in 1996 grondig gerestaureerd. De toestand van veel panelen was niet best: sommige waren kromgetrokken en van andere lieten grote stukken verf los. Sommige panelen waren al herhaaldelijk in meer of mindere mate succesvol gerestaureerd. Met de grondige restauratie van de portretten en de opknapbeurt van de Seniorenkamer/Commissiekamer 1 in 1996 konden ook de graven weer terugkeren op het Binnenhof en weer bewonderd worden.

Schilderij *De Slag bij Gibraltar*

Het schilderij De Slag bij Gibraltar *hangt in de koffiekamer van de Eerste Kamer.*

Op 25 april 1607 vond er een grote zeeslag plaats bij Gibraltar: de eerste zeeslag tussen de Spaanse en Hollandse vloten die door de Hollanders gewonnen werd. Niet verwonderlijk dat deze zeeslag een geliefd onderwerp was van een groots schilderij in de zeventiende eeuw. Geeret Op Gielder heeft dit werk in 1620 geschilderd. Het schilderij hangt nu in de koffiekamer van de Eerste Kamer. In april 1998 moet het van de muur gehaald worden in verband met een ingrijpende verbouwing: in de hoek van de koffiekamer komt een liftschacht. Deze verbouwing wordt aangegrepen om het schilderij te restaureren. Het schilderij is door de Dienst voor 's Rijks Verspreide Kunstvoorwerpen DRVK in 1971 in bruikleen gegeven aan de Eerste Kamer, in ruil voor een schilderij met de Prins van Oranje na de Slag bij Waterloo.

Wat staat er op stapel?

Het gebouw van de Eerste Kamer is een groot historisch complex met een aaneenschakeling van gebouwen uit verschillende tijdperken. Het vertegenwoordigt een grote culturele waarde. Dat noopt tot voorzichtigheid bij renovaties. De tijden dat een prijsvraag werd uitgeschreven om alles te slopen teneinde een compleet nieuw gebouw voor de volksvertegenwoordiging op het Binnenhof neer te zetten, zoals de regering in 1863 deed met de wet tot stichting van een paleis voor de Staten-Generaal, zijn definitief voorbij. We koesteren ons erfgoed.

De fractiekamer van de VVD, in 2015 gerenoveerd.

Tegelijkertijd zal er altijd onderhoud nodig zijn en moeten de gebouwen als werkruimte voor Kamerleden en staf aangepast worden aan de eisen van de tijd. Het kabinet heeft plannen voor een grote renovatie van het Binnenhof, om aan de nieuwe uitdagingen te kunnen voldoen. Die zullen ook het gebouw van de Eerste Kamer raken. Zoals het er nu uitziet, zal de Senaat in de toekomst een jaar of meer een tijdelijk ander onderkomen krijgen om dit noodzakelijk groot onderhoud te kunnen laten plaatsvinden.

De Eerste Kamer zelf zal ondertussen altijd naar mogelijkheden blijven zoeken om het historisch karakter verder te versterken. Zoals dat recent is gebeurd met de renovatie van het Mary Stuart-kabinet, de inrichting van de Amalia van Solms-galerij en het leeskabinet. En zoals in 2015 gebeurt met twee imposante kamers in het gebouw van de voormalige Hofkapel: de Handelingenkamer en de voormalige bibliotheek. Kortom, het denken over gebouwelijke verbeteringen in de Eerste Kamer staat nooit stil.

De Handelingenkamer, opgeknapt in 2015, is nu commissie- en ontvangstkamer.

De commissiegang, met portretten van alle voormalige Eerste Kamervoorzitters aan de wanden, is in 2015 vernieuwd.

EEN VERGADERDAG:
GEBRUIKEN
EN RITUELEN

EEN VERGADERDAG:
GEBRUIKEN
EN RITUELEN

*Openingsfoto vorige pagina's:
handen schudden voorafgaand
aan de vergadering.*

De Eerste Kamer vergadert in beginsel één dag in de week. Elke
dinsdag komen senatoren uit alle delen van het land naar het
statige vergadercomplex aan het Binnenhof 22. Zij zijn parttime
politici en hebben veelal op andere dagen een hoofdfunctie elders.
Af en toe – het gebeurt enkele keren per jaar als er veel wetsvoorstellen tegelijk behandeld moeten worden – vergadert de Kamer al
op maandagavond en in de recesperioden is er geen vergadering.

Dat de Eerste Kamer op de dinsdag vergadert, is overigens nergens vastgelegd. Het is een historisch gegroeid gebruik, dat vermoedelijk verband
houdt met de wens de zondagsrust te respecteren. Een senator uit het
verre Groningen die in de negentiende eeuw naar Den Haag moest reizen
voor een vergadering op maandag, moest zijn reis al op zondag beginnen.
Vanuit het oogpunt van de zondagsrust waren daar bezwaren tegen.
Aldus werd dinsdag de vaste vergaderdag voor de Eerste Kamer.[1]
En hoewel de mogelijkheden om vanuit andere delen van het land naar
Den Haag te reizen sinds de negentiende eeuw sterk verbeterd zijn, is
dinsdag altijd de vaste vergaderdag van de Eerste Kamer gebleven.

Dit hoofdstuk gaat over die dinsdagse vergaderdag van de Eerste Kamer.
Hoe gaat het eraan toe op zo'n vergaderdag, welke procedures – met het
Reglement van Orde als ankerpunt – leiden de dag in goede banen? En:
welke typen vergaderingen zijn er in de Eerste Kamer en welke functie
hebben zij? Welke niet-beschreven, maar in de praktijk gegroeide
gebruiken en rituelen doen zich voor? En hoe brengen senatoren hun
dinsdag verder door?

*Het Reglement van Orde van de
Eerste Kamer.*

De week ervoor: het groentje en andere voorbereidingshandelingen

De aanloop naar de wekelijkse vergaderdag wordt de week ervoor aangekondigd. Donderdagmiddag voorafgaand aan elke vergaderdag verschijnt 'de groene agenda' als Kamerstuk. Dit is een op groen papier gedrukt stuk waarop alles staat wat in de plenaire vergadering de week daarop behandeld wordt. Dat zijn de wetsvoorstellen waarover met ministers en staatssecretarissen gedebatteerd zal worden. Daarnaast staan er wetsvoorstellen en eventueel moties op waarover gestemd gaat worden. Stukken die zonder stemming afgehandeld kunnen worden, staan als 'hamerstukken' op de agenda.

De groene agenda wordt in een postvakje gelegd.

Het verloop van de plenaire vergadering ligt vast in de artikelen 71-127 van het Reglement van Orde van de Eerste Kamer. Zo bepaalt artikel 71, eerste lid, dat de Voorzitter de Kamer in vergadering bijeenroept en de agenda vaststelt. De Voorzitter laat zich daarbij, omwille van het draagvlak en het ordentelijk verloop van de plenaire vergadering, adviseren door het College van Senioren (zie hierna) en houdt ook rekening met wensen van de commissies. Commissies doen immers het voorbereidende werk bij de behandeling van een wetsvoorstel; leden van die commissies zijn daarna bij de plenaire vergadering doorgaans ook woordvoerder in het debat.

Commissies nemen een wetsvoorstel in behandeling zodra dat na afronding in de Tweede Kamer is binnengekomen in de Eerste Kamer. Die behandeling is in de regel schriftelijk. Zodra die is voltooid, geeft de commissie aan dat plenaire mondelinge behandeling ter afronding wenselijk is en ze doet daarbij vaak ook een datumvoorstel. Daarbij wordt met tal van zaken rekening gehouden: voorbereidingstijd, eventuele spoedeisendheid, de ruimte op de plenaire agenda en eventuele samenloop met andere Kamerverplichtingen van de woordvoerders, bijvoorbeeld in het kader van interparlementaire assemblees. Het Reglement van Orde stelt ook met zoveel woorden dat de Voorzitter de commissies raadpleegt over de datum van plenaire behandeling (artikel 72, derde lid). Bewindslieden zijn in beginsel verplicht te verschijnen. Uitsluitend indien de minister of staatssecretaris niet beschikbaar is wegens buitenlandse verplichtingen in het kader van internationale organisaties of verplichtingen met de Koning kan daarvan worden afgeweken.

Voor de planning over een langere periode ontvangen de senatoren iedere vrijdag een geactualiseerde voorlopige agenda. Die verschijnt al een aantal jaren niet meer op papier, maar op digitale wijze via de vergaderapp van de Eerste Kamer. De voorlopige agenda houdt bij welke wetsvoorstellen of eventuele andere onderwerpen de komende weken geagendeerd zijn voor plenaire behandeling (hamerstuk, stemming, debat). In dit planningsdocument staan verder de data van voorbereidende onderzoe-

HET REGLEMENT VAN ORDE

Het Reglement van Orde bevat de regels die gelden tijdens vergaderingen van de Eerste Kamer en haar commissies.

ROSTRUM

Het rostrum is de verhoging met de tafel waarachter de Voorzitter, de Griffier en eventueel de plaatsvervangend griffiers plaatsnemen.

ken bij wetsvoorstellen, zodat ook leden die geen lid zijn van een commissie weten dat ze inbreng kunnen leveren; dit komt incidenteel voor. Tevens staat in het planningsdocument welke commissieactiviteiten gepland staan: mondelinge overleggen met bewindslieden, gesprekken, werkbezoeken en dergelijke. Sinds september 2011 worden alle plenaire en commissieagenda's, alsmede alle vergaderstukken, eveneens digitaal aangeleverd via de vergaderapp van de Eerste Kamer. De Griffie zorgt ervoor dat direct na afloop van de vergaderdinsdag nieuwe (concept)-agenda's voor de volgende week worden gemaakt en dat de bijbehorende wetsvoorstellen, brieven, nota's en dergelijke daarbij worden gevoegd. Ook hier geldt dus: de aanloop naar de vergaderdinsdag begint al de week daarvoor.

De senatoren besteden doorgaans een deel van hun weekend aan het voorbereiden van de wekelijkse vergaderdinsdag. Die voorbereiding kan bestaan uit het schrijven van hun mondelinge inbreng voor de behandeling van een wetsvoorstel waarbij zij woordvoerder zijn. Het kan ook gaan om het grondig bestuderen van een wetsvoorstel ten behoeve van een schriftelijke inbreng of standpuntbepaling in de fractie. Omdat senatoren doorgaans een hoofdfunctie elders hebben, kan dit vaak alleen in het weekend of in de avonduren. De vergoeding van Eerste Kamer-leden is mede daarom gebaseerd op anderhalve werkdag en bedraagt grosso modo een kwart van de schadeloosstelling van een Tweede Kamerlid. Eerste Kamerleden bouwen in deze functie echter geen pensioen op en ontvangen ook geen wachtgeld na hun aftreden.

De medewerksters van de koffiekamer.

De dinsdagse vergaderdag

⌷9:⌷⌷ Informeel overleg

Elke dinsdag druppelen aan het begin van de ochtend de senatoren binnen in het gebouw van de Eerste Kamer. Sommigen zitten al voor negen uur met gasten in de bankjes van de statige Hall of in de wandelgangen of fractiekamers. Koffie, thee en versnaperingen kunnen worden gehaald in de koffiekamer. Dit is de oude 'besognekamer', de kamer waar vroeger de commissies van de Staten van Holland en West-Friesland vergaderden. Op de twee tafels prijken bordjes met de strenge tekst "Uitsluitend voor Leden" en het is op dinsdagen nog steeds gebruik dat alleen senatoren aan deze tafels plaatsnemen.[2]

De tafels in de koffiekamer zijn "Uitsluitend voor Leden".

De gasten van de senatoren zijn nogal uiteenlopend. De ene senator ontvangt een groep studenten om uitleg te geven over het Kamerwerk, de andere senator laat zich bijpraten door een maatschappelijke organisatie of een deskundige over een onderwerp dat die dag of binnenkort in de Senaat aan de orde is. Soms ook vinden er interviews plaats met journalisten van algemene of gespecialiseerde media. Ook vinden er onderlinge overleggen plaats tussen senatoren van uiteenlopende fracties. Ten slotte zijn er ook senatoren die zich in de fractiekamer voorbereiden op een debat of een discussie in de fractievergadering. Leden tekenen bij binnenkomst in het Kamergebouw in de Entreehal de presentielijst. Leden die pas na opening van de vergadering binnenkomen, tekenen de presentielijst op het rostrum bij de Griffier.

De senatoren Quik-Schuijt (SP) en Huijbregts-Schiedon (VVD) in de Hall van de Eerste Kamer.

Het komt ook voor dat een minister of een staatssecretaris in de ochtend in de Eerste Kamer op informele wijze met deze of gene senator spreekt over actuele kwesties, vaak een wetsontwerp dat in behandeling is of komt. Soms neemt de politiek assistent van een bewindspersoon die rol op zich. Vaak gebeurt dat buiten het zicht van de publiciteit, maar soms – zoals bij de behandeling van de Zorgwet[3] eind 2014, toen drie bewindslieden de leden van de fractie van de PvdA in hun fractiekamer voor zich probeerden te winnen – onder grote mediabelangstelling.

⌷9:3⌷ Huishoudelijke Commissie

Niet wekelijks, maar wel met regelmaat, vergadert op dinsdag de Huishoudelijke Commissie. Die bestaat uit de Voorzitter en de Ondervoorzitters en wordt bijgestaan door de Griffier. De 'HC' houdt toezicht op de ambtelijke organisatie van de Kamer. Ze houdt zich onder meer bezig met financiële en organisatorische zaken, de facilitering van de leden en het beheer van het gebouw.

De Huishoudelijke Commissie bestaat sinds 30 juni 2015 uit (v.l.n.r.) Eerste Ondervoorzitter Flierman (CDA), Voorzitter Broekers-Knol (VVD) en Tweede Ondervoorzitter Backer (D66).

*Een wekelijks ritueel in de
PvdA-fractie: een senator,
in dit geval senator Sent,
leest een gedicht voor.*

`10:30` `11:00` Fractievergaderingen

Tussen 10.30 en 11.00 uur beginnen de meeste fracties met hun fractievergadering, doorgaans in het gebouw van de Eerste Kamer met alleen
Eerste Kamerleden. In die fractievergaderingen worden standpunten
bepaald bij de wetsbehandeling en worden inbrengen in de debatten en
andere politieke kwesties besproken. Soms zijn daarbij Tweede Kamerleden of bij de coalitiepartijen een enkele keer ook bewindslieden aanwezig.

`12:00` Lunchbuffet Noenzaal

De Noenzaal was van oudsher de vergaderzaal van de Gecommitteerde Raden, het dagelijks bestuur destijds van de Staten van Holland en
West-Friesland. De zaal is echter ook lang in gebruik geweest om het
noenmaal (het middageten) te nuttigen. Die traditie is er ook vandaag
de dag nog: elke dinsdag is er voor senatoren, hun medewerkers en de
medewerkers van de Eerste Kamer een lunchbuffet in de Noenzaal.

`12:45` College van Senioren

Het College van Senioren bestaat uit alle fractievoorzitters in de Eerste
Kamer. Zijn vergadering wordt voorgezeten door de Voorzitter van de
Eerste Kamer. Verder hebben de beide Ondervoorzitters toegang tot de
vergadering. De Griffier treedt op als griffier van het College. Het wekelijkse overleg wordt daarnaast bijgewoond door de plaatsvervangend
griffiers en de persvoorlichter. Het College heeft als taak het bijstaan van
de Voorzitter in het leiden van de werkzaamheden van de Kamer. Het
buigt zich met name over de plenaire agenda, uitkomsten van commissievergaderingen en zo nodig algemene politieke of protocollaire kwesties,
en uiteraard actuele zaken die de Eerste Kamer raken. Daarbij is te denken
aan besluitvorming over spoedeisende wetsvoorstellen, disputen met
bewindslieden, eventuele wijzigingen van het Reglement van Orde en
staatsrechtelijke kwesties waarover de Griffie doorgaans dan notities
heeft opgesteld.

Het College waakt vooral over de vergaderagenda. Nadat een commissie
de schriftelijke voorbereiding van een wetsvoorstel heeft afgerond, wordt
het afrondende plenaire debat ingepland en de datum voorgelegd aan het
College van Senioren. Het College van Senioren kijkt met name naar een
evenwichtige spreiding van debatten, waarna de Voorzitter de agenda
vaststelt.

*Senatoren van de PVV-fractie
lunchen in de Noenzaal.*

De wekelijkse vergadering van het College van Senioren.

⌞13:30⌟ De plenaire vergadering

De plenaire vergadering op dinsdagmiddag is het hart van de wekelijkse vergaderdag van de Eerste Kamer. Bij aanvang zijn alle senatoren die die dag niet verhinderd zijn in de zaal aanwezig. Dan wordt er gestemd over wetsontwerpen die de week ervoor zijn besproken en waarover stemming is gevraagd, en vindt daarna de behandeling plaats van de voor die dag geagendeerde wetsvoorstellen. De vergadering begint in de regel om 13.30 uur, om ruimte te bieden voor fractievergaderingen in de ochtend en de vergadering van het College van Senioren aan het begin van de middag. Wanneer de agenda zwaarbelast is, kan het voorkomen dat er al in de ochtend begonnen wordt – niet eerder dan 10.15 uur – of zelfs op maandagavond. Dat doet zich doorgaans in de laatste weken voor het kerstreces of het zomerreces voor.

De Grondwet (artikel 67, eerste lid) en de artikelen 74-75 van het Reglement van Orde bepalen dat de plenaire vergadering pas begint als er een quorum is: ten minste 38 leden moeten aanwezig zijn. Dit wordt vastgesteld aan de hand van de presentielijst. Nadat de Voorzitter heeft vastgesteld dat het quorum aanwezig is, klinkt een belsignaal, waarna alle leden zich naar de plenaire zaal begeven. Leden hebben een vaste zitplaats in de zaal. De leden van grote fracties zitten niet per se allemaal bij elkaar, maar ook in groepjes door elkaar heen. Dit illustreert dat de politieke tegenstellingen in de Eerste Kamer wat minder belangrijk zijn en de kwaliteit van de inbreng leidend is. Leden die de plenaire vergadering niet kunnen bijwonen, dienen een beargumenteerd bericht van verhindering

Senator Van der Linden (CDA) tekent de presentielijst.

Oud-senator De Gaay Fortman

Senator Witteveen (PvdA) kwam om bij de ramp met vlucht MH17 en werd herdacht in de vergadering van 9 september 2014.

HAMERSTUK
Een hamerstuk is een wetsvoorstel waarover geen plenaire beraadslaging plaatsvindt en dat zonder stemming wordt aanvaard.

door te geven. De verhindering wordt gemeld en dan opgenomen in het woordelijk verslag van de vergadering.

Historisch is het ritueel gegroeid dat de leden bij binnenkomst in de plenaire zaal, ook wanneer zij op een later tijdstip arriveren, de Voorzitter en de Griffier en eventueel aanwezige plaatsvervangende griffiers de hand schudden. Veel leden schudden vervolgens ook de achter de regeringstafel zittende bewindspersoon de hand. Na het aannemen van een wetsvoorstel worden de aanwezige bewindspersonen hiermee gefeliciteerd, zowel door voor- als tegenstanders. Deze felicitaties zijn er ook voor Tweede Kamerleden van wie een initiatiefwetsvoorstel is aangenomen. De oorsprong van het rituele handen schudden is enigszins in nevelen gehuld. Toen een journalist eind jaren zeventig van de vorige eeuw ARP-senator De Gaay Fortman (1911-1997) vroeg waar dit ritueel toch vandaan kwam, antwoordde deze: "We beseffen dat elke bijeenkomst voor ons weleens de laatste kan zijn."[4]

Het is gebruikelijk dat, wanneer een (oud-)Kamerlid is overleden, deze in de plenaire vergadering wordt herdacht. Meestal is familie van de overledene bij de herdenking aanwezig. Ook overleden ministers-presidenten, ministers van Staat en buitenlandse staatslieden van uitzonderlijk formaat worden in de Kamer herdacht. Het komt voor dat de Voorzitter bijzondere gebeurtenissen na de opening met een korte toespraak markeert.

Stemmingen
De plenaire vergadering begint met het afdoen van hamerstukken en met de stemmingen. Stemmingen vinden meestal een week later plaats, zodat alle fracties zich nog goed kunnen beraden. De regels voor stemmingen staan in de artikelen 105-117 van het Reglement van Orde. De Voorzitter vraagt aan het eind van plenaire debatten over wetsvoorstellen of een van de leden stemming wenst over deze voorstellen en eventueel ingediende moties. Is dat het geval, dan vindt stemming de eerstvolgende vergaderdag plaats. Wil geen enkele senator stemming, dan wordt het wetsvoorstel zonder stemming aanvaard.

Fracties kunnen wel 'aantekening' vragen bij een wetsvoorstel. Daarmee geven zij aan tegen te hebben gestemd wanneer het op stemming was aangekomen. Ook bij hamerstukken kunnen fracties aantekening vragen. Dit gebeurt door handopsteken. Op deze manier hoeven fracties de snelle afwikkeling van een wetsvoorstel niet te vertragen. Uit hun bijdrage in het debat en het vragen van aantekening blijkt afdoende dat fracties tegen een wetsvoorstel zijn. Bij afdoening zonder stemming is er echter geen ruimte voor het afleggen van een stemverklaring. Wil een woordvoerder wel een stemverklaring afleggen, dan vraagt hij of zij om stemming. Soms wil een fractie nog (extra) fractieberaad houden voor een definitieve standpuntbepaling. Dan kan om uitstel van de stemmingen worden gevraagd.

INTERVIEW MET OUD-SENATOR ARJAN VLIEGENTHART

"SOMMIGE RITUELEN BLIJVEN, ANDERE GAAN EVEN KOPJE-ONDER"

Hoe kwam u in de Eerste Kamer?

Ik ben in 2007 in de Eerste Kamer gekomen, een jaar na de grote door-braak van mijn partij in gemeenten en bij de Tweede Kamer. Tiny Kox, toen al fractievoorzitter van de SP in de Eerste Kamer, heeft mij gevraagd. Ik werkte bij het wetenschappelijk bureau en was ook bezig met mijn proefschrift. Het leek mij leuk om ook iets anders te doen dan alleen in de boeken te zitten en het was een buitenkans: alle wetgeving komt in de Eerste Kamer langs en het gaat om een parttime functie. Ik kwam op plaats acht en dat bleek ruim verkiesbaar.

Hoe trof u als jongeling de Senaat aan?

Ik was de jongste van mijn lichting en het was ook mijn eerste functie als gekozen volksvertegenwoordiger. In het begin is het wat onwennig, je zoekt je weg. Tegelijkertijd heerst er wel een sfeer van collegialiteit onder senatoren en is er een heel goede ondersteuning van de staf van het insti-tuut.

Wat sprong u meteen in het oog als een opvallend gebruik in de Eerste Kamer?

Allereerst: de tijd die je hebt, in vergelijking met de Tweede Kamer. Wetsbehandelingen duren in de Eerste Kamer gerust een hele middag, om alles uitgebreid door te akkeren. Dat was geen gebruik, maar zelfs een ongeschreven regel. Als mensen denken dat ze twintig minuten spreektijd nodig hebben, dan kunnen ze die gerust krijgen. Daardoor krijg je ook een debat met meer diepgang.

Daarnaast gaat het er allemaal vriendelijk en hoffelijk aan toe, maar de politiek is nooit ver weg is. Senatoren zeggen weliswaar dat ze allereerst op de uitvoerbaarheid, grondwettelijkheid en handhaafbaarheid toetsen, maar toch stemmen ze zelden anders dan de partijgenoten aan 'de over-

KORTE BIOGRAFIE

Arjan Vliegenthart (SP) was van 12 juni 2007 tot 2 juli 2014 lid van de Eerste Kamer. Daarna werd hij wethouder in Amsterdam. Hij was 28 jaar toen hij tot de Eerste Kamer toetrad.

Arjan Vliegenthart

kant'. Als het uiteindelijk om de afweging gaat of een wetsvoorstel door mag gaan of niet geldt, zoals collega Hans Franken dat ooit mooi formuleerde, dat de politieke opportuniteit het wint van de wetenschappelijke rationaliteit.

Gedragen senatoren zich soms niet te veel als Tweede Kamerleden?

In de Eerste Kamer zitten geen betere mensen dan in de Tweede Kamer. De omstandigheden zorgen ervoor dat je in de Eerste Kamer een ander soort debat krijgt. Maar niet altijd. In het debat over het onverdoofd ritueel slachten, waarvoor heel veel media-aandacht was, zag ik opeens allerlei debattechnieken en -trucs die je eigenlijk normaal alleen in de Tweede Kamer ziet: heel veel en heel scherpe interrupties, oneliners waarvan je onmiddellijk kon horen: hier is van tevoren over nagedacht, dat merk je dan wel. De Eerste Kamer blijft natuurlijk een politieke kamer, waarvan de volksvertegenwoordigers allereerst op basis van hun partijpolitieke voorkeur gekozen zijn.

Arjan Vliegenthart spreekt tijdens het Grondwetfestival op 29 maart 2014.

Is er voldoende ruimte voor minderheden in de Eerste Kamer?

In een goede democratie krijgt de meerderheid de inhoud en de minderheid de procedure. Dat wordt over het algemeen redelijk gehandhaafd. Uiteindelijk geldt ook in de Eerste Kamer: als een meerderheid iets wil, dan gebeurt dat ook. En dan gebeurt het ook op het moment dat de meerderheid dat wil. Dat gebeurt dan met een iets vriendelijkere stem, er wordt iets meer gekeken naar ruimte, maar op het moment dat die ruimte er politiek gezien niet meer is, dan houdt het ook op. Uiteindelijk is dat politiek, ja.

Wat zou er in de gebruiken en rituelen van de Eerste Kamer moeten veranderen om de Kamer beter te laten functioneren?

Je ziet dat er altijd een tijdsklem is voor het zomerreces en voor het kerstreces. Daar zou eens een keertje goed over nagedacht moeten worden. Vorig jaar kwam de Eerste Kamer voor de kerst voor het eerst terug van reces om nog een wetsvoorstel te behandelen. Dat was vrij uniek. Van de andere kant: ik denk niet dat een half dagje extra dan helpt.

Daarnaast zijn het vooral de ongeschreven regels over hoffelijkheid, de onderlinge omgang, hoe meerderheden minderheden respecteren en hoeveel politieke powerplay er uiteindelijk wordt gespeeld waar je van zou moeten leren. Hier vormen zich rituelen. Dat zijn ook een soort gestolde politieke verhoudingen die af en toe weer wat fluïde worden en dan krijg je weer een nieuw moment van stolling.

Neem de PVV-fractie, die rond het ESM-verdrag ineens spreektijd van een paar uur vroeg. Je ziet dan dat de Eerste Kamer op basis van haar overlevering uiteindelijk in staat is om ook de PVV er in dit geval van te overtuigen dat dat weliswaar mag, maar dat het niet dienstig is. Tegelijkertijd zag je bij dat verbod over onverdoofd ritueel slachten dat het verzoek van de initiatiefneemster om het wetsvoorstel aan te houden niet werd gehonoreerd omdat een Kamermeerderheid het wilde afstemmen. Je ziet dus dat sommige rituelen overeind blijven in de politieke druk en dat andere even kopje-onder gaan en in een nieuwe hoedanigheid terugkomen.

Het vragen van aantekening.

Stemmingen vinden als regel plaats om 13.30 uur, ook als de vergadering die dag al eerder is begonnen. Dan zijn namelijk de meeste leden aanwezig. Soms wordt ook meteen aan het eind van een debat gestemd. Dat gebeurt vaak op de laatste vergaderdag voor het zomer- of kerstreces. Dan zijn er vaak spoedeisende wetsvoorstellen aan de orde en wordt aan het eind van de vergaderdag gestemd, om nodeloze vertraging te voorkomen bij de invoering van een wetsvoorstel. Stemmingen medio juli en eind december kunnen daardoor in de Eerste Kamer nachtwerk worden.

Hoe gaat de stemming in haar werk? Om te beginnen zijn er verschillende manieren om te stemmen. Artikel 108 bepaalt dat alle senatoren een voor een na elkaar stemmen, bij zogenoemde 'hoofdelijke oproeping', tenzij de Voorzitter (of een lid) voorstelt dit bij zitten en opstaan te doen. De gebruiken in de Eerste Kamer hebben echter tot een andere werkwijze geleid. De praktijk is namelijk inmiddels een omgekeerde, namelijk dat de Voorzitter steeds voorstelt te stemmen bij zitten en opstaan. Hoofdelijke stemming is omslachtiger en neemt veel tijd in beslag. Daarom is hoofdelijke stemming een uitzondering geworden die wordt ingezet bij wetsvoorstellen waarbij het erom spant of er een meerderheid gehaald wordt, die van groot politiek belang zijn of waarbij (verwacht wordt dat) fracties verdeeld zullen stemmen. Het voorgaande neemt overigens niet weg dat ingevolge artikel 67, vierde lid, van de Grondwet een hoofdelijke stemming *moet* plaatsvinden wanneer reeds één lid daarom vraagt.

FRACTIE-SECRETARIS

De meeste fracties in de Eerste Kamer hebben naast een fractievoorzitter ook een fractiesecretaris. Deze is belast met allerlei organisatorische zaken binnen en buiten de fractie.

Stemming bij zitten en opstaan.

Een hoofdelijke stemming wordt vooraf aangekondigd in het College van Senioren. De fracties kunnen dan nagaan of al hun fractieleden de volgende vergaderdag kunnen bijwonen. Is een lid voorzienbaar afwezig door bijvoorbeeld een parlementaire verplichting in het buitenland, dan kan dat worden gecompenseerd door te 'pairen' met een (tijdelijk) afwezig lid van een andere fractie dat een tegengestelde stem zal uitbrengen. Dergelijke afspraken dragen het karakter van een herenakkoord. 'Pairen' is een geaccepteerd gebruik in de Eerste Kamer, maar geen officieel recht en het Reglement van Orde kent er ook geen bepalingen voor. Praktijk is dat fractiesecretarissen zelf voor het 'pairen' zorg dragen, althans in ieder geval door 'pairende' leden van hun afspraken op de hoogte worden gesteld. Het College van Senioren, de Voorzitter en de Griffie staan buiten dergelijke afspraken. De uitkomst van een pairafspraak wordt wel aan de Griffier gemeld, zodat de betrokken leden van de stemlijst kunnen worden geschrapt.

Op het moment van hoofdelijke stemming roept de Voorzitter alle aanwezige leden op, die vervolgens met de woorden 'voor' of 'tegen' stemmen, zonder enige bijvoeging. Een senator kan zich niet van stemming onthouden; wie niet mee wenst te stemmen, moet de vergaderzaal verlaten voordat de stemming begint. Op de stemlijst zijn de leden genummerd. Het lot bepaalt bij welk nummer de Voorzitter begint. Als laatste brengt de Voorzitter zelf zijn of haar stem uit.

Senator Thissen (GroenLinks)

Een bijzondere gebeurtenis deed zich voor bij de stemming over het voorstel voor de Wet maatschappelijke ondersteuning 2015 op 8 juli 2014.[5] Er was hoofdelijke stemming gevraagd en senator Holdijk (SGP) had wegens ziekte gepaird met senator Thissen (GroenLinks). Tijdens de vergadering werd er verzocht om toch fractiegewijs te stemmen. Senator Thissen wist dat dit zou betekenen dat het wetsvoorstel waar hij tegen was, het niet zou halen. Desalniettemin hield hij zich aan de gemaakte afspraak en pleitte ervoor dat de hoofdelijke stemming doorgang zou vinden. Dit werd door velen als een schoolvoorbeeld van loyaliteit in de Kamer gezien.

De Eerste Kamer stemt in de regel echter bij zitten en opstaan. Dat is minder tijdrovend. Daarbij is het gebruik gegroeid dat uit wordt gegaan van fictieve aanwezigheid van alle leden en het beginsel dat fracties geacht worden unaniem te stemmen. Hierdoor hoeven niet alle leden op het moment van stemming per se aanwezig te zijn. De Voorzitter neemt op welke fracties voorstemmen, vervolgens welke fracties tegenstemmen. De stem van (kleine) fracties die geheel afwezig zijn, gaat verloren: zij hebben voor noch tegen gestemd. Fracties kunnen niet namens andere (afwezige) fracties stemmen, ook al hebben zij eerder namens deze fracties het woord gevoerd. Een stemverklaring kan wel namens meerdere fracties afgelegd worden. Al met al kan dit ertoe leiden dat bij een even aantal stemmen er een gelijke uitslag is: de stemmen staken. Artikel 110 van het Reglement van Orde bepaalt dan dat het nemen van een besluit wordt uitgesteld tot een volgende vergadering. Als ook dan de stemmen staken, wordt het voorstel geacht te zijn verworpen.

Soms is een fractie verdeeld in haar stemgedrag bij zitten en opstaan. Zo'n fractie moet dat vooraf melden bij de Voorzitter, zodat dit goed opgemerkt kan worden bij het stemmen zelf. Het is tevens gebruik dat zo'n fractie dan bij de stemverklaring meldt welke leden een minderheid met afwijkende stem vormden. De Voorzitter noemt die leden vervolgens bij name. Bij onhelderheid over de stemmingsuitslag bij zitten en opstaan, kan alsnog hoofdelijke stemming gevraagd worden.

Spreektijd
Belangrijk in een debat is uiteraard de spreektijd. Woordvoerders kunnen, zodra een plenair debat is ingepland, voor spreektijd intekenen. Het gebruik is dat een senator de hoeveelheid gewenste spreektijd uiterlijk de woensdagochtend in de week voorafgaand aan het debat doorgeeft aan de Griffie. Zo kan de lengte van het debat ingeschat worden en kan een vergaderschema met termijnen (meestal twee termijnen per wetsvoorstel) worden gemaakt. Als regel begint de woordvoerder van de grootste oppositiefractie. De volgende woordvoerders spreken op volgorde van

Resterende spreektijd op het spreekgestoelte.

INTERVIEW MET OUD-VOORZITTER FRED DE GRAAF

"HET WAS PRACHTIG EN HET IS DE HELE WERELD OVERGEGAAN"

Wanneer en hoe hoorde u van het voornemen van de Koningin tot aftreden?

Mijn vrouw en ik waren op vakantie in Zuid-Afrika toen aan het eind van de middag de telefoon ging. De premier hing aan de lijn met de mededeling dat die avond de Koningin zou aankondigen dat ze zou abdiceren. De familie had te kennen gegeven dat zij de troonswisseling graag op 30 april wilde houden. Aangezien dat in de vorm van een Verenigde Vergadering van het parlement zou gebeuren had de premier mijn toestemming nodig voor die datum. Ik zei: Als dat de uitdrukkelijke wens is van de koninklijke familie dan heb ik daar uiteraard geen bezwaar tegen en zullen wij de voorbereidingen in gang zetten.

Wat is de formele rol van het parlement bij de inhuldiging en de positie van de Eerste Kamer daarin?

Nederland is een constitutionele monarchie. De formele rol van het parlement is dat de Koning wordt ingehuldigd in een verenigde vergadering van beide Kamers, de Verenigde Vergadering der Staten-Generaal. De Grondwet bepaalt dat het voorzitterschap van die Verenigde Vergadering berust bij de Eerste Kamer. Daar ligt het zwaartepunt van de voorbereidingen. Maar we hebben alles vanaf de eerste dag steeds kortgesloten met de Tweede Kamer, ik met mijn collega Anouchka van Miltenburg.

Er was een discussie of je als Kamerlid al dan niet de eed moest afleggen.

Het is tweerichtingsverkeer. De Koning belooft ten overstaan van beide Kamers trouw aan de Grondwet en wat dies meer zij. En op hun beurt betuigen dan de leden van de Kamers hun aanhankelijkheid aan de net ingehuldigde Koning. Het is een gebaar van het Staatshoofd naar het parlement en van het parlement naar het Staatshoofd. De wederzijdse erkenning. Je kunt een heel dispuut opzetten of je als Kamerlid voor de

KORTE BIOGRAFIE

Fred de Graaf – in het dagelijks leven burgemeester – was van 10 juni 2003 tot 9 juni 2015 lid van de Eerste Kamer. Van 28 juni 2011 tot 2 juli 2013 was hij Voorzitter. Hij trad op 2 juli 2013 af omdat hij partijdig zou hebben gehandeld bij het samenstellen van de commissie van in- en uitgeleide bij de inhuldiging van de nieuwe Koning op 30 april 2013, hetgeen De Graaf altijd heeft ontkend.

Fred de Graaf

tweede keer een eed moet afleggen, dat doe je immers ook al bij je aantreden. Maar het is de gewoonte, al sinds de eerste inhuldiging van Koning Willem I. En wat is ertegen om in het kader van de symboliek die daarmee samenhangt de eed die je als Kamerlid hebt afgelegd nog eens te bevestigen als eerbetoon aan de nieuwe Koning? Een aantal Kamerleden is daar principieel in geweest: wij doen het niet.

Hoe is de aankleding van de vergadering tot stand gekomen?

Wij hebben gebruikgemaakt van filmbeelden van de inhuldiging van Koningin Beatrix in 1980. Daardoor besloten we een aantal zaken anders aan te pakken, onder andere het podium waar de Koning en Koningin op zouden plaatsnemen. Dat was bij de inhuldiging van Koningin Beatrix een heel groot podium, terwijl we bij Koningin Wilhelmina en daarvoor zelfs bij Koning Willem II op foto's en schilderijen zagen dat dat podium veel beperkter was. Er waren ook wat bredere treden waardoor niet iedereen op hetzelfde niveau als de Koning en Koningin stond. We hebben voor die oplossing gekozen, omdat die ook nog eens mooiere beelden op televisie opleverde.

Ook is het koorhek speciaal voor deze gelegenheid gepoetst. Het zag er daardoor prachtig uit, het glansde mooi. Ook de kroonluchters zijn allemaal schoongemaakt en opgeknapt, dan krijg je ook de reflectie van de gebeurtenissen in de kerk in dat koper.
Net als bij voorgaande gelegenheden werd de kerk aangekleed met bloemen. Flora, de in- en exporteur van bloemen, heeft dat voor ons gedaan. De aanstaande Koning en Koningin zijn daarbij ook betrokken, met name in de keuze van de kleur van de bloemen. De dag na de inhuldiging is de kerk opengesteld en konden vele duizenden Nederlanders zelf kijken hoe het eruitzag.

Wie zaten er in de kerk? Zijn er nog bijzondere groepen uitgenodigd?

Het aantal plekken is beperkt, het waren er ook minder dan de vorige keer. Om veiligheidsredenen hadden we uiteindelijk 2.400 plekken te vergeven, om te beginnen aan de Kamerleden en dan aan de Rijksministerraad, ambassadeurs, binnen- en buitenlandse gasten van de Koning en de Koningin, hofhouding, Raad van State, kort en goed: iedereen die een protocollaire plek moet hebben.

Vanaf het begin hebben wij gezegd: er moeten ook voldoende plaatsen zijn voor burgers. We hebben via de commissarissen van de Koningin 500 burgers uitgenodigd. Ik heb bovendien gesteld: ik wil twee vakken in de kerk waar het publiek op een zodanige manier zit dat het werkelijk mee kan genieten. Dat hebben we ook voor elkaar gekregen. Men heeft dus niet tussen de hoofden van de vips hoeven door te kijken om iets mee te beleven van de inhuldiging.

Hoe kijkt u zelf terug op de dag van de inhuldiging?

Het was de mooiste dag van mijn politiek-bestuurlijke loopbaan. Absoluut het hoogtepunt. En we hadden ontzettende mazzel dat het mooi weer was, droog en zonnig, het hele programma vanaf de abdicatie via de inhuldiging tot aan het avondprogramma aan het IJ. Het was prachtig en het is de hele wereld overgegaan.

Zes weken later ontstond er enorme ophef in de Tweede Kamer naar aanleiding van een artikel in *de Volkskrant* dat ik het lid Wilders zou hebben geweerd uit de commissie van in- en uitgeleide. De werkelijkheid is dat ik op grond van de regels die we met elkaar afgesproken hadden niet aan hem ben toegekomen. Ware dat wel het geval geweest, dan had ik hem benoemd. De zin in het interview dat met een benoeming de heer Wilders alle aandacht naar zich toe zou hebben getrokken, had ik dan ook beter achterwege kunnen laten. Uiteindelijk heb ik gezegd: Ik wil niet dat de integriteit van de Voorzitter van de Eerste Kamer ter discussie staat, ik leg mijn voorzitterschap neer[1] en ben toen weer gewoon senator geworden.

---

[1] *Zie voor de verklaring die De Graaf op 18 juni 2013 aflegde in de Eerste Kamer Handelingen I 2012/13, nr. 31, item 2, p. 14-16.*

Fred de Graaf tijdens de inhuldiging van Koning Willem-Alexander in de Nieuwe Kerk te Amsterdam.

inschrijving. De maximale spreektijd per woordvoerder is dertig minuten, zo is in het College van Senioren afgesproken. Het is gebruikelijk dat de woordvoerders van de kleinere fracties zichzelf enige beperking opleggen ten opzichte van woordvoerders van grotere fracties. In de tweede termijn heeft een woordvoerder maximaal de helft van de opgegeven spreektijd in eerste termijn ter beschikking.

Het Reglement van Orde kent maar een paar regels over spreektijdbeperking (artikelen 99-102) en die gaan alleen over ordevoorstellen, interpellaties, begrotings- en beleidsdebatten. Bij de behandeling van 'gewone' wetsvoorstellen wordt verwacht dat de leden zich houden aan de in de Kamer heersende gebruiken, waarbij de eerder genoemde afspraak in het College van Senioren geldt. Deze afspraak van maximaal dertig minuten spreektijd is gezaghebbend, maar het College van Senioren kan geen voor leden bindende regels vaststellen. In 2012 deed de PVV-fractie het verzoek om tijdens het debat over goedkeuring van het Verdrag tot instelling van het Europees Stabiliteitsmechanisme (ESM)[6] 535 minuten te mogen spreken. De Kamervoorzitter gaf aan dat dit hem niet leek te passen binnen de gebruiken van de Kamer en de afspraken die binnen het College van Senioren over spreektijden waren gemaakt. De Voorzitter merkte de gangbare beperking tot maximaal dertig minuten spreektijd toen als 'staand gebruik' aan. Na een kort debat en een schorsing nam de PVV-fractie genoegen met tweemaal dertig minuten spreektijd.

Ambtenaren aan het werk in de ambtenarenkamer.

Het plenaire debat

Het plenaire debat kent een vast stramien en vaste gebruiken. In de planning wordt steeds uitgegaan van een eerste en een tweede termijn. Daarbij komen telkens eerst de Kamerleden aan het woord en daarna de bewindspersoon. Vaak wordt het debat na de eerste termijn van de Kamer even of soms wat langer geschorst om een minister of staatssecretaris de gelegenheid te geven de inbrengen nog even op zich te laten inwerken en met zijn of haar ambtenaren te overleggen. Ambtenaren maken overigens al tijdens de inbreng de antwoorden die de bewindspersoon later kan gebruiken bij zijn reactie. De meeste debatten kennen twee termijnen, een derde termijn komt weinig voor. Heeft een woordvoerder behoefte aan een derde termijn, dan kan hij daarvoor via de Voorzitter verlof aan de Kamer vragen. De Voorzitter doet vervolgens een voorstel op welk tijdstip deze derde termijn kan plaatsvinden, ofwel dezelfde dag, ofwel een volgende vergaderdag.

Het is goed gebruik dat woordvoerders pas spreken nadat zij het woord van de Voorzitter hebben gekregen. Zij richten zich ook via de Voorzitter tot de minister of staatssecretaris of hun medewoordvoerders. De vooraf afgesproken spreektijd wordt goed bijgehouden door de Voorzitter. Interrupties – vragen van Kamerleden aan elkaar – gaan niet van de spreektijd af. Spreekteksten worden doorgaans vooraf beschikbaar gesteld aan de

Senator Kuiper (ChristenUnie) bij de interruptiemicrofoon.

andere woordvoerders, de minister en de ondersteunende ambtenaren en de aanwezige pers en bezoekers. Soms wil een Kamerlid zich niet 'in de kaart laten kijken' en doet hij of zij dat bewust niet.

Een lid dat mede namens een andere fractie spreekt, meldt dit conform goed gebruik bij aanvang van zijn of haar inbreng. Dit geldt ook voor spreektijd in tweede of eventuele latere termijn.

Nieuwe Kamerleden die hun eerste optreden in de plenaire zaal hebben, worden volgens een stilzwijgende afspraak bij het uitspreken van hun zogenaamde maidenspeech niet geïnterrumpeerd. Later in het debat mag dat wel. De Voorzitter spreekt na de maidenspeech het Kamerlid kort toe en schorst vervolgens de vergadering om de overige leden in de gelegenheid te stellen het desbetreffende lid te feliciteren. De Voorzitter doet dat zelf als eerste.

Senator Knip (VVD) wordt gefeliciteerd na het houden van zijn maidenspeech in mei 2011.

Moties

De Eerste Kamer is vergeleken met de Tweede Kamer spaarzaam met moties, maar het aantal is de afgelopen jaren wel gestegen. In het vergaderjaar 2001/02 waren het er nog 19, terwijl dat aantal in 2013/14 al was gegroeid tot 83 moties. Een motie brengt een wens of opvatting van de Kamer tot uitdrukking en is meestal gericht tot de regering.

Een motie wordt doorgaans in de tweede termijn van een debat ingediend. De Kamerleden willen eerst weten wat de regering te zeggen heeft over hun inbreng. De motie kan bovendien worden afgestemd op het in eerste termijn tussen woordvoerders en regering gewisselde. Een enkele keer wordt een motie al in eerste termijn ingediend, zonder de reactie van de regering af te wachten. Een woordvoerder geeft daarvoor meestal aan waarom hij of zij dat doet. Een opvallend voorbeeld betrof de motie van wantrouwen die de PVV-fractie in 2012 al in de eerste termijn indiende tegen het kabinet.

Handelingen

Van elk debat wordt een woordelijk verslag gemaakt en gepubliceerd in de Handelingen. De Dienst Verslag en Redactie (DVR) maakt dat verslag. Daags na het debat verschijnt een ongecorrigeerd stenogram, waarvan de woordvoerders en bewindslieden hun eigen inbreng kunnen corrigeren. Hierna verschijnen de verslagen als de Handelingen van de Eerste Kamer der Staten-Generaal.

De Dienst Verslag en Redactie (DVR) maakt de woordelijke verslagen van de debatten.

Gang van zaken tijdens de vergadering

- Senatoren mogen in principe niet eten in de plenaire vergaderzaal;
- De sprekers achter het spreekgestoelte, de Voorzitter op het rostrum en de bewindslieden achter de regeringstafel mogen wel drinken, maar de leden in de groene bankjes niet;
- Een lid dat tijdens de plenaire vergadering gebeld wordt, mag de oproep alleen buiten de vergaderzaal beantwoorden;
- Tijdens de debatten lopen bodes in rokkostuum rond die onder andere briefjes met boodschappen bezorgen, sprekers van water voorzien en moties ronddelen;
- De bodes worden aangestuurd door de Kamerbewaarder, die naast een rokkostuum een goudkleurig lint met een zilveren penning draagt.

De debatten in de plenaire zaal zijn sinds 2010 ook live via internet (www.eerstekamer.nl) te volgen. Hiervoor zijn meerdere camera's in de zaal aangebracht die telkens de sprekers volgen. Soms neemt de tv-zender Politiek 24 de uitzending integraal over. Bij heel belangrijke debatten komen NOS en RTL samen met eigen camera's en eigen regie in de plenaire zaal om (delen van) het debat te verslaan.

De Kamerbewaarder in de plenaire zaal.

| 14:00 | Commissievergaderingen

De plenaire vergadering is weliswaar het meest zichtbare deel van het werk van Eerste Kamerleden, maar de meeste tijd zijn de senatoren kwijt aan commissievergaderingen. Elke senator is doorgaans wel lid van een aantal commissies en senatoren van eenmansfracties hebben het recht in iedere commissie vertegenwoordigd te zijn. Commissievergaderingen vinden elke dinsdagmiddag plaats, doorgaans vanaf 13.45 of 14.00 uur, na afronding van de stemmingen in de plenaire vergadering. Onontkoombaar lopen commissievergaderingen parallel aan de plenaire vergadering.

Bij elke nieuwe zittingsperiode stelt de Eerste Kamer (vaste) commissies in en worden vervolgens leden, alsmede de voorzitters en vice-voorzitters van de commissies benoemd door de Voorzitter. De commissies hebben een eigen griffier en verdere ambtelijke ondersteuning. De ambtelijke ondersteuning bereidt de vergaderingen voor, maakt de agenda's met toelichting, verzamelt de relevante vergaderstukken, onderhoudt de contacten met de ministeries, stelt de verslagen op bij wetsvoorstellen, concipieert conceptcommissiebrieven en zorgt voor adequate en snelle informatievoorziening op de website van de Eerste Kamer.

Vergadering van de commissie voor Veiligheid en Justitie in commissiekamer 2 in 2015.

De vaste commissies lopen doorgaans gelijk op met het beleidsterrein van een ministerie. Zo heeft de Eerste Kamer een commissie voor Financiën, voor Sociale Zaken en Werkgelegenheid, voor Volksgezondheid, Welzijn en Sport en voor Onderwijs, Cultuur en Wetenschap. Soms bereiden tijdelijke bijzondere commissies ad hoc (wets)voorstellen met een bijzonder karakter voor, bijvoorbeeld omdat die zeer omvangrijk zijn. De commissie voor de JBZ-Raad – die zich bezighield met justitie en binnenlandse zaken in de Europese Unie – was bijvoorbeeld tot juni 2007 een bijzondere commissie.

De Eerste Kamer stelde in oktober 2011 voor het eerst in haar geschiedenis een commissie in die een uitgebreid parlementair onderzoek verrichtte naar de besluitvorming over en de gevolgen van de privatisering en verzelfstandiging van overheidsdiensten: de Parlementaire Onderzoekscommissie Privatisering/Verzelfstandiging Overheidsdiensten (POC). Deze commissie onder leiding van senator Kuiper (ChristenUnie) bracht eind oktober 2012 haar rapport uit. Hierover werd zowel in de Eerste Kamer zelf als met het kabinet gedebatteerd. De laatste bijzondere commissie was de Tijdelijke commissie GRECO-rapport, die onder leiding van senator Bröcker (VVD) in mei 2014 met voorstellen kwam over het verbeteren van de integriteitsregels in de Eerste Kamer, dit naar aanleiding van een rapport van de Raad van Europa hierover. Naar aanleiding van deze voorstellen is onder meer het Reglement van Orde van de Eerste Kamer uitgebreid met een apart hoofdstuk over integriteit.

Senator Bröcker (VVD) biedt het advies van de Tijdelijke commissie GRECO-rapport aan de Kamervoorzitter aan.

INTERVIEW MET OUD-SENATOR MARCEL DE GRAAFF

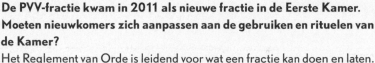

"OP HET MOMENT DAT JE HET RITUEEL ONTREGELT, VALT IEDEREEN OVER JE HEEN"

KORTE BIOGRAFIE

De theoloog Marcel de Graaff was van 7 juni 2011 tot 1 juli 2014 lid van de Eerste Kamer. Hij was vanaf 25 september 2012 voorzitter van de fractie van de PVV. Deze fractie vroeg in juni 2012 535 minuten spreektijd aan en diende in december 2012 tijdens de Algemene Politieke Beschouwingen een motie van wantrouwen tegen het kabinet in. Deze acties strookten niet met de gebruiken van de Eerste Kamer.

Marcel de Graaff

De PVV-fractie kwam in 2011 als nieuwe fractie in de Eerste Kamer. Moeten nieuwkomers zich aanpassen aan de gebruiken en rituelen van de Kamer?

Het Reglement van Orde is leidend voor wat een fractie kan doen en laten. Daar moet je je als fractie ook gewoon aan conformeren. Daarnaast zijn er ongeschreven regels: gebruiken en rituelen. In de samenleving zijn rituelen 'zich herhalende evenementen bedoeld om onze opvattingen over de werkelijkheid present te stellen'. Ben je het met een bepaalde opvatting niet eens, dan is een ritueel een heel mooi aangrijpingspunt om dat idee te bekritiseren. Want als je het ritueel ontregelt, dan torn je ook aan de gedeelde opvatting over die werkelijkheid.

Uw fractie is erop aangesproken dat zij niet conform bepaalde gebruiken handelde. Waarom hebt u destijds besloten de geldende gebruiken niet te volgen?

Als wij een ritueel in de Eerste Kamer ontregelden, was dat op een moment dat de democratie als een illusie tevoorschijn kwam. Dit speelde met name bij het Europees Stabiliteitsmechanisme, het ESM. Wetgeving werd hier in veertien dagen door beide Kamers gepusht. Kritiek op het voorstel werd niet serieus genomen en het luisteren naar minderheden werd volledig overboord gegooid. We hebben toen naar alle mogelijke manieren gekeken om – binnen het Reglement van Orde – ontregeling te laten zien, daarmee aandacht vragend voor het feit dat er iets doorheen wordt gejast wat we met zijn allen niet willen. Op het moment dat je het ritueel ontregelt, valt iedereen over je heen en kun je zeggen: 'Daarom doen we dit.' Dat is de achterliggende gedachte van het ontregelen van het gebruik.

Hoe heeft uw fractie geprobeerd de goedkeuringsprocedure van het ESM te ontregelen?

We begonnen met het vragen van een Verenigde Vergadering van Eerste en Tweede Kamer. Dat was een novum, maar het verzoek werd geweigerd. Ik ben er nog steeds van overtuigd dat het antwoord van de Voorzitter van de Verenigde Vergadering niet klopt. Ik denk dat we wel degelijk op elk punt een Verenigde Vergadering bijeen kunnen roepen, omdat het nergens wordt verboden.

Vervolgens vroegen we enorm veel spreektijd aan. Zodat je collega's acht of tien uur aan zouden moeten horen wat je te zeggen hebt. Je zou kunnen zeggen: 'Wat doe je je collega's aan?' Nee, wat doen ze met hun wetten en hun regeerakkoord het Nederlandse volk aan?

Later, bij de Algemene Politieke Beschouwingen heeft de PVV – absoluut bewust – in eerste termijn een motie van wantrouwen ingediend. Daar werd schande van gesproken: 'Dat is onfatsoenlijk, hoor en wederhoor ontbreekt en zo gaan we in een beschaafde democratie niet met elkaar om.' Maar het proces van beschaafde democratie was al met voeten getreden in het proces van het ESM.

Marcel de Graaff bij de interruptiemicrofoon.

En deed u dit om de zaak aangepast te krijgen?

Nee, daar geloof ik absoluut niet in. Op het moment dat zaken in een meerderheid vastliggen, is het simpel vier jaar de rit uitzitten en dan zit de rest er eigenlijk 'voor spek en bonen bij'. Het is een farce, ook zo'n discussie in eerste en tweede termijn over het ESM. De democratie zoals de Eerste en Tweede Kamer die opvoeren, is voor het grootste gedeelte een toneelstuk. Op het moment dat het regeerakkoord vastligt, kun je nog wat 'rommelen in de marge'.

Welke gebruiken en rituelen in de Eerste Kamer vindt u niettemin waardevol?

Hoe oneens je het ook met elkaar bent, je moet wel het fatsoen naar de ander als mens opbrengen. Het geven van een hand aan de Voorzitter is zo'n teken van respect. Ook het spreken via de Voorzitter reguleert het debat op zo'n manier: je gaat niet op elkaar lopen schelden, maar spreekt via de Voorzitter aan wie je met het geven van je hand je respect hebt betoond. Ook het na afloop feliciteren van de bewindspersoon is de sportiviteit die je met elkaar moet kunnen opbrengen. Dit zijn gebruiken in de sfeer van: laten we proberen over de inhoud te spreken. Op het moment dat gebruiken je dwingen naar de inhoud, zijn ze goed om in stand te houden. Als gebruiken je echter een mogelijkheid geven te ontsnappen naar de vorm, zijn ze 'loos'.

De meeste commissies vergaderen elke week. Commissievergaderingen duren vaak maar kort: hoewel in de planning doorgaans rekening gehouden wordt met een kwartier tot een halfuur, duren veel vergaderingen in de praktijk hooguit vijf tot tien minuten. De korte vergaderduur is te verklaren vanuit het sterk procedurele karakter van veel vergaderingen. Is een wetsvoorstel gereed voor plenaire behandeling? Zo ja, welke datum stellen we voor? Of zijn er nog leden die schriftelijke inbreng willen leveren? Moet er eerst een deskundigenbijeenkomst worden gehouden? Deze en andere vragen domineren doorgaans een commissievergadering. Dit betekent overigens niet dat deze vragen geen discussie kunnen oproepen. Ook over de wenselijkheid van een volgende schriftelijke ronde of een deskundigenbijeenkomst kunnen de meningen uiteraard verdeeld zijn.

Vergaderingen van commissies zijn niet voor het publiek toegankelijk, maar wel in zoverre openbaar dat er kort verslag wordt uitgebracht van de besluiten in de commissie. Deze zogenaamde 'korte aantekeningen' verschijnen soms al dezelfde dag, maar in ieder geval de volgende dag op de website van de Eerste Kamer. De voorzieningen van het gebouw – er zijn in tegenstelling tot bijvoorbeeld de Tweede Kamer geen gescheiden bezoekersstromen mogelijk – staan uit capaciteits- en beveiligings-oogpunt niet toe dat bezoekers de commissievergaderingen kunnen bijwonen. Incidenteel vergaderen commissies ook wel in het gebouw van de Tweede Kamer of in de plenaire vergaderzaal, wanneer veel publiek verwacht wordt. De openbaarheid is dan geborgd.

De receptie van de Eerste Kamer. Bezoekers van de Eerste Kamer kunnen zich hier melden, maar de ingang voor het bijwonen van de plenaire vergaderingen is in de Mauritstoren.

Er zijn ook een aantal maal per jaar mondelinge overleggen met bewindslieden. Hiervan verschijnt doorgaans een woordelijk verslag, dat als Kamerstuk gepubliceerd wordt. Bij deze overleggen worden op verzoek soms wel journalisten en andere belanghebbenden toegelaten, echter alleen voor zover er ruimte is in de kleine vergaderzalen.

18:00 | Naar huis of diner

De dinsdagse vergaderdag van een senator kan op meerdere manieren eindigen. Indien de vergadering ook 's avonds doorgaat, dan biedt de Kamer een dinerbuffet aan in de Noenzaal van de Senaat, de zaal waar ook de lunch gebruikt kan worden, zoals hiervoor reeds vermeld. Veel senatoren, de medewerkers van de Kamer die tijdens de avondvergadering paraat moeten staan en bewindslieden maken gebruik van het dinerbuffet.

Senatoren dineren in de Noenzaal.

Is er geen avondvergadering, dan verlaten de senatoren 's middags na afloop van de plenaire vergadering of na hun eigen commissievergaderingen doorgaans de Eerste Kamer. Sommige senatoren gaan naar huis of naar andere verplichtingen, anderen maken ook wel gebruik van het

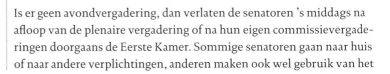

avondeten in de Tweede Kamer en praten daar bij met hun politieke geestverwanten of anderen op het Binnenhof. De volgende dag wacht weer de eigen baan...

19:00 | De avondvergadering

Verscheidene keren per jaar vergadert de Eerste Kamer ook op de dinsdagavond. Dan staan er doorgaans twee of meerdere wetsvoorstellen op de plenaire agenda. De Kamer is, met al haar ondersteuning, dan de hele avond in bedrijf, tot het eind van de vergadering. De Voorzitter probeert bij de planning van de debatten er zoveel mogelijk rekening mee te houden dat senatoren, die – in tegenstelling tot hun collega's van de Tweede Kamer – vaak geen pied-à-terre in Den Haag hebben, nog dezelfde avond ook met openbaar vervoer naar huis moeten kunnen. Een eindtijdstip van 23.00 uur wordt dan nagestreefd.

Een enkele keer zorgen de omstandigheden – een extreem spannend debat of een overvolle agenda – ervoor dat de vergadering pas (ruim) na middernacht beëindigd kan worden. Het debat in de zogenoemde 'Nacht van Wiegel' in 1999 eindigde pas om 1.28 uur.[7] Dat was echter nog niets vergeleken bij een debat over een wijziging van de Vreemdelingenwet op 22 december 1993: dat bestond uit maar liefst vijf termijnen en duurde tot 4.33 uur in de ochtend.[8] Indien er dan ook nog gestemd moet worden, bijvoorbeeld als er direct voor een recesperiode vergaderd wordt, dienen alle Eerste Kamerleden daarvoor aanwezig te blijven; een enkele stem kan, zeker wanneer het kabinet maar een krappe meerderheid heeft, doorslaggevend zijn en leiden tot nipt aannemen of verwerpen van een wetsvoorstel. In het eerste geval kan een opgeluchte bewindspersoon de felicitaties van de Kamerleden in ontvangst nemen. In het tweede geval verdwijnt het wetsvoorstel van het politieke tableau. Het onderwerp kan naderhand in enigerlei vorm weer terugkomen, uiteindelijk ook op de wekelijkse vergaderdinsdag van de Eerste Kamer.

Voetnoten

1 Sinds 1887 vindt Prinsjesdag ook op dinsdag plaats. Daarvoor was dat op maandag.
2 Boven de deur van de koffiekamer staat de al even strenge tekst "Alleen voor de Leden", wat overigens niet wil zeggen dat niet-senatoren geen koffie zouden mogen halen.
3 Kamerstukken 33 362.
4 Deze anekdote is terug te vinden in *Trouw* 31 januari 1995.
5 Kamerstukken 33 841.
6 Kamerstukken 33 221.
7 Kamerstukken 26 156.
8 Kamerstukken 22 735.

Minister Hirsch Ballin van Justitie in overleg met senatoren tijdens een schorsing in het debat op 22 en 23 december 1993. Hieronder: de Handelingen van deze vergadering, met de eindtijd 4.33 uur.

voorzitter

Gijzen, Heijmans, Heijne Makkreel, Hilarides, Holdijk, Huberts-Fokkelman, Jaarsma-Buijserd, Korthals Altes, Van Kuilenburg-Lodder, Kuiper, Van Leeuwen, Van Leeuwen-Schut, Luimstra-Albeda, Mastik-Sonneveldt, Van der Meer, Michiels van Kessenich-Hoogendam, Pit, Postma, Pröpper, Redemeijer, Rongen, Schinck, Steenkamp, Stevens, Talsma, Tummers, Van Veldhuizen, Veling, Van Velzen, Verbeek, Vermaat, Wagemakers, Van de Zandschulp, K. Zijlstra, R. Zijlstra, Baarda, Baarveld-Schlaman, Barendregt, Van den Berg, Boorsma en de voorzitter.

Tégen stemmen de leden: Gelderblom-Lankhout, Glastra van Loon, Hoefnagels, Kassies, Schuurman, Schuyer, Soetenhorst-de Savornin Lohman, Staal, Tiesinga-Autsema, Vrisekoop, Wessel-Tuinstra, Van Wijngaarden, De Boer, Bolding en Van den Bos.

De **voorzitter**: Ik constateer, dat het wetsvoorstel met 52 tegen 15 stemmen is aangenomen.

Dit is de laatste vergadering van dit jaar. Ik wens iedereen toch goede kerstdagen en een goed begin.

Sluiting 4.33 uur

FOKKE & SUKKE 1993

Fokke & Sukke is een Nederlandse cartoonreeks, gemaakt door John Reid (1968), Bastiaan Geleijnse (1967) en Jean-Marc van Tol (1967). Van Tol is de tekenaar, de grappen worden door alle drie bedacht. Zij ondertekenen de cartoons met 'RGvT'. Hun cartoons, met in de hoofdrol een eend (Fokke) en een kanarie (Sukke), verschenen in diverse dag- en weekbladen, onder meer sinds 1999 zes dagen per week in *NRC Handelsblad*. In 1993 werd de eerste Fokke & Sukke verzonnen voor Amsterdamsch Studenten-weekblad *Propria Cures*. In 2003 ontvingen Reid, Geleijnse & Van Tol de Stripschapprijs.

FOKKE & SUKKE

MOGEN NIET MEER HUN EIGEN ZORGVERLENER KIEZEN

FOKKE & SUKKE

MOGEN TOCH HUN EIGEN ZIEKENHUIS KIEZEN

VEELZIJDIG IN DEELTIJD
TWEEHONDERD JAAR
EERSTE KAMER

DE EERSTE KAMER
AAN HET WERK

DE EERSTE KAMER
AAN HET WERK

Openingsfoto vorige pagina's: v.l.n.r. de senatoren Engels (D66), Strik (GroenLinks) en Kox (SP) bij de interruptiemicrofoon.

Origineel wetsvoorstel zoals het uit de Tweede Kamer komt, met de handtekening van de Voorzitter van de Tweede Kamer.

Dit hoofdstuk gaat over de hoofdtaken van de Eerste Kamer, wetgeving en politieke controle. Daarbij gaat het allereerst om de vraag welke bevoegdheden de Kamer heeft om deze taken naar behoren uit te voeren en hoe ze daar in de praktijk mee omgaat. Formeel kan de Eerste Kamer wetsvoorstellen alleen aannemen of verwerpen. Tussen deze beide uitersten beschikt de Kamer echter nog over een aantal meer of minder ingrijpende middelen om invloed uit te oefenen, een wetsvoorstel op een bepaalde manier uitgelegd te krijgen door een bewindspersoon of, in het uiterste geval, een voorstel te laten aanpassen.

Daarnaast bewandelt de Eerste Kamer een aantal wegen om haar informatiepositie te verbeteren. Zo overlegt ze voorafgaand aan de plenaire behandeling van een wetsvoorstel mondeling dan wel schriftelijk met de regering. Ook kan ze informatie van buiten inwinnen, bijvoorbeeld van de Raad van State, maar ook van deskundigen uit de samenleving. Tot slot wordt de Kamer ook vaak actief door belangengroepen en particulieren benaderd met verzoeken over of bezwaren tegen specifieke wetsvoorstellen of algemeen regeringsbeleid. Dit gebeurt bijvoorbeeld door middel van petities, die al dan niet mondeling worden toegelicht.

Twee hoofdtaken: wetgeving en politieke controle

Wetgeving

Wetgevingskwaliteit

De Eerste Kamer komt in het wetgevingsproces pas aan bod nadat het wetgevingstraject in de Tweede Kamer is doorlopen. Wordt een voorstel in dat stadium al verworpen of ingetrokken, dan komt de Senaat niet

meer toe aan zijn rol van heroverweging van wetsvoorstellen. Wetsvoorstellen die wel bij de Eerste Kamer belanden, worden op kwaliteit
getoetst, al zal er uiteindelijk een politiek oordeel geveld worden over
deze voorstellen. De Senaat blijft nu eenmaal een politiek orgaan. Vaste
aandachtspunten bij de kwaliteitstoets zijn rechtmatigheid, uitvoerbaarheid en handhaafbaarheid. Deze criteria zijn nader uitgewerkt in de
notitie 'aandachtspunten voor wetgevingskwaliteit' die reeds in hoofdstuk 1 aan de orde is gekomen. Er is in de Kamer relatief veel aandacht
voor de verhouding van een wetsvoorstel tot de Grondwet, internationale
verdragen en fundamentele rechtsbeginselen. De Kamer vraagt voorts
geregeld aandacht voor de onderlinge samenhang met (toekomstige)
wetgeving, wetstechnische aspecten en effecten van wetgeving.

Aannemen of verwerpen
Over de bevoegdheden van de Eerste Kamer ten aanzien van wetgeving
kunnen we relatief kort zijn: anders dan de Tweede Kamer heeft de
Senaat alleen de keuze tussen het aannemen of verwerpen van wetsvoorstellen. De Grondwet bepaalt in dat verband dat de Tweede Kamer, zodra
zij een regeringsvoorstel heeft aangenomen of tot indiening van een
initiatiefvoorstel heeft besloten, "het aan de Eerste Kamer [zendt], die het
voorstel overweegt zoals het door de Tweede Kamer aan haar is gezonden".[1] Het recht van initiatief is dus voorbehouden aan het direct gekozen
deel van de volksvertegenwoordiging. Dat geldt eveneens voor het recht
van amendement. Met een volledig vetorecht neem onze Senaat ten
opzichte van veel senaten in andere landen een bijzondere positie in.

*Het Tweede Kamerlid Thieme
(PvdD) passeert na de verwerping
van haar initiatiefwetsvoorstel over
rituele slacht samen met senator
Koffeman (PvdD) enkele rabbijnen.*

DOOR DE EERSTE KAMER VERWORPEN WETSVOORSTELLEN: 1945-HEDEN

1945-1954:	🗳 𝄃	**6**
1955-1964:	🗳	**4**
1965-1974:	🗳 🗳	**8**
1975-1984:	🗳 𝄃	**7**
1985-1994:	🗳 🗳 𝄃	**11**
1995-2004:	🗳 🗳 𝄃	**11**
2005- :	🗳 🗳 🗳 🗳 🗳	**18**

Bron: website Eerste Kamer (peildatum 8 juli 2015).

De Eerste Kamer blijkt in de praktijk heel terughoudend in het gebruik van haar bevoegdheid tot verwerping van wetsvoorstellen. Sinds 1945 zijn er in totaal 65 wetsvoorstellen verworpen.[2] Dat betekent dat er gemiddeld minder dan één wetsvoorstel per jaar wordt weggestemd, een fractie van het totaal aantal voorstellen dat de Senaat passeert. Er is wel sprake van zekere schokbewegingen: er zijn jaren waarin meerdere verwerpingen voorkomen en jaren waarin de Kamer niet één wetsvoorstel verwerpt. Hoewel de motieven voor verwerpingen uiteenlopen, zijn wel enkele algemene lijnen te trekken. Zo is het diverse keren voorgekomen dat voorstellen tot grondwetsherziening en voorstellen tot gemeentelijke herindeling de eindstreep niet hebben gehaald. Bekende voorbeelden van verworpen voorstellen tot grondwetsherziening zijn het voorstel inzake het correctief referendum in 1999 ('Nacht van Wiegel') en het voorstel inzake de wijze van aanstellen van de commissaris van de Koning en de burgemeester in 2005 ('Nacht van Van Thijn').[3] Initiatiefvoorstellen zijn ook relatief vaak in de Senaat gesneuveld. Een bekend recent voorbeeld is de verwerping van het initiatiefwetsvoorstel inzake verplichte verdoving bij ritueel slachten in 2012.[4]

Totdat de Eerste Kamer een wetsvoorstel heeft aanvaard, kan de indiener, in de meeste gevallen de regering, het wetsvoorstel nog intrekken.[5] Sinds 1965 zijn er in totaal 55 wetsvoorstellen ingetrokken die op dat moment bij de Senaat in behandeling waren.[6] Die intrekkingsbesluiten volgden in een aantal gevallen op ernstige kritiek vanuit de Kamer. Intrekking voorkwam in die gevallen verwerping. Een voorbeeld is de intrekking in 1999

INGETROKKEN WETSVOORSTELLEN DIE BIJ DE EERSTE KAMER AANHANGIG WAREN: 1965-HEDEN

1965-1974:		5
1975-1984:		4
1985-1994:		10
1995-2004:		21
2005- :		15

Bron: website Eerste Kamer (peildatum 8 juli 2015).

van het voorstel tot grondwetsherziening inzake het brief-, telefoon- en telegraafgeheim, een voorstel waarover de Eerste Kamer erg kritisch was.[7]

Voorbereiding door commissies
De plenaire behandeling van wetsvoorstellen wordt voorbereid in commissieverband. Het Reglement van Orde is hierover vrij uitvoerig.[8] De praktijk van commissievergaderingen is in hoofdstuk 4 reeds besproken. Formeel deelt de Voorzitter een wetsvoorstel toe aan één of meer vaste (of eventueel bijzondere) commissies. De voorbereiding van wetsvoorstellen kan uit verschillende fasen bestaan. Omdat de vergadertijd ontbreekt voor mondeling wetgevingsoverleg zoals de Tweede Kamer dat kent, vindt vaak schriftelijk overleg in twee rondes plaats. Gebruikelijk is dat een commissie eerst een voorlopig verslag uitbrengt en na lezing van de memorie van antwoord besluit door te vragen in een nader voorlopig verslag. Wanneer de commissie een verslag uitbrengt in plaats van een voorlopig verslag, spreekt daar het vertrouwen uit dat na ontvangst van de antwoorden van de regering de plenaire behandeling voldoende is voorbereid.

Vergadering van de commissie voor VWS in commissiekamer 3 in 2015.

Bij het leveren van inbreng brengen de leden datgene ter tafel wat zij in het verslag of voorlopig verslag opgenomen willen zien. De commissiegriffier of een stafmedewerker bewerkt de ontvangen inbreng tot één geheel. Als vanuit de commissie geen vragen en opmerkingen (meer) worden gemaakt, brengt zij (blanco) eindverslag uit. Hierna is een wetsvoorstel rijp om op de plenaire agenda geplaatst te worden. Zijn alle fracties van oordeel dat de regering afdoende heeft geantwoord, dan zal de commissie voorstellen dat het wetsvoorstel als hamerstuk wordt afgedaan. In de andere gevallen wordt een datum voorgesteld voor plenair debat.

Voor wetsvoorstellen die in de Tweede Kamer zonder beraadslaging en zonder stemming zijn aanvaard, is een vereenvoudigde procedure in het leven geroepen. Deze voorstellen worden op een zogenaamde termijnbrief geplaatst. Als geen van de leden binnen de gestelde termijn, die minimaal tien dagen moet omvatten, verzoekt alsnog een inbrengvergadering te houden, brengt de commissie blanco eindverslag uit en zal zo'n wetsvoorstel gewoonlijk als hamerstuk worden afgedaan. Ook in andere gevallen kan een commissie in het eindverslag aangeven dat het wetsvoorstel wat haar betreft als hamerstuk kan worden afgedaan, of dat zij beraadslaging niet nodig acht maar wel een stemming wenst.

Plenaire behandeling

Nadat de voorbereiding van een wetsvoorstel is voltooid, plaatst de Voorzitter het op de plenaire agenda van de Kamer.[9] De datum wordt veelal voorgesteld door de betrokken commissie, waarna wordt nagegaan of de minister of staatssecretaris of de verdedigers van een initiatiefwetsvoorstel dan beschikbaar zijn. De Voorzitter wordt hierbij ook geadviseerd door het College van Senioren, het wekelijkse beraad van de fractievoorzitters met de Voorzitter en Ondervoorzitters van de Kamer.

De gang van zaken tijdens de plenaire vergadering is reeds in hoofdstuk 4 belicht. Artikel 67, eerste lid, Grondwet bepaalt dat de plenaire vergadering pas kan aanvangen als er sprake is van een quorum: meer dan de helft van aantal zitting hebbende leden (dus 38) moet aanwezig zijn om te kunnen beraadslagen en besluiten. Dit wordt vastgesteld aan de hand van de presentielijst. De beraadslaging gaat in de regel in twee termijnen; een derde termijn vindt alleen plaats als de Kamer hiervoor verlof geeft. Bij de plenaire behandeling gaat het meestal alleen over zaken die al bij de voorbereiding in commissieverband aan de orde zijn geweest. Er kunnen echter ook andere kwesties worden aangesneden, zolang deze betrekking hebben op het onderwerp dat in behandeling is. Als de leden nieuwe zaken willen bespreken, kunnen zij de minister tevoren daarvan op de hoogte stellen, zodat de laatste dat in de (ambtelijke) voorbereiding van het dossier kan laten meenemen.

Stemming

Aan het eind van het debat sluit de Voorzitter de beraadslaging over het wetsvoorstel en stelt de stemming aan de orde, een onderwerp dat ook in het vorige hoofdstuk al aan de orde kwam.[10] Als hoofdregel geldt dat het wetsvoorstel zonder stemming is aanvaard als geen van de leden om stemming heeft verzocht. Als er wel wordt gestemd, zal dat meestal gebeuren in de eerstvolgende vergadering na het debat. Voorafgaand aan de stemming kunnen de leden een korte stemverklaring afleggen. Dit zal dan worden gedaan door de woordvoerder in naam van zijn of haar fractie. Hoewel volgens het Reglement van Orde hoofdelijke stemmingen de regel zijn, komen zij in de praktijk maar weinig voor en wordt doorgaans

QUORUM

Het quorum is het minimaal aantal leden van een orgaan dat aanwezig moet zijn om te kunnen vergaderen en besluiten te kunnen nemen. Voor de Eerste Kamer is het quorum 38 leden.

Plenair debat op de laatste vergaderdag voor het zomerreces in 2011.

bij zitten en opstaan gestemd. Hierbij wordt uitgegaan van fictieve aanwezigheid van de leden en de veronderstelling dat fracties geacht worden unaniem te stemmen.

Een wetsvoorstel is aangenomen als een gewone meerderheid voorstemt, tenzij de Grondwet bepaalt dat er een versterkte meerderheid nodig is. Dat is bijvoorbeeld het geval bij de goedkeuring van verdragen die bepalingen bevatten welke afwijken van de Grondwet (artikel 91, derde lid), bij een grondwetsherziening in de tweede lezing (artikel 137, vierde lid) en bij wetsvoorstellen die geldelijke voorzieningen, zoals vergoedingen of pensioenen, voor leden en oud-leden van de Kamers regelen (artikel 63). Bij deze bepalingen geldt dat de Kamers een voorstel alleen kunnen aannemen met ten minste twee derden van het aantal uitgebrachte stemmen. Aangezien de Grondwet spreekt van 'uitgebrachte stemmen', worden de genoemde voorstellen altijd daadwerkelijk in stemming gebracht, ook als er geen plenaire beraadslaging plaatsvindt.

Als een wetsvoorstel zonder stemming is aanvaard of geagendeerd staat om als hamerstuk af te doen, kunnen leden 'aantekening' vragen. Hierbij wordt in het officiële verslag opgenomen dat zij tegen het voorstel zouden hebben gestemd wanneer het op stemming zou zijn aangekomen. Het vragen van aantekening wordt kenbaar gemaakt door handopsteken. Een aantekening wordt niet met redenen omkleed.

De Voorzitter van de Eerste Kamer ondertekent een aangenomen wetsvoorstel.

INTERVIEW MET TWEEDE KAMERLID MARIANNE THIEME

"DE EERSTE KAMER VERDIENT EEN HERBEZINNING OP HAAR TAAK"

KORTE BIOGRAFIE

Marianne Thieme is sinds 30 november 2006 lid van de Tweede Kamer. Zij is daar voorzitter van de fractie van de Partij voor de Dieren. Een door haar geschreven wetsvoorstel over verplichte voorafgaande bedwelming bij ritueel slachten werd door de Tweede Kamer met 116 tegen 30 stemmen aangenomen, maar door de Eerste Kamer met 21 tegen 51 stemmen verworpen. De meerderheid in de Eerste Kamer achtte het voorstel in strijd met de godsdienstvrijheid.

Marianne Thieme

Hoe heeft u in het algemeen de schriftelijke en mondelinge behandeling in de Eerste Kamer ervaren?

Het was een goed debat, alhoewel het me verbaasd heeft dat de stemverhoudingen zo sterk afweken van de Tweede Kamer. En het is moeilijk daar een verklaringsgrondslag voor te vinden. De inhoudelijk gewisselde argumenten geven daar geen verklaring voor. De Eerste Kamer lijkt zich wel erg op sleeptouw te hebben laten nemen door het voorstel waarmee de staatssecretaris van Economische Zaken, Landbouw en Innovatie letterlijk te elfder ure kwam (het sluiten van een convenant met de vereniging van slachterijen en met religieuze organisaties). De door hem voorgestelde verbetering is in de praktijk op geen enkele wijze gebleken.

Wat waren de belangrijkste verschillen met de behandeling in de Tweede Kamer?

Er waren in de inhoudelijke argumentatie weinig verschillen. De inhoudelijke afweging was al door de Tweede Kamer gemaakt. Daardoor is het verbazingwekkend dat de Eerste Kamer zonder nieuwe inhoudelijke argumenten tot een geheel andere afweging kwam.

Bent u door de verwerping van uw wetsvoorstel anders over de Eerste Kamer gaan denken?

Ja, de Eerste Kamer verdient een 'renovatie', een herbezinning op haar taak en haar verhouding ten opzichte van de Tweede Kamer.

Vindt u het terecht dat de Eerste Kamer het laatste woord in het wetgevingsproces heeft?

De Eerste Kamer is in het leven geroepen om de rechtmatigheid, uitvoerbaarheid en handhaafbaarheid van wetgeving te toetsen. Het is spijtig dat de Eerste Kamer vaak niet aan die taak toekomt vanwege coalitieafspraken en gedoogconstructies in de Tweede Kamer. Ook de invloed van externe lobbyisten zou idealiter door de Eerste Kamer vermeden moeten worden.

*Marianne Thieme tijdens de behandeling van haar wetsvoorstel
over verplichte verdoving bij ritueel slachten.*

Een aangenomen wetsvoorstel wordt naar het Kabinet van de Koning aan de Korte Vijverberg gebracht.

Eerste Kamer der Staten-Generaal

Vergaderjaar 2010-2011   15 februari 2011

Vragen

Vragen van het lid Ten Hoeve (Onafhankelijke Senaatsfractie) op 15 februari 2011 medegedeeld aan de staatssecretaris van Onderwijs, Cultuur en Wetenschap.

1. Is it just dat it oerlis oer belied foar de kulturele sektor fierd wurde sil mei allinne de njoggen grutte stêden (de G9)?

2. Is it just dat nei oanlieding fan sok oerlis ek de ynfolling fan de troch it regear foarnommen besunigings pleats fine moat?

3. Is de steatssekretaris ek fan miening dat in grut part fan de kulturele ynstellings en it kulturele oanbod yn de provinsje Fryslân direkt te krijen hat mei de taalsituaasje yn de provinsje? As de steatssekretaris mient dat soks net sa is, hoe sjocht hy dat dan wol?

4. Is de steatssekretaris ek fan miening dat alles wat mei de posysje fan de Fryske taal, en dêrmei ek mei de posysje fan de Fryske minderheid, te dwaan hat allinne mar sinfol mei de ynstânsjes yn Fryslân besprutsen wurde kin? En dat de belangen dy't mei de taal anneks binne net behertige wurde kinne troch oaren as troch Fryske ynstânsjes? As de steatssekretaris mient dat soks net sa is, hoe sjocht hy dat dan wol?

5. Is de steatssekretaris ree om oer saken dy't de Fryske kultuer, de Fryske kulturele ynstellings en it Fryske kulturele oanbod betreffe, oer te lizzen mei de provinsje Fryslân en evt. de Fryske gemeenten yn pleats fan mei bygelyks de gemeente Grins?

Senator Ten Hoeve (OSF) stelde in 2011 schriftelijke vragen in het Fries.

Als de Kamer een wetsvoorstel heeft aangenomen, wordt dit doorgegeven aan de regering en de Tweede Kamer, waarna de ondertekening door de Koning, de medeondertekening door een bewindspersoon, de bekendmaking en de inwerkingtreding kunnen plaatsvinden.[11] Deze kennisgeving wordt ook gedaan als een wetsvoorstel is verworpen. In dat geval is het verhaal ten einde; het voorstel kan dan geen wet worden.

Politieke controle

Wat betreft politieke controle gaat de Grondwet wel uit van gelijkwaardigheid tussen Eerste en Tweede Kamer op het terrein van de controlerende bevoegdheden. Een viertal bevoegdheden wordt in de regel daartoe gerekend: het *vragenrecht*, het *interpellatierecht*, het *enquêterecht* en het *begrotingsrecht*. Zeker vergeleken met het direct gekozen deel van de volksvertegenwoordiging vult de Eerste Kamer haar controlerende taak wel anders in.

Vragenrecht

De Grondwet verplicht ministers en staatssecretarissen om de Kamers mondeling of schriftelijk de door één of meer leden verlangde inlichtingen te verschaffen.[12] Sinds 1918 hebben senatoren op grond van het Reglement van Orde de mogelijkheid om schriftelijke vragen aan bewindslieden te stellen.[13] Het indienen van een schriftelijke vraag gaat via de Voorzitter. De Voorzitter bekijkt of tegen de vorm of de inhoud van de vraag geen 'overwegend bezwaar' bestaat, alvorens deze wordt doorgezonden. Zo'n bezwaar kan er bijvoorbeeld zijn als er onwelvoeglijke taal wordt gebruikt, als het betrokken onderwerp binnenkort op de agenda van de Kamer komt of als een vraag al eerder in de Tweede Kamer is gesteld.

Van dit controlemiddel maakt de Eerste Kamer, zeker in vergelijking met de Tweede Kamer, bescheiden gebruik: in de afgelopen 25 jaar schommelt het aantal schriftelijke vragen in de Eerste Kamer tussen een handvol en enkele tientallen per jaar. Aan de overzijde van het Binnenhof werden 25 jaar geleden nog zo'n 750 schriftelijke vragen op jaarbasis gesteld, rond het midden van de jaren negentig van de vorige eeuw is daar sprake van een verdubbeling en de afgelopen jaren zijn getallen tussen 2.500 en 3.000, met uitschieters naar boven, niet ongebruikelijk. Voor beide Kamers geldt dat de meeste vragen afkomstig zijn van leden van de oppositiepartijen. De vragen en de antwoorden worden gepubliceerd als Aanhangsel van de Handelingen.

Anders dan de Tweede Kamer kent de Eerste Kamer geen mondeling vragenuur. De Senaat vindt dit niet passen bij de aard van zijn werkzaamheden. De achterliggende gedachte is dat het politieke primaat bij het direct gekozen deel van de volksvertegenwoordiging ligt en dat een mondelinge variant van het vragenrecht niet goed aansluit bij de politiek terughoudende positie van de Eerste Kamer.

Interpellatierecht

Het recht van interpellatie kan worden gezien als een bijzondere variant van het vragenrecht. Bij een interpellatie worden mondelinge vragen gesteld aan de regering door de interpellant, oftewel het lid dat om de interpellatie heeft verzocht, meestal een lid van een oppositiepartij. Na het mondelinge antwoord van de regering volgt een debat met de Kamer. Aan dat debat kunnen naast de interpellant ook andere leden deelnemen.

Er zijn enkele voorwaarden aan de uitoefening van dit recht verbonden. Zo moet het gaan om een onderwerp dat "vreemd is aan de orde van de dag". Als er wordt geïnterpelleerd, betekent dit dus een doorbreking van de gewone, vastgestelde agenda. Het lid dat een interpellatie wil houden, heeft daarom toestemming van de Kamer nodig. Om parlementaire minderheden niet buitenspel te zetten, wordt die toestemming vrijwel steeds gegeven. Een reden om het gevraagde verlof niet te verlenen, kan bijvoorbeeld zijn dat het onderwerp binnen afzienbare tijd al geagendeerd staat of in de Tweede Kamer al aan de orde komt. Interpellaties hebben doorgaans betrekking op onderwerpen die ineens zijn opgekomen en spoedeisend en politiek gevoelig zijn.

Vanwege de politiek terughoudende positie in het staatsbestel komen interpellaties in de Eerste Kamer maar weinig voor: na 1945 zijn er 26 interpellaties gehouden, waarvan 11 in de afgelopen 25 jaar. In hoofdstuk 1 is al gememoreerd dat de positionering van de Eerste Kamer in het staatsbestel drie opeenvolgende keren het onderwerp van interpellatie is geweest. Dat was het geval in 1990 bij de interpellatie-Schuurman (RPF), in 1996 bij de interpellatie-De Boer (GroenLinks) en ten slotte in 1999 bij de interpellatie-Schuurman (RPF/GPV) over de rol van de Eerste Kamer bij de kabinetscrisis die volgde op de zogeheten Nacht van Wiegel.

Minister-president Balkenende werd in 2004 geïnterpelleerd in de Eerste Kamer over een brief van prins Bernard gepubliceerd in de Volkskrant.

Enquêterecht

Naast het vragen- en interpellatierecht heeft de Kamer nog een bijzonder en zwaar wapen om inlichtingen in te winnen: het recht van enquête. In 1848 kende de grondwetgever het alleen aan de Tweede Kamer toe; de Eerste Kamer en de Verenigde Vergadering volgden in 1887. Dit recht is uitgewerkt in de Wet op de parlementaire enquête en in het Reglement van Orde.[14] Een voorstel tot het instellen van een enquête kan worden ingediend door één of meer leden, of door een commissie. In beide gevallen dient de Kamer bij meerderheid met het voorstel in te stemmen; ons land kent geen minderheidsenquête en twee pogingen deze mogelijk te maken zijn in de Eerste Kamer gesneuveld (in 1982 en 1986). Bij een positieve beslissing over het voorstel wordt de uitvoering van het onderzoek opgedragen aan een bestaande commissie of een daartoe in te stellen commissie. Na afloop brengt de commissie verslag uit van haar bevindingen aan de Kamer, die daarover zal debatteren.

Wat een enquête tot een bijzonder en zwaar wapen maakt, is dat niet alleen ministers maar álle personen, dus ook ambtenaren en 'gewone' burgers, verplicht zijn gehoor te geven aan een uitnodiging om voor een enquêtecommissie te verschijnen. Zij moeten op gestelde vragen antwoorden en ook overigens alle gewenste medewerking verlenen. Vaak gaat het bij enquêtes over onderwerpen waarover politieke en maatschappelijke beroering is ontstaan. Tot dusverre heeft de Eerste Kamer nog nooit tot het houden van een enquête besloten en is slechts één keer een voorstel daartoe in stemming gebracht (en verworpen). Dat was aan het begin van de jaren tachtig van de vorige eeuw en het ging toen om een voorstel van de leden Mol (PvdA), Trip (PPR) en Vis (D66) tot het doen van onderzoek naar een wetsontwerp ter goedkeuring van internationale overeenkomsten inzake terugzending van radioactief afval.[15]

Dat de Eerste Kamer geen enquêtes op haar naam heeft staan, hoeft volgens sommigen geen grote verbazing te wekken. De vergadertijd van de Kamer is beperkt is en de leden zijn parttime politici, terwijl enquêtes zeer tijdrovend zijn. Een ander, mogelijk nog belangrijker argument dat wel wordt genoemd: een enquête zou zich niet goed verdragen met de wetgevende bevoegdheden van de Kamer en evenmin met haar politiek terughoudende positie. De Kamer mist immers het recht van initiatief. Om die reden zou het minder goed bij haar passen om onderzoek in te

De parlementaire onderzoekscommissie spreekt met Herman Tjeenk Willink, voormalig vice-president van de Raad van State en oud-Voorzitter van de Eerste Kamer.

stellen dat ertoe strekt om na te gaan of er nieuwe wetgeving moet worden geïnitieerd. De praktijk wijst daarnaast uit dat bij de afwikkeling van enquêtes regelmatig de vertrouwensvraag en dus het politieke voortbestaan van bewindspersonen aan de orde is, en dit argument wordt ook wel beluisterd bij het pleidooi om enquêtes aan de Kamer met het politieke primaat over te laten.

Naast parlementaire enquêtes kan de Eerste Kamer ook 'gewone' parlementaire onderzoeken houden, waarbij geen dwangbevoegdheden op basis van de Wet op de parlementaire enquête kunnen worden uitgeoefend. Zulke parlementaire onderzoeken komen weinig voor. Na een klein onderzoek in 1962 naar onregelmatigheden in de Europese handel in schroot werd in 2011 een tweede parlementair onderzoek ingesteld naar de parlementaire besluitvorming over de privatisering en de verzelfstandiging van overheidsdiensten.[16] Dit was wel een substantieel onderzoek, dat een rapport van enkele honderden pagina's opleverde. De parlementaire onderzoekscommissie (POC), geleid door senator Kuiper (ChristenUnie), leverde niet alleen een uitgebreide analyse af, maar stelde ook een besliskader op dat door regering en parlement kan worden gebruikt om toekomstige privatiseringen en verzelfstandigingen structureel aan te pakken en in goede banen te leiden. De Eerste Kamer heeft hiermee laten zien dat zij in staat is om grote onderzoeken uit te voeren en dat het houden van een enquête wat dat betreft dus wel degelijk tot de mogelijkheden kan behoren.

Koffertje met de Rijksbegroting voor het jaar 2014.

Begrotingsrecht
De Grondwet bepaalt dat de rijksbegroting bij de wet wordt vastgesteld.[17] Hierin komt de autorisatiefunctie van de begroting tot uitdrukking: het doen van uitgaven door de regering is gebonden aan de voorafgaande machtiging van het parlement dat moet instemmen met de begrotingswetten.[18]

Nadat de Koning op Prinsjesdag, de derde dinsdag van september, de troonrede heeft uitgesproken, begint de parlementaire behandeling van de rijksbegroting.[19] Net als bij 'gewone' wetsvoorstellen gaan de begrotingshoofdstukken eerst langs de Tweede Kamer en pas daarna langs de Eerste Kamer. Mede op basis van een Europese verordening bestaat de verplichting begrotingshoofdstukken vast te stellen voor het begrotingsjaar van start gaat, waarbij de Eerste Kamer pas in de maand december aan zet is. Maar voordat de Eerste Kamer deze in behandeling neemt, heeft zij naar aanleiding van de troonrede, de miljoenennota en de ingediende begrotingshoofdstukken al tweemaal met de regering op hoofdlijnen van gedachten gewisseld. Dat gebeurt tijdens de Algemene Politieke Beschouwingen, die meestal in de tweede helft van oktober worden gehouden, en vervolgens tijdens de Algemene Financiële Beschouwingen, die de laatste jaren doorgaans in november plaatsvinden.

De Algemene Politieke Beschouwingen in 2012.

De behandeling van begrotingshoofdstukken kan allereerst gaan volgens
de procedure van 'gewone' wetsvoorstellen. Dat betekent behandeling
in twee fasen: schriftelijke voorbereiding in commissieverband, gevolgd
door plenaire behandeling. Begrotingshoofdstukken worden gewoonlijk zonder stemming aanvaard.[20] De Kamer kan er ook voor kiezen,
en dat doet zij wegens eindejaarsdrukte in de praktijk veelvuldig, een
begrotingshoofdstuk administratief af te handelen. Hierbij wordt een
begrotingshoofdstuk zonder schriftelijke voorbereiding en zonder debat
behandeld: na opstelling van een blanco eindverslag kan het betreffende
begrotingshoofdstuk als hamerstuk worden afgedaan. Wel maakt het
Reglement van Orde bij de administratieve afhandeling het voorbehoud
dat de Kamer in de loop van het begrotingsjaar een beleidsdebat met
de verantwoordelijke minister kan laten plaatsvinden,[21] maar als zo'n
debat wordt gehouden, heeft dat geen gevolgen voor de al aangenomen
begroting.

Soms lukt het niet om de parlementaire behandeling van een begrotingshoofdstuk vóór 1 januari van het begrotingsjaar af te ronden. Dan biedt
de Comptabiliteitswet een regeling die de verantwoordelijke minister
de bevoegdheid verleent om tot een maximum van vier twaalfde van
de vorige begroting verplichtingen aan te gaan en voor het doen van
uitgaven te beschikken over de bedragen die in het nog aanhangige
begrotingshoofdstuk zijn geraamd.[22] Als een begrotingshoofdstuk onver-
hoopt wordt verworpen, dan kan gesteld worden dat deze regeling benut
kan worden om binnen vier maanden een herzien voorstel aanvaard te
krijgen. Zou dat niet lukken dan zijn verdere uitgaven nadien in strikt
juridische zin onrechtmatig. Het parlement heeft in die situatie immers
geen machtiging tot het doen van uitgaven afgegeven.

Het Berlaymontgebouw van de
Europese Commissie in Brussel.

Ook Europa is belangrijk als het gaat om de voorbereiding van een
begrotingsjaar, omdat de economieën van de lidstaten zwaar met elkaar
verweven zijn. Sinds 2011 vindt coördinerend overleg plaats in het
zogeheten Europees Semester. Het Europees Semester is een jaarlijkse
cyclus voor de afstemming van het economische beleid van de lidstaten
van de Europese Unie die de euro als munt hebben. Deze cyclus begint
met een uiteenzetting van de Europese Commissie tegen het eind van
een kalenderjaar van de economische ramingen en prioriteiten van de
afzonderlijke lidstaten. In het daaropvolgende voorjaar, dus nog voordat
de nationale begrotingsbehandeling plaatsvindt, moeten de lidstaten hun
stabiliteitsprogramma's en hun begrotingsplannen voor de middellange
termijn aan Brussel voorleggen. Deze plannen worden voor de zomer
door de Europese instellingen beoordeeld, waarna elk lidstaat een reeks
aanbevelingen van de Raad krijgt. In de tweede helft van het jaar is er een
nationaal semester. Bij het opstellen van de nationale begroting moeten
de lidstaten rekening houden met de ontvangen aanbevelingen. De Europese Commissie becommentarieert in de maand november de ingediende

INTERVIEW MET SENATOR ROEL KUIPER

"DE EERSTE KAMER IS ZEKER GESCHIKT OM 'GEWOON' PARLEMENTAIR ONDERZOEK TE VERRICHTEN"

Hoe kijkt u achteraf aan tegen het gekozen instrumentarium (onderzoek in plaats van enquête)?

Toen de Eerste Kamer besloot een parlementair onderzoek in te stellen naar de besluitvorming met betrekking tot de privatisering en verzelfstandiging van overheidsdiensten, deed zich de vraag voor op welke wijze de Eerste Kamer hieraan inhoud zou kunnen geven. De Eerste Kamer beschikt over het recht op enquête, maar voor iedereen was duidelijk dat gebruikmaking van dit recht zou moeten passen bij de positie en rol van de Eerste Kamer in het staatsbestel. Dat betekende: geen duplicaat van wat de Tweede Kamer ook kan doen. Ook speelde mee dat de Eerste Kamer voor het eerst extensief gebruik zou maken van dit recht. Mede daarom werd besloten tot een onderzoek, waarbij op te roepen personen niet onder de ede gehoord zouden worden.

De onderzoekscommissie heeft zich daarna beraden op de aard van het te ondernemen onderzoek en besloot dat het type onderzoek dat zij wilde verrichten 'wetgevingsonderzoek' zou zijn. Dat sloot aan bij de opdracht die zich van meet af aan richtte op de parlementaire besluitvorming. De onderzoekscommissie vond ook dat onderzoek dat zich richt op de totstandkoming van wetgeving het beste past bij de positie en rol van de Eerste Kamer en zich onderscheidt van meer politieke enquêtes en onderzoeken, zoals de Tweede Kamer die doorgaans uitvoert.

In het onderzoek zijn hoofdrolspelers uit diverse sectoren door de commissie gehoord. De hoorzittingen – meestal individueel, soms ook collectief – waren openbaar en dat maakte dat gespreksdeelnemers zich niet alleen coöperatief betoonden, maar ook goed beslagen ten ijs kwamen. Voor het doel van het onderzoek was dit een geëigend instrument.

KORTE BIOGRAFIE

Roel Kuiper (ChristenUnie) is sinds 12 juni 2007 lid van de Eerste Kamer en sinds 7 juli 2011 fractievoorzitter. Hij was voorzitter van de Parlementaire Onderzoekscommissie Privatisering/Verzelfstandiging Overheidsdiensten (POC).

Roel Kuiper

De Parlementaire Onderzoekscommissie Privatisering/Verzelfstandiging Overheids-
diensten (POC). V.l.n.r. de senatoren Terpstra (CDA), De Lange (OSF), Ter Horst (PvdA),
Kuiper (ChristenUnie), Vos (GroenLinks), De Grave (VVD) en Vliegenthart (SP).

Is de Eerste Kamer geschikt voor het houden van een onderzoek/
enquête, of is dit toch meer een aangelegenheid voor de Tweede
Kamer?
De Eerste Kamer is zeker geschikt om 'gewoon' onderzoek te verrichten.
Wij hebben als commissie de aanbeveling gedaan dat de Eerste Kamer
dit instrument vaker benut. De Eerste Kamer kan op die manier vragen
en thema's agenderen die aansluiten bij de eigen optiek met betrekking
tot staatkundige kwesties of observaties aangaande de wetgeving in het
algemeen.

Bij de vraag of de Eerste Kamer is ingericht voor het houden van enquêtes
aarzel ik. Bij een enquête zal de publicitaire aandacht zeer groot zijn en
zal er qua inzet en tijdsbeslag nog meer van de commissieleden worden
gevraagd. Het kan, maar dan moet er wel een heel sterke politieke wil zijn
om een enquête te houden.

In het verlengde van de vorige vraag: het onderzoek leverde een rapport op van enkele honderden pagina's. Had u op voorhand voorzien dat het onderzoek zo'n omvang zou krijgen, en hoe hebben u en de overige commissieleden, toch deeltijdpolitici, dit kunnen realiseren?
Het onderzoek leverde twee rapporten op: een beknopt gehouden hoofd-rapport, waarin de commissie een eigen betoog hield met conclusies en aanbevelingen, en een omvangrijk deelrapport met de casusstudies. Dat laatste rapport is geschreven door een onderzoeksgroep van inge-huurde deskundigen die, onder verantwoordelijkheid van de commissie, op deelterreinen de parlementaire besluitvorming heeft geanalyseerd.

Dat leidde tot een beeld dat is verfijnd en aangevuld door besloten en openbare gesprekken, onder meer verdere literatuurstudie en uiteindelijk tot een hoofdrapport. Commissieleden hebben meegedacht en -gelezen bij de deelstudies, de commissie heeft vervolgens de teksten voor het hoofdrapport samengesteld. Ook is er een 'besliskader' opgesteld. Het tijdsbeslag was aanzienlijk en verdeelde zich over drie hoofdactiviteiten: meelezen met deelonderzoeken, voorbereiden en uitvoeren van openbare en besloten gesprekken, en vergadertijd.

Zijn er volgens u nog onderwerpen die zich lenen voor toekomstig onderzoek/enquête door de Eerste Kamer?
De commissie heeft naar aanleiding van het voorbeeld van het Britse Hogerhuis uitgesproken dat het heel goed zou zijn als de Eerste Kamer dit type onderzoek van tijd tot tijd herhaalt en zich daarbij richt op wetge-vingsonderzoek. De keuze van thema's zou moeten liggen op het vlak van wetgeving of het aansnijden van politiek-staatkundige kwesties die meer complex zijn, zich over een langere periode voordoen en om richting en oplossing vragen. In het Hogerhuis heten dit de *long-term issues*.

Ons onderzoek is hier een goed voorbeeld van. Het doel moet zijn dat het parlement toont dat het een lerend vermogen heeft en zich bekommert om de kwaliteit, aard en uitkomst van parlementaire besluitvorming. Wij hebben opgemerkt dat burgers dit een positief aspect vonden van dit onderzoek. Nieuwe onderwerpen die wellicht in aanmerking komen, zijn onder meer de inrichting en werking van het Nederlandse zorgstelsel, de vormgeving van de Nederlandse defensie (in het licht van het huidige bezuinigingsbeleid en toekomstige opgaven), de relatie van het Neder-landse parlement tot de organen van de Europese Unie of de vormgeving van de Rijksdienst en het openbaar bestuur in het licht van Europese ontwikkelingen.

begrotingen en kan zelfs aanpassingen verlangen van lidstaten die buitensporige begrotingstekorten hebben. Uiteindelijk is de laatste stem aan de nationale wetgever, maar mogelijk dus onder dreiging van een Europese boete.

Beïnvloedingsmogelijkheden

De Eerste Kamer kan wetsvoorstellen formeel alleen aanvaarden of verwerpen, maar beschikt in de praktijk over een aantal middelen om invloed uit te oefenen en een wetsvoorstel in de door haar gewenste vorm uitgelegd of zelfs aangepast te krijgen.

Interpretatie

Met name de rechterlijke macht valt vaak terug op de behandeling in de Eerste Kamer om opheldering te krijgen over de beoogde wijze van interpretatie van een wet. In de Eerste Kamer is het wetsvoorstel immers niet langer aan amendering onderhevig en ligt de focus dus ook op de vraag hoe een wetsvoorstel – gegeven de voorliggende tekst – in de praktijk uit zal pakken. Hoeveel rek zit er in de tekst van de wet? Is de wet uitvoerbaar, komen bepaalde groepen niet in de knel, zijn de rechtsbegrippen en definities eenduidig en afgestemd op andere gangbare rechtsbegrippen of wordt er juist bewust afgeweken, worden in het overgangsrecht bepaalde gevallen ontzien? In de schriftelijke behandeling van een wetsvoorstel komen dergelijke vragen al aan de orde, waarna die beoogde interpretatie in een debat regelmatig wordt fijngeslepen.

Novelles en reparatievoorstellen

Een wetsvoorstel dat bij de Eerste Kamer is aangeland kan niet meer gewijzigd worden. Alleen bij heel kleine redactionele wijzigingen kan reparatie geschieden door middel van een nota van verbetering. Bij de Kamer ligt dus in principe de tekst voor zoals die na aanvaarding in het Staatsblad gepubliceerd zal worden. Aanpassing van een bij de Eerste Kamer aanhangig wetsvoorstel kan dus alleen via een omweg worden bereikt door middel van een novelle, dat wil zeggen een nieuw wetsvoorstel. Bij ernstige bezwaren tegen onderdelen van een wetsvoorstel kan een minister eieren voor zijn geld kiezen en een novelle aankondigen. Daarna schort de Kamer de behandeling op, in afwachting van het nog in te dienen wijzigingsvoorstel, dat het oorspronkelijke wetsvoorstel verbetert of aanvult. Is deze novelle door de Tweede Kamer aanvaard, dan wordt zij meestal samen met het oorspronkelijke wetsvoorstel door de Eerste Kamer afgehandeld. Beide wetten worden dan tegelijk van kracht. Een variant hierop is dat het wetsvoorstel wel wordt aanvaard, maar dat bekendmaking en inwerkingtreding achterwege blijven in afwachting van een toegezegd reparatievoorstel. Als een bezwaar weliswaar zwaarwegend, maar niet doorslaggevend is, kan de Kamer erop aandringen dat

ARTIKEL 85 GRONDWET

De eerste zin van dit artikel luidt: "Zodra de Tweede Kamer een voorstel van wet heeft aangenomen of tot indiening van een voorstel heeft besloten, zendt zij het aan de Eerste Kamer, die het voorstel overweegt zoals het door de Tweede Kamer aan haar is gezonden."

de verantwoordelijke bewindspersoon het onderdeel in een wijzigingswet alsnog aanpast. In de tussentijd kan de behandeling van het wetsvoorstel wel worden afgerond. Deze reparatievoorstellen op basis van een
(politieke) toezegging worden ook vaak als novelle aangeduid.[23]

De Senaat kan zowel om inhoudelijke als wetstechnische redenen novelles en reparatievoorstellen uitlokken. De technische novelle wordt gezien
als een aanvaardbaar instrument om wetstechnische onvolkomenheden
te corrigeren, zonder dat de Kamer het oorspronkelijke wetsvoorstel
behoeft te verwerpen.[24] De novelle wordt overigens niet alleen door de
Kamer, maar ook door de regering – en een enkele keer door de initiatief-
nemers uit de Tweede Kamer – ingezet om een wijziging van een bij de
Senaat aanhangig wetsvoorstel te realiseren. Vrijwel altijd betreft het
dan wetstechnische aanpassingen, maar een enkele keer gaat het om een
inhoudelijke novelle, bijvoorbeeld als gevolg van gewijzigd regeringsbeleid. Een voorbeeld hiervan is de door de regering op eigen initiatief
ingediende novelle Herzieningswet toegelaten instellingen volkshuisves-
ting, waarmee het oorspronkelijke wetsvoorstel inhoudelijk ingrijpend
gewijzigd werd.[25]

De mogelijkheid om door aanhouding (en impliciete dreiging van
verwerping) van het oorspronkelijke wetsvoorstel een inhoudelijk
wijzigingsvoorstel af te dwingen, werd door de Kamer onder meer benut
bij de Wet regulering prostitutie en bestrijding misstanden seksbranche.
De behandeling van dit wetsvoorstel werd aangehouden omdat de Kamer
ernstige bezwaren had tegen zowel de registratieplicht voor prostituees
als de vergewisplicht voor klanten (de plicht om na te gaan of een prosti-
tuee geregistreerd is). De minister van Veiligheid en Justitie bleek slechts
tegemoet te willen komen aan het laatste bezwaar en dat alleen door de
betreffende bepaling niet in werking te laten treden – dus zonder de wet
op dit punt te willen wijzigen. De Senaat schorste hierop voor de tweede
maal de plenaire behandeling. Uiteindelijk ging de minister overstag en
zegde toe beide onderdelen via een novelle uit het wetsvoorstel te zullen
halen.[26]

Als een van de eerste inhoudelijke novelles geldt de aanpassing van de
Machtigingswet inkomensvorming en bescherming werkgelegenheid
uit 1974.[27] De regering zegde toe de door de Kamer gewenste aanpassing
in beginsel te willen bevorderen nadat het oorspronkelijke voorstel tot
wet zou zijn verheven – hiermee is dit geen novelle in de hierboven
geschetste strikte zin – maar wilde voorafgaand daaraan graag de mening
van de Raad van State over 'de staatsrechtelijke toelaatbaarheid van een
dergelijke novelle'. De Raad achtte dit instrument toelaatbaar en tekende
daarbij aan dat het een zaak van beleid is of een bewindspersoon bereid is
de indiening van een wetsontwerp bij de Tweede Kamer te bevorderen.
Wel zou het onjuist zijn als de Eerste Kamer op grote schaal en zonder

*Collage van Twitterberichten over
de behandeling van de Prostitutiewet in de Eerste Kamer in 2012
en 2013.*

terughoudendheid zou gaan aandringen op novelles, omdat er dan in feite sprake zou zijn van een 'verkapt amendementsrecht', aldus de Raad in zijn advies.[28] De regering onderschreef de opvatting van de Raad dat het aan de bewindspersoon is om aan de bedenkingen van de Eerste Kamer tegemoet te komen en dat het daarbij staatsrechtelijk niet doorslaggevend is of het om een technische onvolkomenheid of om een wijziging van politiek belang gaat.[29]

Vanaf het parlementaire jaar 1973/74 tot en met 1982/83 legde de Kamer met vier inhoudelijke novelles de gewenste terughoudendheid inderdaad aan de dag. De volgende drie decennia laten, met respectievelijk twaalf, elf en achttien inhoudelijke novelles, een licht stijgende lijn zien; een trend die zich de komende tien jaar – met drie inhoudelijke novelles in het parlementaire jaar 2013/14 en één in het jaar daarop – mogelijk voortzet.[30] Gelet op het totaal aantal wetsvoorstellen dat de Senaat passeert, wordt echter relatief beperkt gebruikgemaakt van de mogelijkheid om inhoudelijke novelles te vragen.

INHOUDELIJKE NOVELLES VANAF 1973

1973/74-1982/83:		4
1983/84-1992/93:		12
1993/94-2002/03:		11
2003/04-2012/13:		18
2013/14- :		4

Bron: website Eerste Kamer (peildatum 8 juli 2015).

Toezeggingen

Om een wetsvoorstel aanvaard te krijgen door de Kamer doet de regering regelmatig toezeggingen. Wanneer de Kamer bijvoorbeeld bedenkingen heeft over de uitvoerbaarheid of handhaafbaarheid wordt er vaak een periodieke monitoring of een evaluatie toegezegd, om na te gaan of de wet wel uitpakt zoals beoogd door de regering.

Het begrip toezegging is een verzamelbegrip waar beloftes van allerlei strekking onder kunnen vallen. Dit kan variëren van de belofte om een onderdeel van de wet te repareren door middel van een wetswijziging, het (voorlopig) niet in werking te laten treden van bepaalde artikelen,

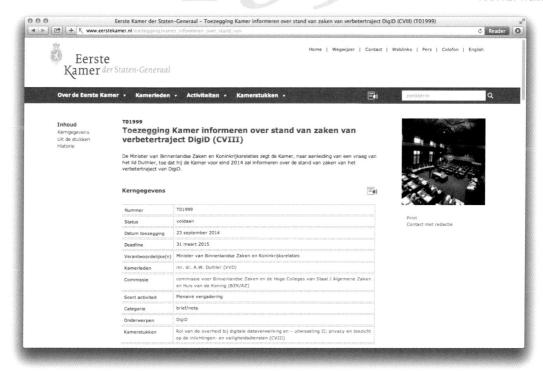

Een voorbeeld van een toezegging op de website van de Eerste Kamer.

het organiseren van een voorlichtingscampagne, tot de belofte om een onderwerp nader uit te werken in lagere regelgeving, te betrekken bij een evaluatie of aan te roeren in een gesprek met betrokken instanties. Een toezegging hoeft dus niet per se te leiden tot een concreet resultaat, zoals een brief, rapportage of wetsvoorstel, maar behelst ook de verzekering van een bewindspersoon om iets te doen of juist na te laten.

Sinds 2003 worden de toezeggingen geregistreerd en op de website van de Eerste Kamer geplaatst. Daar zijn inmiddels ruim 2.000 toezeggingen van allerlei aard te vinden. De toezeggingen die nog niet zijn nagekomen, worden regelmatig onder de aandacht van de verantwoordelijke bewindspersoon gebracht. De reactie op een toezegging wordt in de betreffende commissie besproken, wat soms tot aanvullende vragen en opmerkingen leidt. Het door de Kamer beoogde resultaat wordt echter niet altijd bereikt. Zo zag de regering na negatief advies van de Raad van State alsnog af van de toegezegde algemene maatregel van bestuur op grond waarvan uitkeringsinstanties verplicht zouden worden om een protocol voor het afleggen van huisbezoeken op te stellen.[31] Door tijdverloop kan de nakoming van een toezegging in een ander daglicht komen te staan. Ook bij het aantreden van een nieuw kabinet komt de vraag aan de orde of de nieuwe bewindslieden alle nog openstaande toezeggingen onverkort willen uitvoeren.

Moties

Een volgend instrument dat de Eerste Kamer kan inzetten ter compensatie van het ontbreken van formele sturingsmogelijkheden is de motie. Moties hebben in dat geval tot doel om invloed uit te oefenen op de wetgevingsprocedure of op de uitkomst daarvan. Enkele voorbeelden kunnen dit verduidelijken. Op 7 februari 2012 debatteerde de Kamer met de minister van Binnenlandse Zaken en Koninkrijksrelaties over het advies van de Staatscommissie Grondwet. De Kamer nam een week later twee moties aan, waarin de regering werd verzocht bepalingen in de Grondwet op te nemen: de motie-Engels (D66) c.s. over een algemene bepaling in de Grondwet waarin wordt uitgedrukt dat Nederland een democratische rechtsstaat is[32] en de motie-Lokin-Sassen (CDA) c.s. over een artikel in de Grondwet inzake een algemeen recht op een eerlijk proces voor een onafhankelijke en onpartijdige rechter.[33] In datzelfde jaar, op 5 juni 2012, nam de Kamer de motie-Meurs (PvdA) c.s. aan, die de regering verzocht de wettelijke leeftijdsgrens voor het voorhanden hebben van bier en andere zwak alcoholische dranken te verhogen van zestien naar achttien jaar,[34] iets wat inmiddels een feit is. Naast het initiëren van nieuwe wetgeving wordt de regering in moties ook wel opgeroepen om over te gaan tot aanpassing van voorliggende wetsvoorstellen. Een voorbeeld hiervan is de motie-Beuving (PvdA) c.s., ingediend en aangenomen tijdens de behandeling van het wetsvoorstel herziening gerechtelijke kaart, waarin de regering werd verzocht het volgens de Kamer te grote nieuwe arrondissement Oost-Nederland te splitsen in de arrondissementen Gelderland en Overijssel en daartoe met spoed een wetsvoorstel in te dienen.[35]

De betekenis van (inhoudelijke) moties op de wetgevingsfunctie is overigens bescheiden. Dat is allereerst in kwantitatief opzicht. Moties – ongeacht de inhoud – worden in vergelijking met de Tweede Kamer terughoudend gebruikt. Werden er in 2013-2014 in die Kamer maar liefst 2.795 moties ingediend, waarvan er 783 werden aangenomen, in de Senaat ging het om 83 ingediende moties, waarvan er 31 werden aangenomen, en van die laatste categorie is slechts een beperkt aantal gebruikt als instrument van wetgeving.[36] Daarnaast zijn ministers niet verplicht om moties uit te voeren; een motie heeft uitsluitend politieke betekenis, er gaat geen juridische binding van uit. Moties in de Eerste Kamer lijken overigens vaker navolging te krijgen dan in de Tweede Kamer.[37] De uitvoering van een aanvaarde motie door de regering wordt in de regel gemonitord op commissieniveau. Vindt een commissie dat een motie onvoldoende of niet tijdig uitgevoerd wordt, dan zal zij gewoonlijk in schriftelijk overleg treden met de regering door middel van een brief met vragen van één of meer fracties of van de commissie als geheel.

Naar aanleiding van het advies van de Staatscommissie Grondwet uit 2010 heeft de Eerste Kamer twee belangrijke moties aangenomen.

INGEDIENDE EN AANGENOMEN MOTIES VANAF 2000

2000-2001:			12	6
2001-2002:			19	12
2002-2003:			27	12
2003-2004:			29	10
2004-2005:			12	4
2005-2006:			22	11
2006-2007:			9	6
2007-2008:			32	14
2008-2009:			39	20
2009-2010:			52	18
2010-2011:			55	32
2011-2012:			58	16
2012-2013:			67	30
2013-2014:			83	31
2014-2015:			57	19

Bron: website Eerste Kamer (peildatum 8 juli 2015).

INTERVIEW MET SENATOR THOM DE GRAAF

"DE EERSTE KAMER IS ER NIET VOOR DE SNELLE QUOTE EN DE KEKKE BEELDVORMING"

KORTE BIOGRAFIE

Thom de Graaf (D66) is sinds 7 juni 2011 lid van de Eerste Kamer en sinds 9 juni 2015 fractievoorzitter. Hij was minister voor Bestuurlijke Vernieuwing en Koninkrijksrelaties van 27 mei 2003 tot 23 maart 2005. Hij trad af nadat zijn plannen om de gekozen burgemeester mogelijk te maken niet de vereiste tweederde meerderheid haalden in de Eerste Kamer ('Nacht van Van Thijn').

Thom de Graaf

Heeft het lidmaatschap van de Eerste Kamer u anders doen aankijken tegen dit instituut dan de keren dat u als bewindspersoon ermee te maken had?

Natuurlijk kijk je er anders tegenaan als je zelf lid bent van de Eerste Kamer. Als minister vond ik het in het algemeen heel prettig om in de Eerste Kamer te verschijnen, zowel vanwege de sfeer als vanwege de inhoudelijke focus van de debatten. Die ervaringen hebben beslist eraan bijgedragen dat ik eind 2010 besloot mij te kandideren voor het Eerste Kamer-lidmaatschap. Zelfs de voor mij teleurstellende afloop van het debat van 22 maart 2005 over de deconstitutionalisering van de aanstellingswijze van de burgemeester, die leidde tot mijn aftreden als minister, heeft de Eerste Kamer voor mij niet een beladen instituut gemaakt, integendeel. Maar hoe het is om in die Kamer te functioneren, kom je toch alleen maar te weten als je ook daadwerkelijk er zelf in zit. Je kijkt als het ware van binnenuit, het is je eigen huis waarin je politiek bedrijft en niet een plek waar je te gast bent. Dat is een groot verschil. De functie van de Eerste Kamer heb ik altijd belangrijk gevonden, ook vóórdat ik zelf daarin werd gekozen.

Heeft u, vanuit uw ervaring met beide functies, tips voor toekomstige senatoren of bewindspersonen die een spannend of politiek beladen debat met de Eerste Kamer in het vooruitzicht hebben?

Er is eigenlijk maar één tip, bij welk debat dan ook: bereid je grondig voor en voer het debat op de inhoud. De Eerste Kamer is er niet voor de snelle quote en de kekke beeldvorming. Wie zich er gemakkelijk van wil afmaken of denkt dat politieke handigheid belangrijker is dan inhoudelijke kennis van zaken komt hier bedrogen uit. Ook spannende debatten waar veel van afhangt en waar veel media-aandacht voor is, worden op de inhoud gevoerd. Op de persoon spelen, is uit den boze, gelukkig maar.

In een verder verleden, tussen 1994 en 2003, was u lid van de Tweede Kamer en ook fractievoorzitter daar. Wat zijn volgens u in het oog springende verschillen tussen de Eerste Kamer en de overzijde van het Binnenhof? Zijn de politici gemiddeld genomen ook anders?
Ik zeg weleens dat het debat dat twintig jaar geleden nog wel in de Tweede Kamer werd gevoerd, nu alleen nog maar in de Eerste Kamer kan worden bijgewoond. Het parlement moet een arena zijn waarin idealen en overtuigingen tegenover elkaar worden gesteld, maar ook een volksvergadering waarin compromissen worden gesloten en wetten die burgers binden zorgvuldig worden gewogen en beoordeeld. De Tweede Kamer lijkt vooral het eerste te willen en laat de inhoudelijke beoordeling van wetten vaak aan de 'overzijde' over. Door de enorme media-aandacht zijn Tweede Kamerleden meer gefocust op kortetermijngewin en polarisatie. De selectie van Tweede Kamerleden is daar vaak ook op gericht. In de Eerste Kamer zit veelal een ander slag mensen, iets afstandelijker en iets meer beschouwend. Dat komt ook omdat partijen voor de Senaat daarop selecteren. Vaak zijn het ook iets oudere mensen die al een hele maatschappelijke dan wel politieke loopbaan achter de rug hebben. Die krijgen vanzelf iets 'bedaagds' over zich.

Uw partij zou er voorstander van zijn dat de Eerste Kamer met haar eigen afschaffing instemt. Wat denkt u, komt er nog een boek ter gelegenheid van 250-jarig bestaan van het tweekamerstelsel?
De kans dat de Eerste Kamer nog een mooie toekomst voor de boeg heeft, is behoorlijk groot, ook al pleiten partijen zoals de mijne onder voorwaarden voor opheffing. Ik zie niet dat daar op korte termijn draagvlak voor ontstaat, hoewel het huidige functioneren van het tweekamerstelsel wel ter discussie staat. Dus ja, die herdenking komt er vermoedelijk wel. Het is eerder de vraag of de boekvorm dan nog bestaat.

Thom de Graaf achter het spreekgestoelte.

WET

Een wet in formele zin is een besluit van regering en Staten-Generaal gezamenlijk, genomen volgens de procedure van artikel 82 e.v. Grondwet.

Gedelegeerde regelgeving

In de afgelopen decennia is, als gevolg van een toename van overheidstaken, een forse stijging van het aantal regelingen waarneembaar, waarbij in tal van wetten de bevoegdheid om nadere regels te stellen wordt overgedragen aan lagere organen dan de formele wetgever, zoals de regering bij algemene maatregel van bestuur (hierna: AMvB of besluit) en ministers bij ministeriële regeling. Dit fenomeen, ook wel 'terugtred van de wetgever' genoemd, is niet onomstreden. De legitimiteit van overheidsbesluitvorming ligt immers in belangrijke mate in het meebeslissen door de volksvertegenwoordiging, terwijl de Eerste en Tweede Kamer met het aanvaarden van een wet met (soms verstrekkende) delegatiebepalingen er nu juist mee ingestemd hebben dat zij de bevoegdheid tot meebeslissen niet (langer) hebben.

In de praktijk staan de Kamers bij gedelegeerde regelgeving echter niet helemaal buitenspel: in sommige wetten die delegatiebepalingen bevatten, worden voorbehouden opgenomen die een vorm van 'toezicht' door de Staten-Generaal op de totstandkoming van AMvB's mogelijk maken. Er zijn verschillende typen van zo'n voorbehoud te maken. Enkele daarvan zijn in hoofdstuk 1 reeds aan de orde gesteld. De Eerste Kamer neemt ontwerpbesluiten regelmatig in behandeling, maar wel in mindere mate dan de Tweede Kamer dat doet.

Versterking informatiepositie/consultatie derden Raadpleging andere Hoge Colleges van Staat

Advisering en voorlichting door de Raad van State
Voor een wetsvoorstel bij de Tweede Kamer wordt ingediend, adviseert de Raad van State over het conceptwetsvoorstel. De regering reageert op het advies in het nader rapport. Op het moment van indiening worden zowel het advies als het nader rapport openbaar gemaakt. Ook adviseert de Raad van State over ingediende initiatiefwetsvoorstellen, wetsvoorstellen die door leden van de Tweede Kamer zijn opgesteld. Dit advies van de Raad en de schriftelijke reactie van de indieners worden eveneens openbaar gemaakt door middel van publicatie in de Kamerstukken. De adviezen kunnen benut worden bij de verdere parlementaire behandeling.

Soms heeft de Eerste Kamer tijdens de parlementaire behandeling behoefte aan een beoordeling van bepaalde aspecten of onderdelen van een wetsvoorstel door de Raad van State. Ook kan het parlement de opinie van de Raad van State over een bepaald onderwerp willen vernemen, los van een concreet wetsvoorstel. Sinds de inwerkingtreding van artikel 21a van de Wet op de Raad van State op 1 september 2010 kunnen beide Kamers de Afdeling advisering van de Raad van State rechtstreeks

Paleis Kneuterdijk, onderdeel van het gebouw van de Raad van State.

verzoeken om "voorlichting in aangelegenheden van wetgeving en bestuur". Vóór 1 september 2010 konden de afdelingen van de Raad van State alleen voorlichting geven "op verzoek van Onze Ministers". Indien het parlement destijds te kennen gaf voorlichting te wensen door de Raad van State, kon dat verzoek alleen gehoor krijgen door tussenkomst van de regering.[38] De voorlichting werd gevraagd door en uitgebracht aan de regering; de regering informeerde vervolgens het parlement.

Zoals blijkt uit de hierna genoemde voorbeelden heeft de Eerste Kamer tot nu toe op beperkte schaal gebruikgemaakt van de 'nieuwe' bevoegdheid. In bijna alle gevallen waarin de Eerste Kamer tot nu toe om voorlichting heeft verzocht, betrof het wetsvoorstellen die gedurende de behandeling in de Tweede Kamer (ingrijpend) waren gewijzigd door nota's van wijziging en/of amendementen.

Dat was het geval bij het verzoek van de commissie voor Binnenlandse Zaken en de Hoge Colleges van Staat/Algemene Zaken en Huis der Koningin van 3 februari 2012 over het wetsvoorstel normering bezoldiging topfunctionarissen publieke en semipublieke sector,[39] bij het verzoek van de commissie voor Financiën van 1 maart 2012 over het wetsvoorstel inzake het accountantsberoep[40] en ten slotte bij het verzoek

van 30 september 2014 van de commissie voor Volksgezondheid,
Welzijn en Sport over het wetsvoorstel tot wijziging van de Wet marktordening gezondheidszorg en enkele andere wetten (verbod verticale integratie), in het bijzonder de daarin voorgestelde wijziging van artikel 13
van de Zorgverzekeringswet inzake de zogenaamde 'vrije artsenkeuze'.[41]

Ook kan een voorlichtingsaanvraag een ruimere strekking hebben en
niet direct raken aan een wetsvoorstel. Een voorbeeld is het verzoek van
2 november 2012 van de commissies voor Europese Samenwerkingsorganisaties (ESO) en voor Financiën om voorlichting over de veranke-
ring van de democratische controle bij de hervormingen in het economisch bestuur in Europa ter bestrijding van de economische en financiële
crisis.[42]

ARTIKEL 21A WET OP DE RAAD VAN STATE

Het eerste lid van dit artikel luidt: "De Afdeling advisering dient op verzoek Onze Ministers dan wel een van beide kamers der Staten-Generaal van voorlichting in aangelegenheden van wetgeving en bestuur."

Een voorlichtingsverzoek wordt doorgaans in gang gezet door een commissie. Na plenaire goedkeuring wordt dit verzoek door de Voorzitter
naar de Raad van State gestuurd. De Kamer moet na ontvangst van het
advies zelf zorg dragen voor openbaarmaking en publicatie. Ook na inwerkingtreding van artikel 21a Wet op de Raad van State komt het voor
dat de regering gedurende de parlementaire behandeling, al dan niet na
signalen vanuit de Kamer, besluit de Raad van State om voorlichting te
vragen.[43]

Bijeenkomsten met Algemene Rekenkamer
Waar de Raad van State veelal in beeld komt voordat wetsvoorstellen
worden ingediend en algemene maatregelen van bestuur worden afgekondigd, heeft de Algemene Rekenkamer een grote rol bij het achteraf
controleren of het geld is uitgegeven zoals de bedoeling was, conform
het geformuleerde beleid. Daarvoor moet wel vooraf geregeld zijn dat
de overheid volgens een bepaald stramien rekenschap moet afleggen.
'Woensdag gehaktdag' is inmiddels een bekende uitdrukking die betrekking heeft op het jaarlijks aanbieden van de jaarverslagen en slotwetten
met betrekking tot de begrotingen van de departementen aan het parlement. De Algemene Rekenkamer heeft een wettelijke rol om die jaarverslagen te controleren en stelt rapporten op en bepaalt of een verklaring
van goedkeuring kan worden afgegeven.

Vanuit die expertise kan de Algemene Rekenkamer ook veel melden over
de (te verwachten) uitvoerbaarheid, handhaafbaarheid en controleerbaar-
heid van wetsvoorstellen en Europese voorstellen die in de Eerste Kamer
passeren. De leden beleggen daarom van tijd tot tijd bijeenkomsten met
de president en de overige collegeleden van de Algemene Rekenkamer en
hun ambtenaren om te bekijken waar knelpunten liggen of te verwachten
zijn.

Rapporten van de Algemene Rekenkamer geven inzicht waar de doelmatigheid van het bestuur kan verbeteren en waar er financiële risico's
worden gelopen. Voorbeelden zijn het rapport 'Prestaties in de strafrecht-
keten' van 29 februari 2012, dat bij de begrotingsbehandeling van het
ministerie van Veiligheid en Justitie werd betrokken. Of het rapport
'Risico's voor de overheidsfinanciën' van 21 juni 2012 over de tot
miljardenbedragen uitdijende garanties en de risico's die de Staat loopt
wanneer deze garanties ingeroepen zouden worden. Dit rapport werd
tijdens de Algemene Financiële Beschouwingen 2012 aangehaald, waarbij werd verzocht garanties ook weer af te bouwen, zodra mogelijk; de
motie-Postema (PvdA) c.s. riep de regering op om periodiek inzicht te
geven in de ontwikkeling van al die risico's en de beheersing van die
risico's.[44] Een jaar eerder, in 2011, vloeide de motie-Koffeman (PvdD) c.s.
voort uit de waarschuwing van de Algemene Rekenkamer dat er onvoldoende aandacht was voor publieke verantwoording over de besteding
van de 700 miljard euro die in het Europees Stabiliteitsmechanisme
(ESM) werd gestopt door de lidstaten.[45] Later werd de discussie
hierover voortgezet bij het behandeling van de goedkeuring van het
ESM-verdrag.[46]

Ook brengt de Algemene Rekenkamer jaarlijks een EU-trendrapport uit.
Een voortdurend punt van aandacht daarbij is de gebrekkige verantwoording van de uitgaven in de lidstaten van Europees subsidiegeld. Door
middel van lidstaatverklaringen zouden de lidstaten verantwoording

*Het gebouw van de Algemene
Rekenkamer aan het Lange
Voorhout.*

Het gebouw van de Raad voor de rechtspraak aan de Kneuterdijk.

kunnen afleggen over de wijze van beheer en besteding van EU-geld in eigen land. Maar slechts drie lidstaten, waaronder Nederland, hebben zo'n verklaring afgegeven, en vanuit zowel de Rekenkamer als de Eerste Kamer is herhaaldelijk benadrukt dat dergelijke lidstaatverklaringen EU-breed gangbaar zouden moeten zijn. Ook in de Conferentie van voorzitters van de parlementen van de Europese Unie heeft Voorzitter Broekers-Knol een lans gebroken voor de lidstaatverklaringen, waarbij zij benadrukte dat die noodzakelijk zijn voor een democratische verantwoording van beleid.

Technische briefing, hoorzitting, deskundigenbijeenkomst, symposium

Commissies gaan ook gesprekken aan met andere organisaties. De commissie voor Veiligheid en Justitie spreekt bijvoorbeeld periodiek met de Raad voor de rechtspraak en de Hoge Raad over lopende wetgevingsdossiers of algemeen regeringsbeleid. Daarnaast kan het ingewikkelde karakter van een wetsvoorstel of de samenhang met andere wetsvoorstellen voor een commissie aanleiding zijn om voorafgaand aan de schriftelijke voorbereiding van een wetsvoorstel met deskundigen te spreken.

Het gebouw van de Hoge Raad in de Kazernestraat.

Zo komt het regelmatig voor dat een commissie de minister verzoekt om een technische briefing, waarbij ambtenaren van het ministerie, met zijn toestemming, de wetstechnische aspecten belichten. Ambtenaren beperken zich bij zo'n briefing tot feitelijke gegevens en leggen geen verantwoording af over het gevoerde beleid. Een voorstel voor een technische briefing kan ook uitgaan van het ministerie. Zo'n bijeenkomst is een interne commissieaangelegenheid, waarvan geen verslag wordt gemaakt.

Een commissie die een wetsvoorstel in behandeling heeft, kan op grond van artikel 53 van het Reglement van Orde een hoorzitting houden. Met toestemming van de Voorzitter kunnen personen – na publicatie in de Staatscourant – gehoord worden over een bepaald onderwerp. Hoorzittingen worden in de Eerste Kamer vrijwel nooit in deze setting georganiseerd. Commissies houden vaker deskundigenbijeenkomsten (of expertmeetings) en rondetafelgesprekken om zich te laten informeren over aanhangige wetsvoorstellen, een enkele keer in samenwerking met een externe organisatie. Bij deze informelere varianten op de hoorzitting wordt in de praktijk zoveel mogelijk aangesloten bij het Reglement van Orde. De bijeenkomst wordt op de website van de Eerste Kamer gemeld. Deskundigen van verschillende organisaties worden tegelijkertijd of per onderwerpsblok uitgenodigd en in de gelegenheid gesteld hun positie

Expertmeeting over de Crisis- en Herstelwet in februari 2010.

(schriftelijk en/of mondeling) toe te lichten. De leden stellen vragen aan de genodigden over de onderliggende problematiek en de uitvoerbaarheid van een wetsvoorstel, en er is gelegenheid om met elkaar van gedachten te wisselen.

Deskundigenbijeenkomsten zijn in principe openbaar. Wanneer ze in de plenaire zaal kunnen plaatsvinden, is de publieke tribune toegankelijk en vindt uitzending via internet plaats. Wanneer de bijeenkomst plaats-vindt in een commissiekamer wordt woordelijke verslaglegging geregeld. Het aantal deskundigenbijeenkomsten wisselt van jaar tot jaar, met het parlementaire jaar 2011-2012 als uitschieter met expertmeetings over onder meer de Prostitutiewet, de Nationale Politie, de verhoging van de AOW-leeftijd, de goedkeuring van het Europees Stabiliteitsmechanisme en de Eerste Kamerverkiezingen. Deskundigenbijeenkomsten vinden meestal plaats naar aanleiding van aanhangige wetgeving, maar een enkele keer worden ze om andere redenen georganiseerd, bijvoorbeeld ter voor-bereiding op een beleidsdebat of in het kader van Europese ontwikkelin-gen.

Soms nemen commissies het voortouw om een symposium te organise-ren, waarbij een onderwerp in een breder, vaak Europees of internatio-naal perspectief wordt geplaatst. Met name in 2009 werden door diverse commissies symposia georganiseerd, waaronder het door de commissie voor Financiën georganiseerde symposium 'Tax Justice' en een sympo-sium over de toekomst van de NAVO, op initiatief van de commissie voor Buitenlandse Zaken, Defensie en Ontwikkelingssamenwerking (BDO).

De Mensenrechtencommissaris van de Raad van Europa, Thomas Hammarberg, spreekt tijdens een symposium in de Eerste Kamer in 2009.

Symposia worden niet alleen in commissieverband georganiseerd. Na het 'nee' in het referendum over de 'Europese Grondwet' in 2005 was de Eerste Kamer van mening dat in Nederland al te lang een stilte heerste over Europa. De Senaat besloot naar aanleiding van het vijftigjarig jubileum van de Verdragen van Rome een conferentie te organiseren voor studenten: op 9 maart 2007 waren alle Nederlandstalige universiteiten uit België en Nederland, met meer dan 300 studenten, vertegenwoordigd in de Ridderzaal om met elkaar van gedachten te wisselen over de toekomst van Europa.

Conferentie in de Ridderzaal ter gelegenheid van het vijftigjarig jubileum van de Verdragen van Rome, 9 maart 2007.

Geluiden uit de samenleving

Bij de Eerste Kamer komen wekelijks per post en per e-mail veel berichten binnen van andere overheidsorganen dan de regering, van particuliere instanties en van individuele burgers.

Een enkele keer heeft een ingekomen bericht betrekking op een 'individueel geval', vaak iemand die problemen heeft met de Belastingdienst of met de Immigratie- en Naturalisatiedienst, en als dat het geval is, wordt het bericht door de commissie voor de Verzoekschriften in behandeling genomen.[47] Maar veruit de meeste berichten hebben betrekking op aanhangige wetsvoorstellen of algemeen regeringsbeleid. Deze worden naar de leden van de in aanmerking komende commissie(s) doorgeleid.

Een enkele keer wordt in een commissievergadering een ingekomen brief aan de orde gesteld. Dat zal dan gebeuren op verzoek van een lid of de commissievoorzitter. Verder is het mogelijk dat woordvoerders naar berichten verwijzen bij hun inbreng voor een (nader) voorlopig verslag of schriftelijk overleg met de regering. In dat geval zal het bericht als bijlage bij het Kamerstuk openbaar beschikbaar worden gesteld. Brieven van instanties kunnen commissies aanleiding geven om instanties voor een gesprek uit te nodigen. Vanwege de beperkt beschikbare tijd gebeurt dat echter niet vaak. Wel willen individuele leden nog weleens een afspraak maken waarbij leden van andere fracties welkom zijn om aan te schuiven.

Burgerbrieven worden door de Griffie beantwoord met een standaardbrief, waarin medegedeeld wordt van welke commissie(s) de brief ter kennis is gebracht en dat de leden de inhoud daarvan kunnen betrekken bij hun onderzoek van het wetsvoorstel. Op ongetekende, onbegrijpelijke of beledigende stukken wordt in de regel niet gereageerd.

Als instanties of burgers te kennen geven een petitie te willen aanbieden, wordt daar doorgaans gelegenheid toe geboden. Vaak wordt dan in overleg met de voorzitter van de betreffende commissie een tijdstip afgesproken waarop de petitie kan worden aangeboden.

Senator Sylvester (PvdA) neemt als voorzitter van de commissie SZW een petitie in ontvangst. Links staat senator Elzinga (SP).

INTERVIEW MET OUD-VOORZITTER YVONNE TIMMERMAN-BUCK

"IK ZIE GEEN REDEN OM AAN DE BEVOEGDHEDEN VAN DE KAMER TE TORNEN"

KORTE BIOGRAFIE

Yvonne Timmerman-Buck (CDA) was vanaf 8 juni 1999 lid van de Eerste Kamer. In de periode 2001-2003 was zij fractie-voorzitter van het CDA en van 17 juni 2003 tot 6 oktober 2009 Eerste Kamervoorzitter. Op 10 november 2009 werd tijdens een bijzondere plenaire zitting van de Eerste Kamer afscheid genomen van mevrouw Timmerman-Buck. Sindsdien is zij lid van de Raad van State.

Yvonne Timmerman-Buck

U was ruim 10 jaar lid van de Eerste Kamer en ruim 6 jaar haar Voorzitter: de jongste, de eerste vrij verkozen en de eerste vrouwelijke Voorzitter. Hoe kijkt u terug op uw jaren als Voorzitter? Wat waren de mooiste momenten voor u als Kamervoorzitter?

Het was onder andere mijn streven om de Kamer meer een instituut te doen zijn dan een optelsom van fracties. Zo'n mooi moment beleefde ik dan bij de instemming van de Kamer met debatten, geïnitieerd door de vaste Kamercommissies – dus over politieke grenzen heen – over thema's die niet in de Tweede Kamer aan de orde komen. Bij het debat over de ruimtelijk-economische ontwikkelingen van Nederland bijvoorbeeld, gevoerd met zes bewindspersonen, bleken lacunes in het beleid en tegen-stellingen tussen departementen te bestaan. De VROM-raad heeft naar aanleiding van dat debat nieuwe rapporten uitgebracht.

Verder heb ik destijds een Kamerbrede discussie geïnitieerd over de positie van de Kamer in het licht van het Verdrag van Lissabon. De Eerste en Tweede Kamer kregen dezelfde bevoegdheden, die gelijktijdig konden worden uitgeoefend. Dat leek te schuren met de constitutionele rol van de Eerste Kamer. Een lastig vraagstuk, met uiteraard ook nog verschillende politieke visies op Europese regelgeving. De keuze van de fracties uit drie modellen met een nieuwe, op effectiviteit gerichte werkwijze was unaniem: een prachtig moment.

Dat de Kamer meeging met mijn voorstel tot registratie van toezeggingen die de regering doet, structurele monitoring daarvan en het rappelleren van bewindspersonen door de vaste Kamercommissie vond ik ook een hoogtepunt. Praktijk was dat Kamerleden individueel optraden als een toezegging niet gestand werd gedaan. Want waarom zou je gezamenlijk optreden als niet iedereen de toezegging politiek wenselijk vindt? Door-slaggevend was het argument dat het niet nakomen van een toezegging niet getuigt van respect voor de Kamer. Daarmee manifesteerde de Kamer zich als instituut en won aan kracht. Zaken als de themadebatten, de Europese werkwijze en de toezeggingenregistratie zijn er nog steeds. Ik kijk met dankbaarheid en tevredenheid terug. Ook overigens op het voorzitterschap van het Nationaal Comité voor het Zilveren Regerings-jubileum van Koningin Beatrix, dat ik als Voorzitter van de Verenigde Vergadering vervulde.

U hebt de toegevoegde waarde van de Eerste Kamer altijd met verve verdedigd. Hoe kijkt u nu en als 'buitenstaander' aan tegen de Eerste Kamer?

De huidige situatie waarbij de coalitiepartijen geen meerderheid in de Senaat hebben, heeft bij sommigen geleid tot een problematisering van de Kamer, terwijl de kern van de problematiek niet bij de Kamer ligt. Juist in dit tijdsgewricht van fragmentatie en onzekerheid moet de Kamer laten zien dat zij stabiel is en dat haar taakopvatting niet wezenlijk is gewijzigd. Zij toetst de deugdelijkheid van de wetgeving maar is ook een politiek orgaan, zoals de grondwetgever heeft bepaald. Als de Kamer politiek opereert is daarmee op zichzelf niets mis, mits zij geen kopie wordt van de Tweede Kamer en haar karakter als 'chambre de réflexion' bewaart. Dat blijft een uitdaging. Ik zie geen reden om aan de bevoegdheden van de Kamer te tornen. Integendeel: de Kamer blijkt nog steeds onmisbaar bij wetten die juridisch niet kloppen, onvoldoende handhaafbaar of slecht uitvoerbaar zijn.

U hebt veel gedaan om de Eerste Kamer zelfbewuster en zichtbaarder te maken. Welke zaken springen er achteraf gezien voor u uit? Wat zou u de huidige Kamer aanraden?

Het meest opvallende was de prestigieuze prijs van de Fondation du Mérite Européen voor de Eerste Kamer, voor het eerst uitgereikt aan een nationale parlementaire instelling. Het vriendelijke verzoek van mijn opvolger om deze prijs mee in ontvangst te nemen heb ik afgeslagen, omdat mijns inziens bij zo'n gelegenheid de Kamervoorzitter het instituut belichaamt. Daar past de persoon van een voorganger niet bij. Bovendien: het zijn met name toch de Kamerleden en de medewerkers op wier conto dit mag worden geschreven.

Bij het beleidsdebat in 2004 over het rapport van de Algemene Reken-kamer 'Tussen beleid en uitvoering' waren zowel de Rekenkamer als de Raad van State en de Ombudsman betrokken. En destijds heb ik bewerk-stelligd dat er elke twee jaar een Kamerbreed gesprek was met de Raad over aspecten van wetgevingskwaliteit. Het blijft van groot belang dat de Hoge Colleges van Staat van elkaars expertise en ervaring gebruikmaken en regelmatig met elkaar van gedachten wisselen. Dat versterkt elk instituut en maakt het geheel meer dan de som van de delen.

Koningin Beatrix wordt bij haar Zilveren Regeringsjubileum op 30 april 2005 ontvangen door Yvonne Timmerman-Buck, Voorzitter van de Verenigde Vergadering.

Yvonne Timmerman-Buck bij haar afscheid als Voorzitter van de Eerste Kamer.

Slotopmerkingen

Het werkterrein van de Kamer heeft zich onmiskenbaar uitgebreid. Dit komt in beperkte mate tot uitdrukking in de plenaire agenda, die zich – anders dan bij de Tweede Kamer – nog steeds hoofdzakelijk richt op de behandeling van wetsvoorstellen. Enkele keren per jaar wordt een beleidsdebat gevoerd. Er is wel sprake van een toename van het aantal beleidsdebatten – zie hoofdstuk 1 –, maar behandeling van wetgeving heeft voorrang. De commissieagenda's van de afgelopen tien jaar laten een opmerkelijke verbreding zien, voortvloeiend uit een bewuster gebruik van de beïnvloedingsmogelijkheden. Een toezegging leidt tot een evaluatierapport waarover nader gecorrespondeerd wordt, een commissie neemt een voorgehangen AMvB in behandeling, de minister wordt bevraagd over de inzet in de Raad met betrekking tot een bepaald Europees voorstel, er wordt aan de bel getrokken wanneer een motie geen opvolging lijkt te krijgen, er wordt ter voorbereiding op een beleidsdebat een deskundigenbijeenkomst voorbereid.

De Kamer raakt in toenemende mate betrokken bij het cyclische proces van wetgeving: bij beleidsdebatten worden maatschappelijke misstanden aangekaart die kunnen leiden tot wetsvoorstellen die de Kamer passeren, waarna evaluatie moet uitwijzen of het beoogde doel is gerealiseerd of dat er moet worden bijgestuurd. Ook gaan grote systeemwijzigingen vaak gepaard met reorganisaties en grote ICT-projecten die niet pas na aanvaarding van een wetsvoorstel in gang gezet kunnen worden. De Eerste Kamer bevindt zich – aan het eind van de wetgevingsketen – dus vaak in de ongemakkelijke positie dat er in de praktijk al volop vooruit wordt gelopen op de aanvaarding van het wetsvoorstel, waardoor de leden zich beknot voelen om in alle vrijheid tot een eindoordeel te komen. De Kamer benadrukt dan ook vaak dat er geen onomkeerbare stappen gezet mogen worden, dat de voorlichting aan burgers niet mag verhullen dat de Eerste Kamer nog een eindoordeel heeft te geven. De Kamer voelt meer voor 'pilots' en wil niet gezien worden als een laatste stempelpost. Kortom, de Kamer is meer dan een instituut dat enkel 'ja' of 'nee' kan zeggen tegen voorgelegde wetsvoorstellen.

Senator Nagel is tweemaal lid van de Eerste Kamer geweest: van 1977 tot 1983 voor de PvdA (boven) en vanaf 2011 voor de door hem opgerichte partij 50PLUS (onder).

Voetnoten

1 Artikel 85 Grondwet.
2 Zie https://www.eerstekamer.nl/begrip/verworpen_door_de_eerste_kamer.
3 Kamerstukken 26 156 en 28 509.
4 Kamerstukken 31 571.
5 Artikel 86, eerste lid, Grondwet.
6 Zie https://www.eerstekamer.nl/begrip/ingetrokken_wetsvoorstellen_bij.
7 Kamerstukken 25 433.
8 Zie artikelen 32-70 Reglement van Orde.
9 Zie artikelen 71-104 Reglement van Orde over de plenaire vergadering en beraadslaging.
10 Zie artikelen 105-120 Reglement van Orde over stemmingen.
11 Zie artikelen 87-88 Grondwet.
12 Artikel 68 Grondwet.
13 Het vragenrecht is neergelegd in artikel 140 Reglement van Orde. Zie voor de historie van het vragenrecht in de Eerste Kamer: A. Postma, *Het interpellatie- en vragenrecht van de Eerste en Tweede Kamer*, Groningen: Wolters-Noordhoff 1985, p. 38 e.v.
14 Artikel 128-138 Reglement van Orde.
15 Handelingen I 1980/81, p. 1089 e.v.
16 Handelingen I 2011/12, nr. 2, item 3, p. 3. Op 30 oktober 2012 bracht de Parlementaire Onderzoekscommissie Privatisering/Verzelfstandiging Overheidsdiensten het rapport 'Verbinding Verbroken?' (Kamerstukken I 2012/13, C, A-B) uit.
17 Artikel 105, eerste lid, Grondwet.
18 Dat geldt overigens niet alleen voor de beoogde uitgaven, maar ook voor de te heffen belastingen waarmee rijksinkomsten worden gegenereerd; het jaarlijkse Belastingplan, dat net als de begrotingshoofdstukken op Prinsjesdag bij de Tweede Kamer wordt ingediend, wordt ook in de vorm van een wetsvoorstel ter goedkeuring aan de Kamers voorgelegd (zie artikel 104, eerste lid, Grondwet).
19 Artikel 105, tweede lid, jo. artikel 65 Grondwet.
20 Een recente uitzondering is de hoofdelijke stemming over de Begrotingsstaten Veiligheid en Justitie 2015 (Kamerstukken 34 000 VI), zie Handelingen I 2014-2015, nr. 17, item 7, p. 1.
21 Artikel 54, tweede lid, Reglement van Orde.
22 Artikel 23, eerste lid, Comptabiliteitswet 2001.
23 Hoewel diverse auteurs het begrip novelle reserveren voor de strikte vorm, waarbij het oorspronkelijke voorstel wordt aangehouden, bestaat er in de literatuur geen eensgezindheid over de reikwijdte van het begrip novelle (zie bijv. Bovend'Eert en Kummeling 2010, p. 43-44, 238; De Vries 2000, p. 187-188; Knippenberg 2002, p. 158; Van den Braak 1998, p. 269). De regering lijkt uit te gaan van twee varianten van de novelleprocedure (zie bijv. de notitie 'Reflecties over de positie van de Eerste Kamer'; Kamerstukken II 1999/00, 26 976, nr. 1, p. 13). Ook de Eerste Kamer hanteert tot nu toe geen consequente definitie: in een ambtelijke notitie uit 2005 ('De staatsrechtelijke plaats en betekenis van de novelle') wordt een novelle weliswaar gedefinieerd als een voorstel van wet tot wijziging van een bij de Eerste Kamer aanhangig wetsvoorstel, maar de omschrijving van het begrip novelle op de website van de Eerste Kamer (http://www.eerstekamer.nl/begrip/novelle) is minder eenduidig (en dit geldt bijgevolg ook voor het overzicht van novelles vanaf 1963 op de website).
24 Tijdens het debat van 3 april 2007 over de regeringsverklaring merkte de minister-president bijvoorbeeld op dat er zeker ruimte is voor novelles die niet zijn gericht op inhoudelijke wijzigingen, maar op de bevordering van wetgevingskwaliteit en dat de Eerste Kamer hier meerdere malen een goede rol in heeft vervuld (Handelingen I 2006/07, nr. 25, p. 828).
25 Kamerstukken 33 966.
26 Kamerstukken I 2012/13, 32 211, M.
27 Zie 'Reflecties over de positie van de Eerste Kamer' (Kamerstukken II 1999/00, 26 976, nr. 1, p. 14). Over het ontstaan van de novellepraktijk lopen de meningen echter uiteen. In het ter gelegenheid van het 175-jarig bestaan van de Senaat uitgebrachte gedenkboek wordt, waarschijnlijk op basis van de gehanteerde definitie, gewezen op een eerste wetstechnische novelle uit 1850 en een novelle in materiële zin uit 1886 (p. 188). Ook de Raad van State wijst in zijn advies van 13 februari 1974 (Stcrt. 27 mei 1974) op novelles uit onder meer 1886 en 1908.
28 Advies van de Raad van State, 13 februari 1974 (Stcrt. 27 mei 1974).
29 Kamerstukken II 1973/74, 12 917, nr. 6.
30 De cijfers zijn gebaseerd op het overzicht van inhoudelijke novelles op de website van de Eerste Kamer (http://www.eerstekamer.nl/novelles_vanaf_1963?key=vgi4nxoalsuw).
31 Kamerstukken I 2013/14, 31 929, I.
32 Kamerstukken I 2011/12, 31 570, B; Handelingen I 2014/15, nr. 19, item 3, p. 3.
33 Kamerstukken I 2011/12, 31 570, C.
34 Kamerstukken I 2011/12, 32 022, G.
35 Kamerstukken I 2011/12, 32 891, G. Zie Kamerstukken 33 451 voor de behandeling van het verzochte splitsingswetsvoorstel.
36 Zie Jaarbericht Eerste Kamer 2013/14, p. 16 en http://www.eerstekamer.nl/moties_3.
37 Timmerman-Buck 2007, p. 7; Bovend'Eert en Kummeling 2010, p. 53.
38 Een interessant grensgeval dat speelde in de zomer van 2010, kort voor de inwerkingtreding van artikel 21a Wet op de Raad van State, is te vinden in het nader voorlopig verslag bij wetsvoorstel 31 904 (wijziging Gaswet en Elektriciteitswet 1998). De commissie voor Economische Zaken verzocht de regering de Raad van State in te schakelen en overwoog de inwerkingtreding van artikel 21a af te wachten indien de regering geen gevolg zou geven aan het verzoek (Kamerstukken I 2009/10, 31 904, E, p. 2). De minister stemde met het verzoek in en de commissie hield de nadere procedure aan. De voorlichting van de Raad van State – nog gebaseerd op artikel 18, tweede lid, Wet op de Raad van State – werd op 8 oktober 2010 aan de Kamer aangeboden (Kamerstukken I 2010/11, 31 904, H).
39 Kamerstukken I 2011/12, 32 600, C en D.
40 Kamerstukken I 2011/12, 33 025, B en C.
41 Kamerstukken I 2014/15, 33 362, C en D.
42 Kamerstukken I 2012/13, 33 454, Q en AB. In dit dossier is in een later stadium ook nog een informatieverzoek gericht aan de Algemene Rekenkamer (Kamerstukken I 2012/13, 33 454, AY en Kamerstukken I 2013/14, 33 454, BE; zie ook onder het hierna volgende kopje over de Algemene Rekenkamer).
43 Twee voorbeelden:
1. De minister van Sociale Zaken en Werkgelegenheid heeft op 28 juni 2013 naar aanleiding van het debat in de Eerste Kamer over wetsvoorstel 33 162 (herziening exportbeperking Algemene Kinderbijslagwet) de Afdeling advisering om voorlichting gevraagd over de internationaalrechtelijke aspecten die bij de behandeling aan de orde zijn geweest (Kamerstukken I 2012/13, 33 162, G).
2. De Eerste Kamer heeft op 9 december 2014 de plenaire behandeling van wetsvoorstel 33 168 (Wet vergroten investeringsmogelijkheden in medisch-specialistische zorg) aangehouden op verzoek van de minister van Volksgezondheid, Welzijn en Sport in afwachting van de door haar aan de Raad van State te vragen voorlichting over de implicaties van het amendement-Bruins Slot bij artikel 18 van de Wet toelating zorginstellingen.
44 Kamerstukken I 2012/13, 33 400, F herdruk; Handelingen I 2012/13, nr. 11, item 5, p. 23.
45 Kamerstukken I 2011/12, 33 000, N; Handelingen I 2011/12, nr. 9, item 3, p. 11.
46 Zie wetsvoorstel 33 221.
47 Artikel 142 Reglement van Orde.

DE EERSTE KAMER EN DE
KONINKRIJKSRELATIES

DE EERSTE KAMER EN DE
KONINKRIJKSRELATIES

Openingsfoto vorige pagina's: de behandeling van de staatkundige hervorming van het Koninkrijk in de Eerste Kamer op 6 juni 2010. Achter het spreekgestoelte de bijzondere gedelegeerde van de Staten van Aruba, het lid Croes.

Het Koninkrijk der Nederlanden bestaat uit meer dan Nederland alleen. Ook de Caribische eilanden Aruba, Bonaire, Curaçao, Saba, Sint Eustatius en Sint Maarten maken deel uit van het Koninkrijk, sommige als zelfstandige landen, andere als een soort bijzondere Nederlandse gemeenten. Ondanks de grote geografische afstand tussen Nederland en de eilanden, en tussen de eilanden onderling, heeft de Eerste Kamer continu oog voor de betrekkingen met en de belangen van de Caribische onderdelen van het Koninkrijk. De vaste commissie voor Koninkrijksrelaties (zoals zij tegenwoordig heet), een van de oudste commissies van de Eerste Kamer, speelt hierbij een sleutelrol. De aanwezigheid in de Kamer van leden die nauw betrokken zijn bij het dossier koninkrijksrelaties, waaronder diverse oud-bewindslieden die zich tijdens hun ministerschap mede met koninkrijksrelaties hebben beziggehouden, draagt eraan bij dat de blik van de Eerste Kamer niet alleen op Europees Nederland is gericht.

Het Koninkrijk der Nederlanden bestaat uit vier landen: Nederland, Aruba, Curaçao en Sint Maarten.

Bonaire, Sint Eustatius en Saba hebben een aparte status binnen Nederland. Zij heten Caribisch Nederland. Met de landen Aruba, Curaçao en Sint Maarten vormen ze het Caribisch deel van het Koninkrijk.

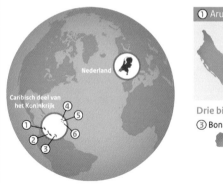

Drie bijzondere gemeenten *(Caribisch Nederland)*
③ Bonaire ⑥ Sint Eustatius ⑤ Saba

Enkele jaren geleden hebben er ingrijpende hervormingen binnen het Koninkrijk der Nederlanden plaatsgevonden. Op 10 oktober 2010 (10-10-10) is een nieuwe fase ingegaan voor de interne staatkundige verhoudingen. Op die datum hield het land de Nederlandse Antillen op te bestaan en werden twee nieuwe landen binnen het Koninkrijk gevormd, Curaçao en Sint Maarten. Daarnaast bestaat het land Nederland sinds 10-10-10 niet alleen uit een Europees deel, maar ook uit de Caribische eilanden Bonaire, Sint Eustatius en Saba.

In dit hoofdstuk wordt ingegaan op de rol van de Eerste Kamer bij de aanloop naar de staatkundige vernieuwing, op het daarmee samenhangende wetgevingsproces en op de werkzaamheden in de Eerste Kamer ten aanzien van de uitvoering en evaluatie van de nieuwe structuur en verhoudingen. Alvorens deze drie onderdelen te behandelen, wordt kort een overzicht gegeven van de nieuwe verhoudingen binnen het Koninkrijk der Nederlanden.

De Koningin Emmabrug of Pontjesbrug in Willemstad, Curaçao.

Een nieuwe staatkundige structuur voor het Koninkrijk

Tot 10-10-10 bestond het Koninkrijk der Nederlanden uit drie landen: Nederland, de Nederlandse Antillen en Aruba. Aruba maakte zich in 1986 los van de Nederlandse Antillen en verkreeg toen een autonome status binnen het Koninkrijk, de zogenoemde status aparte. In de jaren daarna begonnen de overige eilanden van de Nederlandse Antillen het verband steeds meer als knellend te ervaren. Voor de onvrede waren diverse redenen. Er was sprake van een dubbele bestuurslaag (op eilandelijk niveau en op het niveau van het land Nederlandse Antillen) en van ongenoegen bij de andere eilanden over wat zij zagen als de dominantie van Curaçao (de meeste instituties waren gevestigd in Willemstad). De cultuurverschillen en afstand tussen Beneden- en Bovenwindse Eilanden vormden eveneens aanleiding voor de onvrede. Herbezinning op de staatkundige structuur van het Koninkrijk werd door velen als wenselijk en noodzakelijk ervaren.

Na een lang proces is tussen 2000 en 2005 op achtereenvolgens Sint Maarten (23 juni 2000), Bonaire (10 september 2004), Saba (5 november 2004) en Sint Eustatius en Curaçao (8 april 2005) een referendum gehouden. Uitkomst van deze referenda was dat Curaçao en Sint Maarten kozen voor een status als autonoom land binnen het Koninkrijk en dat Bonaire, Sint Eustatius en Saba kozen voor een directe(re) band met Nederland. In 2006 werden afspraken vastgelegd in twee overeenkomsten, waarna een grote operatie is begonnen om de wet- en regelgeving aan te passen voor de nieuwe structuur. Dit heeft uiteindelijk geresulteerd in de ontmanteling van de Nederlandse Antillen op 10-10-10.

ARUBA

Hoofdstad	Oranjestad
Oppervlakte	180 km²
Inwoners*	101.484
Bevolkingsdichtheid	564/km²
Talen	Nederlands
	Papiaments

Bron: CBS (2010)

EILANDEN

Aruba, Bonaire en Curaçao worden ook wel de Beneden-windse Eilanden genoemd, Saba, Sint Eustatius en Sint Maarten de Bovenwindse Eilanden. De namen verwijzen naar de dominante noordoostelijke passaatwinden in het gebied.

CURAÇAO

Hoofdstad	Willemstad
Oppervlakte	444 km²
Inwoners*	149.679
Bevolkingsdichtheid	337 /km²
Talen	Papiaments
	Nederlands

*Bron: CBS (2011)

Curaçao en Sint Maarten

Statuutswijziging en Staatsregelingen

Om het land de Nederlandse Antillen te kunnen ontmantelen, en om vervolgens de landen Curaçao en Sint Maarten te kunnen creëren, was een wijziging van het Statuut – zeg maar de Grondwet van het Koninkrijk – nodig. Daarnaast hebben de nieuwe landen ieder een eigen Staatsregeling, vergelijkbaar met de Grondwet van het land Nederland, aangenomen. Hiermee was de basis van de twee nieuwe landen gevormd. Daarna moest nog een grote wetgevingsoperatie worden afgerond in de landen zelf om de bestaande Nederlands-Antilliaanse wet- en regelgeving, al dan niet in aangepaste vorm, om te zetten naar wet- en regelgeving van de twee landen. Ook was het nodig een aantal nieuwe instituties, zoals bijvoorbeeld de Centrale Bank van Curaçao en Sint Maarten, op te richten.

Ondertekening van de Acte van Bevestiging van het Statuut voor het Koninkrijk der Nederlanden in de Ridderzaal in december 1954.

De Koning voert de regering van het Koninkrijk en van elk van de vier landen, maar wordt in Aruba, Curaçao en Sint Maarten vertegenwoordigd door een Gouverneur. De landen beschikken elk over een regering (Koning en ministers dan wel Gouverneur en ministers) en een vertegenwoordigend lichaam (Staten-Generaal respectievelijk Staten van Aruba, Staten van Curaçao en Staten van Sint Maarten).

Bevoegdheidsverdeling tussen het Koninkrijk en de landen

De wettelijke basis voor de bevoegdheidsverdeling binnen het Koninkrijk ligt in artikel 3 van het Statuut. Hierin wordt bepaald wat 'aangelegenheden van het Koninkrijk' zijn. Koninkrijksaangelegenheden worden in principe geregeld door middel van rijkswetten, overige aangelegenheden vallen in beginsel onder de bevoegdheid van de wetgevers van de afzonderlijke landen. De Koninkrijksaangelegenheden worden behartigd door de raad van ministers van het Koninkrijk, ook wel Rijksministerraad genoemd, die bestaat uit de Nederlandse ministerraad én de gevolmachtigde ministers van Aruba, Curaçao en Sint Maarten. Er bestaat geen apart Koninkrijksparlement; de Staten-Generaal vervullen deze rol. Voor de parlementaire behandeling van Rijkswetten geldt wel een bijzondere procedure, waarin naast de Tweede en Eerste Kamer ook de Staten van de andere landen een rol kunnen spelen (zie artikel 15 en volgende Statuut). Zo kunnen deze Staten een schriftelijk verslag uitbrengen vóór de openbare behandeling van een voorstel van rijkswet in de Tweede Kamer en kunnen de gevolmachtigde ministers en Statenleden tijdens de plenaire behandeling van een rijkswetsvoorstel in beide Kamers voorlichting geven. Hierop wordt in het vervolg van dit hoofdstuk nog nader ingegaan.

Consensusrijkswetten

Naast de Statuutswijziging en de wijziging van rijkswetgeving is er op Koninkrijksniveau een vijftal zogenaamde consensusrijkswetten aangenomen waarin zaken ten aanzien van de rechtshandhaving en ten aanzien van financieel toezicht zijn geregeld.[1] Op basis van de Rijkswet financieel toezicht houdt het College financieel toezicht (Cft) zich bezig met het toezicht op de begrotingen van Curaçao en Sint Maarten. Het Cft kan krachtens de Rijkswet financieel toezicht adviezen geven aan de Koninkrijksregering, die dan op basis van zo'n advies een aanwijzing kan geven met betrekking tot de begroting van het land.[2] Dit laatste is sinds de inwerkingtreding van de Rijkswet één keer gebeurd.[3]

SINT MAARTEN

Hoofdstad	Philipsburg
Oppervlakte	34 km²
Inwoners*	39.689
Bevolkingsdichtheid	1.167 / km²
Talen	Nederlands
	Engels

Bron: CBS (2013)

KONINKRIJKS-AANGELEGEN-HEDEN

Tot de Koninkrijksaangelegenheden behoren onder meer de buitenlandse betrekkingen, het Nederlanderschap, toelating en uitzetting van Nederlanders en vreemdelingen en de uitlevering van verdachten van strafbare feiten.

INTERVIEW MET SENATOR MARIJKE LINTHORST

"IK VIND DAT JE NIET ALTIJD VOORZICHTIG HOEFT TE ZIJN MET PORSELEIN"

KORTE BIOGRAFIE

Marijke Linthorst (PvdA) was met een onderbreking van vier jaar tussen 1995 en 2015 lid van de Eerste Kamer. Zij was van 2007-2015 voorzitter van de vaste Kamercommissie voor Koninkrijksrelaties (voorheen: Nederlands-Antilliaanse en Arubaanse Zaken).

Marijke Linthorst

Waar komt uw betrokkenheid bij het Caribisch deel van het Koninkrijk vandaan?

Toen ik nog in Rotterdam werkte en mij bezighield met het stedelijke sociaal beleid verbaasde ik mij erover dat er vanuit het Caribisch gebied zo veel Antilliaanse jongeren hier kwamen wonen en dat een relatief groot percentage van hen vastliep in de Rotterdamse stedelijke samenleving. Toen ik lid werd van de Eerste Kamer wilde ik mij daarvoor inzetten en werd ik lid van de toenmalige vaste Kamercommissie voor Nederlands-Antilliaanse en Arubaanse Zaken.

Hoe kijkt u terug op 10-10-10?

10-10-10 was het moment geweest om een doorbraak te forceren. Dat is gewoon niet gebeurd. Er hing een sfeer van 'het is nu of nooit'. Dus alles wat een beetje controversieel was, werd vooruitgeschoven. Ik vond dat toen buitengewoon onverstandig en dat vind ik nog steeds. Het was hét moment geweest om het Statuut voor het Koninkrijk der Nederlanden te wijzigen. Ook de problematiek die samenhangt met de kleinschaligheid van de eilanden hadden we zakelijker en eerlijker moeten bespreken. We hadden expliciter de vraag moeten stellen: 'Hoe gaan jullie dat in de toekomst nou doen met die kleinschaligheid?' Een probleem hierbij was dat het Nederlandse parlement zich in dit proces staatsrechtelijk zuiver heeft opgesteld: de regeringen onderhandelen, het parlement beoordeelt het eindresultaat. In het Caribisch deel van het Koninkrijk waren de volksvertegenwoordigers nauw betrokken bij de onderhandelingen. Dat maakte het voor het Nederlandse parlement lastig om 'nee' te zeggen aan het einde van de rit.

Anderzijds was 10-10-10 onontkoombaar. De andere eilanden wilden af van de dominante rol van Curaçao binnen het land Nederlandse Antillen. De grootste winst vind ik dat dit heeft plaatsgemaakt voor vrijwillige samenwerking en dat de landen die nu opzoeken. Aruba is daar het verst in, maar is dan ook al langer autonoom. Maar je ziet nu ook bij de nieuwe landen een toenemend besef van 'we hebben elkaar nodig'. Ook Nederland moet daar een rol in spelen. Niet in de zin van 'betalen', maar in de zin van samenwerken en ondersteunen. Hoe je het ook wendt of keert, het is wel één Koninkrijk.

Wat vindt u van de contacten met de volksvertegenwoordigers uit het Caribisch deel van het Koninkrijk?

Lange tijd heeft het ontbroken aan directheid in de verhoudingen tussen Nederlandse parlementariërs en de volksvertegenwoordigers uit Aruba, Curaçao en Sint Maarten. Toen ik begon als Kamerlid waren er veel parlementariërs die heel omzichtig waren. Veel onderwerpen, zoals onderwijs, waren nauwelijks bespreekbaar, al was overduidelijk dat er problemen waren. Bij de politici uit het Caribisch deel van het Koninkrijk lagen de woorden 'autonome aangelegenheid' in de mond bestorven. Nederlandse parlementariërs gingen daar te weinig tegenin. Er was een soort onuitgesproken angst om van neokoloniaal gedrag beschuldigd te worden als je je bemoeide met interne aangelegenheden. Maar als je je niet met elkaar bemoeit kan dat leiden tot onverschilligheid (het is hun verantwoordelijkheid, ze zoeken het maar uit) en daar kom je niet verder mee.

Je moet elkaar serieus nemen. En dat betekent dat je soms de confrontatie aan moet gaan, ook al gaat het om zaken die strikt genomen tot de autonomie van de afzonderlijke landen behoren. Nederlandse én Antilliaanse politici zijn in dit opzicht veranderd. Ik denk dat uiteindelijk de relaties een stuk volwassener zijn geworden, al zie je het nu weleens doorslaan naar de andere kant. Niet alleen bij parlementariërs, maar ook bij de regering. Die gedraagt zich soms als een olifant in de porseleinkast. Ik vind dat je niet altijd voorzichtig hoeft te zijn met porselein. Je hoeft niet halfslachtig te zijn, je moet eisen kunnen stellen. Tegelijkertijd moet je niet schofferen en moet je enig gevoel hebben voor wat er in een kleine gemeenschap, waar iedereen elkaar kent, aan decorum nodig is om zaken aanvaardbaar te maken.

Als u iemand zou moeten noemen die indruk op u heeft gemaakt in de afgelopen jaren, wie zou dat dan zijn?

De aandacht voor de gewone man sprak mij erg aan in de ideeën van de Curaçaose politicus Helmin Wiels en in Mike Eman, minister-president van Aruba.

Marijke Linthorst (midden) met een delegatie van de commissie voor Koninkrijksrelaties op Curaçao, januari 2013.

BONAIRE

Hoofdstad	Kralendijk
Oppervlakte	288 km²
Inwoners*	18.413
Bevolkingsdichtheid	64/km²
Talen	Papiaments
	Nederlands

SINT EUSTATIUS

Hoofdstad	Oranjestad
Oppervlakte	21 km²
Inwoners*	4.020
Bevolkingsdichtheid	191/km²
Talen	Engels
	Nederlands

SABA

Hoofdstad	The Bottom
Oppervlakte	13 km²
Inwoners*	1.846
Bevolkingsdichtheid	142/km²
Talen	Engels
	Nederlands

bron: CBS, 30 april 2014

Caribisch Nederland

Daar waar Curaçao en Sint Maarten kozen voor meer autonomie binnen het Koninkrijk, kozen Bonaire, Sint Eustatius en Saba voor een hechtere band met Nederland. Deze drie eilanden zijn op 10-10-10 deel gaan uitmaken van het land Nederland. Zij hebben de status gekregen van bijzondere openbare lichamen in de zin van artikel 134 van de Grondwet. In de Wet openbare lichamen BES (WolBES) is de inrichting van de eilanden geregeld. De regelgeving is grotendeels overeenkomstig de wet- en regelgeving ten aanzien van gemeenten, met enkele uitzonderingen en bijzondere bepalingen. De BES-eilanden worden dan ook vaak als 'bijzondere gemeenten' aangeduid. Daarnaast is de vóór 10-10-10 geldende Nederlands-Antilliaanse wet- en regelgeving grotendeels omgezet in Nederlandse wet- en regelgeving specifiek geldend op de BES-eilanden. Geleidelijk zal Nederlandse wet- en regelgeving van kracht worden. Nederlandse wet- en regelgeving geldt overigens slechts op de BES-eilanden wanneer dit expliciet in deze wet- en regelgeving is opgenomen. De BES-eilanden zijn geen onderdeel van een provincie. Wel is er een Rijksvertegenwoordiger voor de BES-eilanden die functioneert als schakel tussen de Rijksoverheid en de drie eilanden.

In de aanloop naar 10-10-10 is vooral het begrip 'BES-eilanden' als naam voor de drie openbare lichamen gebruikt. Later is de term 'Caribisch Nederland' (CN) steeds meer in gebruik geraakt. Beide termen worden in dit hoofdstuk gebruikt.

Rol Eerste Kamer voorafgaand aan en tijdens het wetgevingsproces

De Eerste Kamer is bij de voorbereiding, de wetgeving en de uitvoering van de herstructurering van het Koninkrijk nauw betrokken geweest. In deze paragraaf en de volgende wordt die rol nader toegelicht.

Aanloop

In 2004, 2005 en 2006 behandelde de Eerste Kamer de begroting voor Koninkrijksrelaties in een plenair debat, met bijzondere aandacht voor de ontwikkelingen op staatkundig gebied in het Koninkrijk. Het plenair behandelen van begrotingen is in de Eerste Kamer eerder uitzondering dan regel (zie hoofdstuk 5), en daarom kan het feit dat de Kamer in drie opeenvolgende jaren de begroting van Koninkrijksrelaties behandelde gezien worden als de wens van de Eerste Kamer de ontwikkelingen in het Koninkrijk nauwgezet te volgen. Tijdens deze begrotingsbehandelingen werd onder meer gesproken over (het advies van) de commissie-Jesurun. Deze commissie was ingesteld door toenmalig minister voor Bestuurlijke Vernieuwing en Koninkrijksrelaties De Graaf (die in 2011 zelf lid van de Eerste Kamer werd). Zij had als opdracht "om door de eilanden en het Land gewenste veranderingen in de bestuurlijke en financiële verhoudingen binnen de Nederlandse Antillen in kaart te brengen en aanbevelingen voor verbeteringen te doen".[4]

De commissie introduceerde in haar rapport onder meer de figuur van een Koninkrijkseiland voor de eilanden die aangaven een hechte(re) band met het land Nederland te willen. Dit model hield in dat de eilanden geen apart land zouden worden binnen het Koninkrijk, en ook geen onderdeel van een ander land in het Koninkrijk, maar direct onder de Koninkrijksregering zouden gaan vallen. Hierbij was dus geen sprake van integratie in het land Nederland, maar eerder van een nieuw soort status aparte voor deze eilanden. De Koninkrijkseilanden kwamen, net als andere onderdelen uit het rapport van de commissie-Jesurun (zoals aanbevelingen ten aanzien van de financiën van de verschillende eilanden), aan de orde tijdens de plenaire behandelingen van de begrotingen Koninkrijksrelaties van 2005 en 2006. Bij de behandeling van de begroting van 2006 nam de Eerste Kamer de motie-Schuurman c.s. aan.[5] In deze motie werd de regering verzocht om een voorstel voor een nieuw Statuut op de agenda van een in het voorjaar van 2006 te houden rondetafelconferentie te plaatsen. Met de motie sprak de Kamer tevens het oordeel uit dat goede rechtshandhaving, effectief financieel toezicht en deugdelijk bestuur onlosmakelijke voorwaarden waren voor de voorgenomen schuldsanering. Met de motie stuurde de Eerste Kamer dus aan op bijstelling van het Statuut, en stelde zij tegelijkertijd voorwaarden voor het proces van herstructurering.

Nummerplaat met de vlaggen van de BES-eilanden en verwijzing naar 10-10-10.

Op verzoek van toenmalig minister voor Bestuurlijke Vernieuwing en Koninkrijksrelaties Pechtold publiceerde de Raad van State op 18 september 2006 een voorlichting inzake de hervorming van de staatkundige verhoudingen van de Antilliaanse eilanden binnen het Koninkrijk[6] (hierna: voorlichting Raad van State). Deze invloedrijke voorlichting ging in het bijzonder over de inpassing van de BES-eilanden in het Nederlandse staatsbestel. Als inrichtingsvorm voor de BES-eilanden introduceerde de Raad de vorm van openbare lichamen als bedoeld in artikel 134 Grondwet. De Raad van State nam in zijn voorlichting dus afscheid van het idee van Koninkrijkseilanden. Volgens de Raad was het grootste bezwaar tegen deze vorm dat er sprake zou zijn van een band met het Koninkrijk en niet met het land Nederland. Hiervoor zou dan een orgaan met vertegenwoordigers uit de vier andere landen binnen het Koninkrijk moeten worden belast met het bestuur van de eilanden, waarmee weer een extra bestuurslaag zou worden gecreëerd. Daarnaast gaf de Raad van State aan dat het aanmerken van de BES-eilanden als volledige Nederlandse gemeenten ook geen goede oplossing was. De omstandigheden op de BES-eilanden zijn volgens de Raad dusdanig verschillend van de omstandigheden in Nederland dat een mogelijkheid tot afwijking nood-

De delegatie van de Eerste Kamer is zojuist geland op Saba, januari 2009.

zakelijk is. De regering heeft de keuze van de Raad van State voor een
openbaar lichaam zoals bedoeld in artikel 134 Grondwet overgenomen
als inrichtingsvorm voor de BES-eilanden. Deze is vervolgens onderdeel
geworden van het gehele wetgevingsproces en uiteindelijk ook in de
Eerste Kamer onderwerp van debat geweest.

Ter voorbereiding op de behandeling van de verschillende wetgevings-
pakketten aangaande de nieuwe staatkundige structuur legde een delegatie van de Eerste Kamer aansluitend aan het Parlementair Overleg
Koninkrijksrelaties (POK) op Aruba in de tweede week van januari 2009
een werkbezoek af aan Curaçao, Bonaire, Sint Maarten, Saba en Sint
Eustatius. Zij volgde daarmee het voorbeeld van Kamervoorzitter
Timmerman-Buck die zich in 2008 tijdens een werkbezoek aan het
Caribisch deel van het Koninkrijk op de hoogte had gesteld van de voorbereidingen op de staatkundige vernieuwing. Door gesprekken met
lokale bestuurders, volksvertegenwoordigers, politie en het openbaar
ministerie en vertegenwoordigers van maatschappelijke instellingen
en organisaties streefden de Eerste Kamerleden ernaar beter inzicht
te krijgen in de situatie op de afzonderlijke eilanden, om zodoende beter
de wetsvoorstellen ter zake te kunnen beoordelen.

*De delegatie van de Eerste Kamer
in gesprek met het bestuurscollege
van Sint Maarten, januari 2009.*

Interparlementaire contacten in Koninkrijksverband

De leden van de Eerste Kamer hebben niet alleen contact met de
Nederlandse regering over het onderwerp Koninkrijksrelaties.
Een ander belangrijk aspect van de werkzaamheden van de Kamerleden op dit gebied is het onderhouden van contacten met de
overige parlementen in het Koninkrijk. Hierin wordt door Eerste en
Tweede Kamer nauw samengewerkt. Interparlementair overleg
tussen de landen in het Koninkrijk vindt plaats sinds 1970.
Het overleg heette toen het Contactplan, en werd gevoerd door
delegaties van Nederland, de Nederlandse Antillen en Suriname.
Na de onafhankelijkheid van Suriname in 1975 waren er vanaf dat
moment twee overlegpartners bij het Contactplan, Nederland en
de Nederlandse Antillen. Vanaf 1986, het jaar dat Aruba de status
aparte verkreeg, waren er weer drie delegaties bij het Contactplan.
Tussen 2006 en 2010 werd het overleg Parlementair Overleg
Koninkrijksrelaties (POK) genoemd.

Na het ingaan van de nieuwe structuur werd ook het interparlementair overleg in een nieuwe vorm gegoten. Vanaf juni 2011 vindt in
beginsel tweemaal per jaar het Interparlementair Koninkrijksoverleg (IPKO) plaats, in juni in Den Haag en in januari in een van de
Caribische landen van het Koninkrijk. Tijdens dit overleg, gevoerd

door delegaties van de Staten van Aruba, Curaçao, Sint Maarten en de Staten-Generaal, worden door de parlementariërs onderwerpen besproken waar mogelijkheden liggen voor samenwerking of onderwerpen die anderszins van belang zijn voor het Koninkrijk. De delegaties stellen aan het einde van het IPKO een afsprakenlijst vast, waarin de gemaakte afspraken zijn weergegeven. Het IPKO is bedoeld als instrument voor directe communicatie en persoonlijke ontmoetingen tussen de leden van de parlementen in het Koninkrijk, en naast het maken van afspraken biedt het een mogelijkheid om door persoonlijk overleg tot meer onderling begrip te komen.

Een van de concrete afspraken die in het POK van 2008 is gemaakt, is het instellen van een commissie democratisch deficit om acht vragen over de democratische legitimiteit van besluitvorming in het Koninkrijk en de controle op de Rijksministerraad te beantwoorden. Deze commissie, bestaande uit drie deskundigen, heeft op 11 november 2009 haar rapport 'Kiezen voor het Koninkrijk' uitgebracht. Daarnaast zijn tijdens de meer recente IPKO's afspraken gemaakt op gebieden als onderwijs, jeugdzorg, energie en samenwerking op economisch gebied.

De interparlementaire contacten binnen het Koninkrijk zijn verder aangehaald tijdens het eerste bezoek dat de Voorzitters van de Eerste Kamer en de Tweede Kamer van 19 t/m 26 oktober 2014 gezamenlijk aan de zes eilanden in het Caribisch deel van het Koninkrijk hebben gebracht.

Voorzitter Broekers-Knol van de Eerste Kamer (tweede van rechts) samen met Voorzitter Van Miltenburg van de Tweede Kamer in gesprek met Voorzitter Lopez-Tromp van de Staten van Aruba (links) en Voorzitter Franco van de Staten van Curaçao (rechts).

Het Interparlementair Koninkrijksoverleg (IPKO) te Den Haag in juni 2014.

Op 19 mei 2009 voerde de Eerste Kamer een beleidsdebat met staats-secretaris van Binnenlandse Zaken en Koninkrijksrelaties Bijleveld-Schouten en met de minister van Justitie Hirsch Ballin over de staatkundige vernieuwing. Tijdens dit debat kwamen bovenstaande constructie van openbare lichamen voor de BES-eilanden en de ervaringen van de leden bij hun werkbezoek aan de orde. De Eerste Kamer gaf in het debat in beginsel groen licht aan het proces van staatkundige vernieuwing zoals dat werd voorgesteld. Verschillende fracties gaven echter aan kritisch te willen kijken naar de daadwerkelijke wetsvoorstellen waarin de staatkundige vernieuwing werd uitgewerkt.

Behandeling wetgeving
Het behandelen van het pakket aan wetsvoorstellen aangaande de nieuwe staatkundige structuur was een omvangrijke en unieke wetgevingsoperatie. Met inachtneming van de noodzakelijke zorgvuldigheid heeft de Eerste Kamer, vanuit haar rol als medewetgever, binnen een tijdsbestek van slechts enkele maanden twintig wetsvoorstellen behandeld, getoetst en aangenomen. Op 11 mei 2010 aanvaardde zij zeven wetsvoorstellen die het mogelijk maakten dat de BES-eilanden als openbare lichamen in het Nederlandse staatsbestel werden geïntegreerd. De eerste grote stap in de herstructurering binnen het Koninkrijk was hiermee gezet.

De tweede reeks wetsvoorstellen betrof tien voorstellen voor Rijkswetgeving, waaronder de rijkswet tot wijziging van het Statuut in verband met de opheffing van de Nederlandse Antillen. De Rijkswetgevingsprocedure in de beide Kamers der Staten-Generaal wijkt af van de normale wetgevingsprocedure in die zin dat het Statuut, zoals hiervoor reeds vermeld, waarborgen biedt voor de inspraak van de regeringen en parlementen van de andere landen binnen het Koninkrijk bij de parlementaire behandeling van deze wetgeving in de Kamers. Dit betekent onder andere dat de zogenaamde 'bijzondere gedelegeerden' van de Staten van de Caribische landen en de gevolmachtigde ministers van deze landen (als vertegenwoordigers van de landsregeringen) voorlichting mogen geven tijdens de plenaire behandeling in de Eerste Kamer. Zij hebben echter geen stemrecht.

Bij de behandeling van de tweede reeks wetsvoorstellen hebben bijzondere gedelegeerden en gevolmachtigde ministers van deze bevoegdheden gebruikgemaakt. Aan de openbare beraadslagingen op 6 juli 2010 namen naast de Eerste Kamerleden ook drie bijzondere gedelegeerden van de Staten van de Nederlandse Antillen (de leden Atacho, Jesus-Leito en Marlin) en één bijzondere gedelegeerde van de Staten van Aruba (het lid Croes) deel. Achter de regeringstafel zaten – naast de staatssecretaris van Binnenlandse Zaken en Koninkrijksrelaties en de minister van Justitie – de beide gevolmachtigde ministers van de Nederlandse Antillen en Aruba, de heren Van der Plank en Abath.

Foto's linkerpagina: impressie van het debat in de Eerste Kamer over herstructurering van het Koninkrijk op 5-6 juli 2010.

WEETJE

Op dezelfde dag als de behandeling van de Rijkswetgeving
– 6 juli 2010 – speelde het Nederlands elftal de halve finale van het
WK Voetbal tegen Uruguay (3-2-
overwinning). De aanwezigen
achter de ministerstafel waren
daar ook op gekleed met onder
meer oranje stropdassen en
corsages.

Ook de Nederlands-Antilliaanse minister-president De Jongh-Elhage en
de Arubaanse minister-president Eman hadden daar plaatsgenomen.

Na de beraadslagingen op 6 juli 2010 spraken de Statenvoorzitters
Atacho en Croes van de Nederlandse Antillen en Aruba zich uit over de
wenselijkheid van de aanhangige Rijkswetsvoorstellen. Uniek waren ook
de toespraken tot de Eerste Kamer van minister-president De Jongh-
Elhage en minister-president Eman, die als adviseurs van de regering het
woord voerden en het historische en bijzondere karakter van de beraadslagingen markeerden. Beiden benadrukten dat de staatkundige hervorming van het Koninkrijk, verankerd in de aanhangige wetsvoorstellen,
geen eindpunt was, maar een begin betekende van het opnieuw inhoud
geven aan de onderlinge verhoudingen tussen de landen van het
Koninkrijk en de Koninkrijksband. Nadat alle wijzigingsvoorstellen
waren aangenomen, klonk in de vergaderzaal een luid applaus. Kamervoorzitter Van der Linden sprak van een historisch moment.

Tijdens bovengenoemde debatten heeft de regering een aanzienlijk aantal
toezeggingen gedaan aan de Eerste Kamer. Zo zegde staatssecretaris
Bijleveld-Schouten toe verder te werken aan een toekomstvisie op het
Koninkrijk – waarop door een groot aantal Eerste Kamerleden bij herhaling was aangedrongen – en daarbij de Kamer te betrekken.[7] Ook deed
de regering een aantal toezeggingen ten aanzien van de evaluatie van
de nieuwe staatkundige structuur vijf jaar na inwerkingtreding van
deze structuur (zie hierna onder 'Aanloop evaluaties'). Daarnaast heeft de
regering toegezegd de Kamer te informeren op welke wijze er invulling
gegeven wordt aan het waarborgen van de legislatieve terughoudendheid
(beperking wet- en regelgeving) voor Caribisch Nederland (het onderwerp legislatieve terughoudendheid wordt in de volgende paragraaf
verder behandeld).

De Eerste Kamer en uitvoering

Met het aannemen van de verschillende wetten was de juridische basis
gelegd voor het ingaan van de nieuwe structuur op 10-10-10. Op die datum vond in Curaçao een ceremoniële plechtigheid plaats, waarbij onder
meer de vlag van de Nederlandse Antillen werd gestreken en die van het
nieuwe land Curaçao werd gehesen. Bij deze festiviteiten waren namens
de Eerste Kamer de Kamervoorzitter Van der Linden en de voorzitter van
de vaste commissie voor Nederlands-Antilliaanse en Arubaanse Zaken
Linthorst aanwezig. Voortaan waren er vier landen binnen het Koninkrijk
en bestond het land Nederland ook uit drie Caribische eilanden.

Met het ingaan van de nieuwe structuur was echter nog niet alles
geregeld, en de Eerste Kamer heeft zich vanuit haar rol als controleur

*De vlag van het nieuwe land
Curaçao wordt gehesen op
10 oktober 2010.*

van de regering intensief beziggehouden met het Caribisch deel van
het Koninkrijk. De naam van de vaste commissie voor Nederlands-
Antilliaanse en Arubaanse Zaken (NAAZ) werd vanwege het ingaan van
de nieuwe situatie gewijzigd in vaste commissie voor Koninkrijksrelaties
(KOREL), en het is deze commissie geweest die het voortouw heeft genomen bij het uitoefenen van de controle op de regering. Enkele onderwerpen die hierbij de bijzondere aandacht hadden van deze commissie en
van de Kamer als geheel worden hieronder uitgelicht.

Legislatieve terughoudendheid
De regering heeft toegezegd een periode van zogenaamde legislatieve
terughoudendheid in acht te nemen ten aanzien van Caribisch Nederland
tijdens de eerste vijf jaar na 10-10-10. Hiermee wordt gedoeld op het zo
weinig als mogelijk introduceren van nieuwe wet- en regelgeving voor
deze eilanden. Deze terughoudendheid is onder meer bedoeld om de
eilandsbesturen, met een beperkte bestuurscapaciteit, niet te overspoelen
met gedetailleerde en vaak complexe Nederlandse wet- en regelgeving.
Toenmalig minister van Binnenlandse Zaken en Koninkrijksrelaties Spies
heeft de Kamer op 21 december 2011 een brief gezonden waarin zij
uiteenzette hoe deze legislatieve terughoudendheid zou worden gewaarborgd.[8] Deze brief is onder meer aan de orde geweest tijdens een mondeling overleg met de minister op 31 januari 2012.[9]

De vaste commissie voor Koninkrijksrelaties heeft in vervolg hierop op
21 maart 2012 een brief aan alle departementen gestuurd met de vraag
haar een overzicht te sturen van de (mede) in Caribisch Nederland van

toepassing zijnde wet- en regelgeving die in voorbereiding is bij het departement dan wel reeds aanhangig is bij de Staten-Generaal. Ook vroeg zij om halfjaarlijks (begin september en begin januari) een bijgewerkte versie van dit overzicht te sturen. De verschillende departementen hebben aan dit verzoek voldaan.[10] Daarnaast stelde de commissie in deze brief ervan uit te gaan dat bij de voorgestelde wet- en regelgeving die (mede) van toepassing zal zijn in Caribisch Nederland de noodzaak van regelgeving op dat moment expliciet wordt gemotiveerd en dat in dat kader ook wordt ingegaan op de effecten van de voorgestelde maatregelen, in termen van uitvoerbaarheid, de lasten voor het bestuur van de eilanden en de impact voor de burgers in Caribisch Nederland.

Alleen dan was het volgens de commissie mogelijk voor de Eerste Kamerleden om adequaat te beoordelen hoe de voorgestelde wet- en regelgeving zich verhoudt tot de toegezegde legislatieve terughoudendheid. Overigens heeft minister van Binnenlandse Zaken en Koninkrijksrelaties Plasterk per brief van 19 december 2013 aan de Kamer laten weten dat hij voortaan een rijksbreed overzicht aan de Kamer stuurt in plaats van de afzonderlijk per departement opgestelde overzichten.[11] Een voorbeeld van een wet waarbij de Eerste Kamer met de regering heeft gedebatteerd over de vraag of deze wet al dan niet binnen de kaders van de legislatieve terughoudendheid viel, is de IJkwet BES.[12] Dit debat ging niet zozeer over de wet als zodanig, maar met name over de vraag of de voorgestelde wetgeving noodzakelijk was en of de eilandsbesturen in voldoende mate waren geconsulteerd.

Coördinerende rol minister BZK

De Eerste Kamer voelt een bijzondere verantwoordelijkheid als het gaat om de coördinatie van het beleid ten aanzien van Caribisch Nederland. In het voorjaar van 2011 heeft de commissie voor Koninkrijksrelaties een brief gezonden aan minister van Binnenlandse Zaken en Koninkrijksrelaties Donner waarin zij aangaf vragen te hebben over de coördinatie tussen de departementen ten aanzien van deze eilanden.[13] In vervolg hierop heeft de commissie ook een mondeling overleg gehad met de minister.[14] Deze gaf aan dat de verschillende ministers verantwoordelijk zijn voor hun beleidsterrein ten aanzien van Caribisch Nederland. De minister van Binnenlandse Zaken en Koninkrijksrelaties kan behulpzaam zijn bij het aanwijzen welke minister dat is in een concreet geval. Er was volgens minister Donner dus geen sprake van een coördinerende rol voor hemzelf. De commissie nam niet zonder meer genoegen met dit antwoord en stelde de kwestie opnieuw aan de orde tijdens een onderhoud met de opvolger van minister Donner, mevrouw Spies. Deze gaf tijdens een mondeling overleg op 28 februari 2012 aan dat inderdaad de vakministers verantwoordelijk zijn, maar dat de ministerraad als geheel verantwoordelijk is om de stapeling aan maatregelen te voorkomen.[15]

Minister van Binnenlandse Zaken en Koninkrijksrelaties Spies (2011-2012)

De Eerste Kamer heeft op 4 juni 2013 een beleidsdebat gevoerd met minister van Binnenlandse Zaken en Koninkrijksrelaties Plasterk, waarin wederom door de Kamerleden aandacht werd gevraagd voor de coördinatie ten aanzien van Caribisch Nederland. De minister gaf hierbij aan dat hij zijn coördinerende rol serieus neemt, bijvoorbeeld ten aanzien van de legislatieve terughoudendheid. Onder meer gaf hij aan dat de beantwoording van vragen van de Kamers die gaan over Caribisch Nederland altijd door de minister van Binnenlandse Zaken en Koninkrijksrelaties dienen te worden medeondertekend. In het eerdergenoemde debat over de IJkwet BES gaf minister Plasterk aan "er als minister voor Koninkrijksrelaties als een hellehond voor [te liggen] om te voorkomen dat collega's met wetgeving komen die niet nuttig of nodig is voor de eilanden". Uit bovenstaande ontwikkelingen kan worden afgeleid dat de coördinerende rol van de minister van Binnenlandse Zaken en Koninkrijksrelaties, waarvoor de Eerste Kamer meermaals aandacht heeft gevraagd, is versterkt, mede als gevolg van de inspanningen van diezelfde Eerste Kamer.

Voorzieningenniveau
Een ander onderwerp waaraan de Eerste Kamer meermaals aandacht heeft besteed, is het voorzieningenniveau voor de inwoners van de BES-eilanden. Met het ingaan van de nieuwe structuur zijn Bonaire, Sint Eustatius en Saba onderdeel geworden van het land Nederland, maar in artikel 1 van het Statuut is opgenomen dat afwijkende regels kunnen

WEETJE

Het hoogste punt van het Koninkrijk der Nederlanden ligt op Saba. Het is Mount Scenery, een 887 meter hoge slapende vulkaan.

Saba bezien vanaf Mount Scenery.

worden gesteld "met het oog op de economische en sociale omstandigheden, de grote afstand tot het Europese deel van Nederland, hun insulai-
re karakter, kleine oppervlakte en bevolkingsomvang, geografische omstandigheden, het klimaat en andere factoren waardoor deze eilanden
zich wezenlijk onderscheiden van het Europese deel van Nederland".
De exacte invulling van deze criteria, en welk voorzieningenniveau in
Caribisch Nederland moet worden nagestreefd, zijn onderwerp van
gedachtewisseling geweest tussen de Kamer en de regering. Hierbij is de
definitie van een 'binnen Nederland aanvaardbaar voorzieningenniveau'
gebruikt.[16]

*De delegatie van de Eerste Kamer
bezoekt een winkel op Bonaire,
januari 2013.*

De Eerste Kamer heeft, tijdens debatten, maar ook door middel van
schriftelijke vragen, de regering meermaals gevraagd wat zij onder een
dergelijk voorzieningenniveau verstaat. Op het gebied van de volksgezondheid is, mede naar aanleiding van de ervaringen van de Kamerleden
tijdens een werkbezoek aan het Caribisch deel van het Koninkrijk in
januari 2013, meermaals met de minister van Binnenlandse Zaken en
Koninkrijksrelaties en de minister van Volksgezondheid, Welzijn en
Sport schriftelijk en mondeling overlegd.[17] Ook de armoedebestrijding
is een onderwerp dat de aandacht heeft gehad.[18] Uiteindelijk heeft de
regering besloten om over te gaan op een meer integrale aanpak van de
ontwikkeling van de drie eilanden om te komen tot een binnen Nederland aanvaardbaar voorzieningenniveau, dat in de vorm van meerjarige
gezamenlijke beleidsplannen wordt vastgelegd. Met deze plannen, die in
overleg met de eilandsbesturen worden opgesteld, kan volgens de regering een transparant en integraal beleid op de eilanden worden neergezet
waar de departementen en eilandoverheden samen aan kunnen werken.[19]
Het opstellen van dergelijke plannen was een van de aanbevelingen van
de commissie evaluatie Rijkscoördinatie Caribisch Nederland (zie hieronder). Op 12 juni 2015 heeft de minister van Binnenlandse Zaken en
Koninkrijksrelaties de vastgestelde meerjarenplannen per brief aan de
Eerste Kamer aangeboden.[20]

Kiesrecht op de BES-eilanden
Op 25 juni 2013 debatteerde de Kamer met minister van Binnenlandse
Zaken en Koninkrijksrelaties Plasterk over een wetsvoorstel tot wijziging
van de Nederlandse Kieswet.[21] Hierin werden actief en passief kiesrecht
voor de eilandsraden van Bonaire, Sint Eustatius en Saba toegekend aan
Nederlandse én (onder voorwaarden) niet-Nederlandse ingezetenen van
Caribisch Nederland. Op verzoek van een deel van de Eerste Kamer
traden deze bepalingen in de wet echter niet meteen in werking en werd
door de regering een nieuw wetsvoorstel ingediend.[22] Het nieuwe voorstel regelde dat zodra de Grondwet zou bepalen dat de eilandsraden mede
de Eerste Kamer zouden verkiezen, uitsluitend Nederlandse ingezetenen
van Caribisch Nederland actief en passief kiesrecht voor die eilandsraden
hebben. Op die wijze zouden niet-Nederlanders dus geen invloed krijgen

op de samenstelling van de Eerste Kamer. Het genoemde voorstel (eerste lezing) tot grondwetswijziging was overigens al in de Eerste Kamer aanhangig, maar de behandeling ervan was aangehouden tot ná de staatkundige evaluaties, zodat de conclusies daaruit konden worden meegenomen bij de beoordeling van de grondwetswijziging.[23]

De Kamer ging echter nog een stap verder. In hetzelfde plenaire debat van juni 2013 verkreeg de Kamer van de minister de toezegging dat deze een notitie zou schrijven over de verschillende varianten voor het kiesrecht en de verkiezingen voor de eilandsraden op de drie Caribische eilanden. De leden van de twee verantwoordelijke Kamercommissies, Binnenlandse Zaken én Koninkrijksrelaties, drongen er vervolgens bij herhaling bij de minister op aan om de mogelijkheid en wenselijkheid te onderzoeken van een apart kiescollege voor Caribisch Nederland, dat uitsluitend door de Nederlandse ingezetenen van de BES-eilanden wordt gekozen en als enige taak heeft het mede verkiezen van de leden van de Eerste Kamer. In dat geval zouden de eilandsraden die taak niet hoeven te krijgen en was er geen bezwaar tegen actief en passief kiesrecht voor de raden voor buitenlanders op de eilanden.

Minister van Binnenlandse Zaken en Koninkrijksrelaties Plasterk (2012-heden)

Voor de instelling van zo'n apart kiescollege is een grondwetswijziging nodig, wat betekende dat de minister het aanhangige voorstel tot wijziging van de Grondwet zou moeten intrekken óf met een novelle zou moeten komen. De minister voelde hier maar weinig voor en overlegde – op aandringen van de Senaat – ook met de Tweede Kamer. De Eerste Kamer hield echter voet bij stuk en uiteindelijk, vele overleggen en brieven later, liet de minister de Kamer weten met de Tweede Kamer te willen overleggen over de steun in die Kamer voor een novelle. In het Algemeen Overleg met de Tweede Kamer van 17 maart 2015 vergewiste de minister zich van deze steun en kondigde hij aan vóór de zomer van 2015 een novelle in consultatie te brengen die daarna bij de Tweede Kamer zal worden ingediend.[24]

De door de Eerste Kamer bepleite oplossing van een apart kiescollege maakt het mogelijk dat tegelijkertijd Nederlanders en niet-Nederlanders actief en passief kiesrecht voor de eilandsraden krijgen én dat uitsluitend Nederlanders in Caribisch Nederland invloed krijgen op de samenstelling van de Eerste Kamer.

Aanloop evaluaties

In een aantal wetten dat in het kader van 10-10-10 is aangenomen, zijn evaluatiebepalingen opgenomen. Dit geldt bijvoorbeeld voor de WolBES en voor de consensusrijkswetten. Daarnaast is tijdens de behandeling van deze wetten een aantal toezeggingen gedaan ten aanzien van deze evalua-

RIJKSWETTEN

De vier justitiële rijkswetten zijn:
- de Rijkswet Gemeenschappelijk
  Hof van Justitie;
- de Rijkswet Openbare
  Ministeries Curaçao,
  Sint Maarten en BES;
- de Rijkswet Politie Curaçao,
  Sint Maarten en BES; en
- de Rijkswet Raad voor
  de Rechtshandhaving.

ties. De regering heeft de Eerste Kamer met een aantal brieven geïnformeerd over de voorgenomen evaluaties en de tijdspaden die zij voor ogen heeft. Er zijn drie evaluaties te onderscheiden.

1. De evaluatie van de uitwerking van de nieuwe staatkundige structuur van Bonaire, Sint Eustatius en Saba. Deze evaluatie dient te worden uitgevoerd vijf jaar nadat de nieuwe structuur is ingegaan. Voor deze evaluatie is, in overleg met de eilandsbesturen, een opdracht geformuleerd en er is een commissie ingesteld.
2. De evaluatie van de vijf consensusrijkswetten. De regeringen van de vier betrokken landen hebben ervoor gekozen om de vier justitiële rijkswetten gezamenlijk te evalueren.
3. De evaluatie van de Rijkswet financieel toezicht. Hiertoe is op 2 april 2015 door de Rijksministerraad een evaluatiecommissie ingesteld. Deze commissie zal de Rijksministerraad adviseren over de in de Rijkswet voorgeschreven besluitvorming ten aanzien van het al dan niet, of gedeeltelijk, laten vervallen van het financieel toezicht op Curaçao en Sint Maarten.

Naast deze drie evaluaties heeft in 2013/2014 een kleinere evaluatie plaatsgevonden, namelijk van de Rijkscoördinatie ten aanzien van Caribisch Nederland. Door de evaluatiecommissie is een aantal aanbevelingen gedaan, onder meer om de positie van de Rijksvertegenwoordiger te versterken. Tevens is een profielschets opgesteld voor een nieuwe Rijksvertegenwoordiger.

De vaste commissie voor Koninkrijksrelaties houdt de vinger aan de pols bij de evaluaties, onder meer door middel van schriftelijke en mondelinge overleggen met de minister van Binnenlandse Zaken en Koninkrijksrelaties over dit onderwerp. Uit de evaluaties zullen mogelijk nieuwe oplossingen voor gesignaleerde knelpunten voortvloeien, die wederom in het overleg tussen regering en parlement aan de orde worden gesteld. Vervolgens worden de besproken ideeën, al dan niet in aangepaste vorm, weer verwerkt in wetsvoorstellen, die opnieuw de Eerste Kamer dienen te passeren. Als de Eerste Kamer de voorstellen aanvaardt, breekt een nieuwe fase van uitvoering en evaluatie aan. Men ziet dat steeds sprake is van een cyclisch proces, waarbij de Eerste Kamer het tot haar taken rekent in iedere fase nauw betrokken te zijn en acht te slaan op de belangen van burgers in alle delen van het Koninkrijk der Nederlanden.

Voetnoten

1 De landen van het Koninkrijk kunnen krachtens artikel 38 van het Statuut onderling regelingen treffen in de vorm van een rijkswet of van een algemene maatregel van rijksbestuur over een onderwerp dat niet als Koninkrijksaangelegenheid is aangemerkt. Een dergelijke rijkswet wordt consensusrijkswet genoemd.
2 Artikel 12 jo. artikel 13 Rijkswet financieel toezicht.
3 Stb. 2012, 338.
4 Advies Werkgroep Bestuurlijke en Financiële Verhoudingen Nederlandse Antillen, 'Nu kan het… nu moet het!', 8 oktober 2004, p. 6.
5 Kamerstukken I 2005/06, 30 300 IV, B.
6 Bijlage bij Kamerstukken II, 2006/07, 30 800 IV, nr. 3.
7 Toezegging T01030.
8 Kamerstukken I 2011/12, 33 000 VII, C.
9 Kamerstukken I 2011/12, 33 000 IV, D.
10 Zie Kamerstukken I 2011/12, 33 000 IV, E t/m M.
11 Kamerstukken I 2013/14, 33 750 IV, H.
12 Kamerstukken 33 884.
13 Kamerstukken I 2010/11, 32 500 IV, C.
14 Kamerstukken I 2010/11, 32 500 IV, D.
15 Kamerstukken I 2011/12, 33 000 IV, D
16 Deze definitie is opgenomen in de Besluitenlijst BES bestuurlijk overleg 31 januari 2008 te Den Haag, bijlage bij Kamerstukken I 2007/08, 31 200 IV, B.
17 Kamerstukken I 2012/13, CI, C, D en E herdruk.
18 Kamerstukken I 2013/14, 33 750 IV, S.
19 Kamerstukken I 2013/14, 33 750 IV, AB.
20 Kamerstukken I 2014/15, 34 000 IV, S.
21 Kamerstukken 33 268.
22 Kamerstukken 33 900.
23 Kamerstukken 33 131.
24 Kamerstukken II 2014/15, 33 900, nr. 26; Kamerstukken I 2014/15, 33 131/33 900, G.

JOS COLLIGNON 1950

Jos Collignon studeerde internationaal recht aan de Universiteit
van Utrecht. Als cartoonist is hij
vooral bekend door zijn politieke
spotprenten, aanvankelijk gepubliceerd in *NRC Handelsblad*
en sinds 1980 driemaal per
week in *de Volkskrant*. Hij won
in 2009 de Inktspotprijs, de
belangrijkste prijs voor politieke
cartoonisten in Nederland, en is
ook internationaal onderscheiden.

CARTOONIST
JOS COLLIGNON

EERSTE KAMER VERKIEZING

GESLAAGDE ACT

'U RIJDT AL GERUIME TIJD DRIE'

DE EERSTE KAMER EN EUROPA: BETROKKEN EN IN BEWEGING

DE EERSTE KAMER EN EUROPA: BETROKKEN EN IN BEWEGING

Openingsfoto vorige pagina's: de Nederlandse en de Europese vlag wapperen op de Mauritstoren van de Eerste Kamer.

Een belangrijk deel van de werkzaamheden van de Eerste Kamer is gericht op de Europese Unie en 'Europa' in den brede, al zijn daarvoor in het Reglement van Orde van de Eerste Kamer geen aanwijzingen te vinden. De Eerste Kamer heeft de afgelopen 25 jaar op dit gebied enorme ontwikkelingen doorgemaakt. Europa zelf is onmiskenbaar veranderd en de Eerste Kamer is, op haar eigen wijze, meeveranderd. Niet alleen heeft zij Europa geïntegreerd in haar werkwijze, de Kamer heeft ook moeten reflecteren op haar rol bij de totstandkoming van Europees beleid en Europese wetsinitiatieven te midden van 28 nationale parlementen en het Europees Parlement. Het reflecteren op de eigen rol in de Europese Unie is ook nu nog volop in ontwikkeling, zoals de Unie zelf steeds in ontwikkeling is.

Europa in beeld

Vroege belangstelling voor het Europese integratieproces in den brede
De Eerste Kamer was zich reeds in een zeer vroeg stadium bewust van de toenemende invloed van het Europese integratieproces. Deze invloed, zo meende zij, omvatte niet alleen de invloed van de wet- en regelgeving van de (toenmalige) Europese Gemeenschappen op de Nederlandse wetgeving, maar strekte zich ook uit tot het werk van andere internationale organisaties in Europa. De Raad van Europa, die bij het grote publiek vooral bekend is vanwege het Europees Verdrag voor de Rechten van de Mens (EVRM) en het Europees Hof voor de Rechten van de Mens (EHRM), werd daarbij de voornaamste geacht. Om passend gewicht toe te kennen aan het Europese integratieproces werd al in 1970 de vaste Kamercommissie voor Europese Samenwerkingsorganisaties (ESO) opgericht. De naam van de commissie weerspiegelde het brede aandachtsveld van de commissieleden.

Op 6 januari 2010 hijsen de Voorzitters van Eerste en Tweede Kamer, Van der Linden en Verbeet, de Europese vlag op de Mauritstoren.

De inbedding van de Raad van Europa in deze commissie was niet verwonderlijk. Al sinds het ontstaan van de Raad van Europa in 1949 kennen de Staten-Generaal een zeer actieve delegatie bij de Parlementaire Assemblee van de Raad van Europa, beter bekend als de PACE (Parliamentary Assembly of the Council of Europe). De Assemblee is samengesteld uit 318 volksvertegenwoordigers uit de 47 landen verenigd in de Raad van Europa. Van de zeven Nederlandse delegatieleden anno 2015 zijn vijf leden afkomstig uit de Eerste Kamer. Van de eveneens zeven plaatsvervangende leden zijn er vier afkomstig uit de Eerste Kamer. Ook in de afgelopen 25 jaar hebben senatoren binnen deze Europese samenwerkingsorganisatie een belangrijke bijdrage geleverd op het gebied van democratie, rechtsstaat en mensenrechten. Zo zijn verschillende rapporten die geleid hebben tot PACE-resoluties van de hand van Nederlandse senatoren. Veel senatoren nemen ook deel aan waarnemingsmissies bij het verloop van presidents- of parlementsverkiezingen in lidstaten van de Raad van Europa. De voorbije jaren hebben senatoren ook belangrijke functies binnen de Assemblee van de Raad van Europa bekleed, zoals het voorzitterschap van de Assemblee, en functies in de verschillende commissies, waaronder de commissie die zich toelegt op de voorbereiding van de benoeming van rechters in het EHRM.[1]

In recente jaren streeft de Kamer ernaar om de werkzaamheden van de PACE-delegatie verder in te passen in het werk van de Kamer. Deze wisselwerking leidt ertoe dat de delegatieleider in commissieverband mondeling verslag doet van de PACE-vergaderingen en dat de daar aangenomen resoluties en aanbevelingen worden verspreid onder de vakcommissies. Omgekeerd lichten de delegatieleden ook het werk dat binnen de Eerste Kamer is gedaan toe in de Parlementaire Assemblee, wanneer dit relevant is voor discussies in Straatsburg.

Van specialisme tot zaak van de vakcommissies
De grootste veranderingen in het Europese integratieproces hebben zich de afgelopen decennia voorgedaan in de Europese Unie en deze veranderingen hebben invloed gehad op de rol van nationale parlementen. Het Verdrag van Maastricht vormde in 1992/93 de basis voor de huidige Europese Unie. Daarna kwam een aantal hervormingen die beoogden de Unie slagvaardiger te maken. De meest recente hervorming is het Verdrag van Lissabon, dat in 2009 in werking trad. Dit verdrag had onder andere als doel de Unie efficiënter en vooral democratischer te maken door ook de nationale parlementen meer te betrekken bij de totstandkoming van Europees beleid en wetgevingsinitiatieven. De wijze waarop de Eerste Kamer is omgegaan met het werk van de Europese Unie is eveneens door de jaren heen veranderd.

RAAD VAN EUROPA

De Raad van Europa zet zich met name in voor de handhaving van mensenrechten en democratie en bevordering van de rechtsstaat in Europa en elders.

Senator Kox (SP) spreekt de PACE toe.

WEETJE

Het Eerste Kamerlid Van der Linden (CDA) was van 2005 tot 2008 Voorzitter van de PACE.

Op initiatief van de Eerste Kamer vond op 9 maart 2007 in de Ridderzaal de viering 'Vijftig jaar Verdragen van Rome' plaats.

Een eerste ontwikkeling die voor verandering zorgde, was de wijze waarop de zogenaamde subsidiariteitstoets werd uitgevoerd. Deze komt hierna nog uitgebreid aan de orde, maar hier kan reeds worden opgemerkt dat het bij een dergelijke toets gaat om de vraag of regelgeving beter op het niveau van de Europese Unie of op het niveau van de lidstaten kan worden gemaakt. De Staten-Generaal hebben zich al in een zeer vroeg stadium voorbereid op het gebruik van dit nieuwe instrument. Directe aanleiding hiervoor waren voorstellen vanuit de Conventie voor het ontwerp-Verdrag tot vaststelling van een Grondwet voor Europa om het democratisch gehalte van de EU te vergroten door nationale parlementen een rol te geven bij de toetsing van Europese wetgevingsvoorstellen aan de beginselen van subsidiariteit en evenredigheid.[2] Om zich voor te bereiden op en ervaring op te doen met dit nieuwe instrument stelden de beide Kamers der Staten-Generaal al in 2003 de Gemengde Commissie Toepassing Subsidiariteit in.[3] Deze commissie heeft op 1 november 2005 een advies uitgebracht waarin procedurele voorstellen zijn gedaan voor de parlementaire behandeling van Europese wetgevingsvoorstellen.[4] Uit dat advies is de instelling van de Tijdelijke Commissie Subsidiariteitstoets (TCS) voortgevloeid.

De tijdgeest waarin het advies werd uitgebracht was er een van gebleken scepsis onder de Nederlandse bevolking tegenover de Brusselse bemoeizucht: op 1 juni 2005 was het Verdrag tot vaststelling van een Grondwet voor Europa met ruime meerderheid in een referendum verworpen. Het parlement nam deze boodschap ter harte. Door nadrukkelijker bij elk nieuw Europees wetgevingsinitiatief de vraag te stellen wat er beter op Europees niveau geregeld kan worden en wat er voorbehouden dient te blijven aan het nationale of het decentrale niveau, hoopte het Nederlandse parlement het vertrouwen van de kiezers terug te winnen.

Dossiers van de Tijdelijke Gemengde Commissie Subsidiariteitstoets.

De TCS begon haar werkzaamheden in 2006 en zij is in 2007 voortgezet als de Tijdelijke Gemengde Commissie Subsidiariteitstoets (TGCS). Europese voorstellen werden in deze gemengde commissie met leden van Eerste en Tweede Kamer gezamenlijk beoordeeld. De evaluatie van de werkzaamheden van deze commissie leidde tot de vraag of deze commissie op permanente basis moest worden voortgezet. De Eerste Kamer beantwoordde deze vraag ontkennend. Zij koos ervoor om bij de behandeling van Europese initiatieven een nog grotere rol en verantwoordelijkheid bij de vakcommissies te leggen en besloot de TGCS niet voort te zetten. Volgens de Kamer had de TGCS het bewustzijn en de kennis van een Europese dimensie bij elk beleidsterrein in de vakcommissies vergroot en had zij daarom een belangrijke bijdrage geleverd aan de inbedding van de Europese werkzaamheden in de Staten-Generaal.[5] Door de vakcommissies een grotere rol toe te kennen in de behandeling van Europese voorstellen zouden deze voorstellen bovendien integraal kunnen worden beoordeeld en niet enkel worden getoetst op subsidiariteit.

Een tweede verandering kwam er dan ook met de herbezinning op haar Europese werkzaamheden en de introductie van de zogenaamde 'Europese werkwijze van de Eerste Kamer' in 2009.[6] Het centrale uitgangspunt van de Europese werkwijze is dat de behandeling van Europese (beleids)-voorstellen in de Eerste Kamer volledig geïntegreerd is in het reguliere werk van de Kamer. Hiervoor vervulde de toenmalige vaste commissie voor Europese Samenwerkingsorganisaties al die tijd de rol van poortwachter: zij besloot per Europees voorstel of het betreffende voorstel onder de aandacht van de beleidsverantwoordelijke commissie moest worden gebracht. De voorgestelde 'nieuwe werkwijze' voor de behandeling van Europese voorstellen stelde juist de verantwoordelijkheid van de vakcommissies centraal bij het besluit om een voorstel al dan niet in behandeling te nemen. Deze werkwijze sloot aan bij de behandeling van nationale wetsvoorstellen en beleidsvoorstellen. De Eerste Kamer heeft daarmee willen onderstrepen dat 'Europa' geen specialisme is van één commissie, maar integraal onderdeel van het werk van alle vakcommissies, en dat nationale regelgeving en Europese regelgeving steeds meer verweven zijn. Twee Kamercommissies hebben ten aanzien van de behandeling van Europese dossiers een bijzondere verantwoordelijkheid: de commissie voor Europese Zaken en de commissie die de JBZ-Raad volgt.

De commissie voor Europese Zaken
Binnen de nieuwe Europese werkwijze heeft de commissie voor Europese Samenwerkingsorganisaties – in 2012 is de naam van de commissie gewijzigd in de vaste commissie voor Europese Zaken (EUZA) – een meer coördinerende rol gekregen bij de behandeling van dossiers die de vakcommissies overstijgen, zoals bijvoorbeeld verdragswijzigingen of

De vaste commissie voor Europese Zaken tijdens een vergadering in 2015.

Leden van de Eerste Kamer op werkbezoek bij de Europese Commissie in Brussel in 2012.

ALGEMENE EUROPESE BESCHOUWINGEN

'Algemene Europese Beschouwingen' is sinds 2010 de naam van het debat over Europa in de Eerste Kamer, dat sinds 1996 ieder jaar plaatsvindt.

andere institutionele aangelegenheden. Daarnaast bereidt de commissie het jaarlijkse beleidsdebat over Europese aangelegenheden voor, de Algemene Europese Beschouwingen.

De Eerste Kamer houdt sinds 1996 jaarlijks een debat over Europa. Sinds 2010 wordt dit debat gehouden in de vorm van de Algemene Europese Beschouwingen, waarbij nationale en Europese beleidsnota's aan de orde worden gesteld. De Algemene Europese Beschouwingen vinden telkens plaats in het voorjaar en zij staan doorgaans in het teken van een actueel thema.[7] De woordvoerders bereiden zich op dit debat voor door onder andere een werkbezoek te brengen aan de Europese instellingen. Zij gaan dan in gesprek met bijvoorbeeld de Voorzitter van de Europese Raad, Eurocommissarissen, het Europees Parlement, nationale ambassades en deskundigen uit de wetenschap. De Kamer kiest vaak voor een toekomstgerichte en constructief-kritische reflectie op Europees beleid, Europese dossiers en Nederlands EU-beleid. Een voorbeeld van een Europees vraagstuk dat een groot aantal jaren de aandacht van de Eerste Kamer heeft gehad, is de aanwas van Europese agentschappen. De Eerste Kamer had in 2005 de regering verzocht een voorlichtingsaanvraag bij de Raad van State over dit vraagstuk in te dienen, met specifieke aandacht voor de institutionele inbedding van agentschappen en de democratische controle daarop.[8] In de Eerste Kamer leefde de opvatting dat de groei van agentschappen een dure vorm van ongewenste bureaucratisering is waardoor burgers van Europa vervreemden.

De commissie voor Immigratie & Asiel/JBZ-Raad

Hoewel alle Kamercommissies zich in de nieuwe Europese werkwijze actief bezighouden met Europese dossiers onderscheiden ze zich in het aantal Europese dossiers dat ze behandelen. Dit wordt mede bepaald door de mate waarin de Europese Unie het beleidsterrein van de verschillende commissies beïnvloedt. Commissies die – met name de afgelopen jaren – een relatief groot aantal Europese voorstellen geagendeerd hebben, zijn de commissies voor Economische Zaken (EZ), Financiën (FIN) en Infrastructuur, Milieu en Ruimtelijke Ordening (IMRO). De commissie die zich van oudsher toelegt op de Raadsvergaderingen van de ministers van Justitie en van Binnenlandse Zaken van de lidstaten van de EU, de JBZ-Raad, behandelt echter verreweg de meeste Europese voorstellen. De verklaring hiervoor ligt in de oorspronkelijke opdracht van de commissie.

Deze commissie werd ingesteld in 1999 en heette oorspronkelijk de commissie voor de JBZ-Raad. Het was een bijzondere commissie die zich toelegde op die Europese wetgevingsvoorstellen die op grond van de goedkeuringswetten bij de Europese verdragen de instemming van de Kamer behoefden. Zoals andere lidstaten had Nederland destijds een vetorecht op het terrein van justitie en binnenlandse zaken, waardoor het parlement meer invloed kon uitoefenen op de regering. Met het oog

INTERVIEW MET OUD-VOORZITTER RENÉ VAN DER LINDEN

"DE TOEKOMST LIGT IN EUROPA"

U hecht veel belang aan kennis over Europa onder jongeren. Waar komt uw eigen interesse voor Europese samenwerking vandaan?
Op het kleinseminarie, Rolduc, waar ik eind van de jaren vijftig drie jaar heb gezeten, ben ik echt Europeaan geworden. Daar werd ieder jaar een Europaweek georganiseerd, waarin alle aspecten van Europa aan bod kwamen. Daar voel ik mij schatplichtig aan. Maar ook de Limburgse regio waar ik vandaan kom heeft ertoe bijgedragen dat ik graag met andere culturen omga en dat ik mij ook over de grenzen heen thuis voel. Ik heb ooit tegen Koningin Juliana gezegd: 'Ik ben René van der Linden, Europeaan, regionalist – Limburger – en fiere Nederlander.' Want de toekomst ligt in Europa, mijn roots dat is mijn identiteit, en ik ben een fiere Nederlandse staatsburger. Om de kennis over Europa te stimuleren zal ik een uitnodiging om te spreken over Europa voor scholieren ook nooit afslaan. Spreken voor jongeren, scholieren en studenten vanuit de jarenlange ervaring ervaar ik als een stimulans en geeft ook energie. Zo ben ik lang geleden begonnen met het organiseren van bezoeken voor scholieren uit Nederland aan de Straatsburgse instellingen van de Raad van Europa. Dat zijn onvergetelijke reizen en zij dragen bij tot het Europees burgerschap.

U bent van 2009 tot 2011 Voorzitter van de Eerste Kamer geweest. De Europese Unie en de Raad van Europa hebben altijd een grote rol gespeeld gedurende uw voorzitterschap.
Als Voorzitter deed ik 'Europa' vanuit mijn passie en mijn hart. Ook mijn voorgangster, Yvonne Timmerman-Buck, was zeer begaan met Europa. Zij heeft bijvoorbeeld het grote symposium ter gelegenheid van de viering 'Vijftig jaar Verdragen van Rome' in 2007 georganiseerd in de Ridderzaal. Maar ik vind het vleiend dat ik word geïdentificeerd met Europa. Ik wilde als Voorzitter het beeld neerzetten dat deze Kamer ook een sterke Europese oriëntatie heeft, enerzijds door debatten over Europa te houden,

KORTE BIOGRAFIE
René van der Linden (CDA) was van 8 juni 1999 tot 9 juni 2015 lid van de Eerste Kamer. In de periode 2005-2008 was hij Voorzitter van de Parlementaire Assemblee van de Raad van Europa (PACE). Van 6 oktober 2009 tot 28 juni 2011 was de heer Van der Linden Voorzitter van de Eerste Kamer.

René van der Linden

maar ook door symboliek, door bijvoorbeeld vooraanstaande Europese politici uit te nodigen en door naast de Nederlandse vlag op de Maurits-toren ook een vlaggenmast voor de Europese vlag te plaatsen.

Voor de onderscheidende rol die Eerste Kamer heeft gespeeld op het gebied van Europese samenwerking is in 2011 een gouden medaille uitgereikt door de Fondation du Mérite Européen.
De medaille heb ik ervaren als een fantastische erkenning voor het werk van de Senaat. Protocollair is de Voorzitter van de Senaat de eerste burger na de Koning en dat draagt ertoe bij dat de Eerste Kamer in Europa een belangrijke rol kan spelen. De Eerste Kamer verdiende die erkenning ook door alle actieve bijdragen die haar leden, dwars door alle politieke par-tijen heen, leverden in assemblees, zoals de Raad van Europa en COSAC, maar ook in internationale assemblees, zoals de NAVO en de OVSE. Ook heeft deze Kamer zich onderscheiden door Europa vroeg te integreren in haar werkwijze, door het opzetten van de website Europapoort, die in Europa als een 'best practice' wordt gezien, en door verschillende belang-rijke debatten en symposia over Europa te organiseren. De Kamer heeft zich vaak ook kritisch opgesteld ten aanzien van Europese ontwikkelingen, bijvoorbeeld bij de oprichting van EU-agentschappen en omwille van het ontbreken van verklaringen van lidstaten over de besteding van Europese gelden.

U heeft tijdens uw politieke leven deelgenomen aan verschillende Europese assemblees en u was in 2002 de afgevaardigde voor de Eerste Kamer naar de Europese Conventie. Hoe heeft u deze Europese bijeenkomsten ervaren?
De betekenis van internationale parlementaire assemblees in het algemeen wordt eigenlijk nog steeds te veel onderschat en ondergewaardeerd. In de internationale politiek is het opbouwen en onderhouden van vertrouwens-volle persoonlijke contacten van groot belang. De kennis en ervaring die in deze internationale parlementaire assemblees wordt opgedaan, vormt een essentieel onderdeel van het nationale debat. Het vormt een netwerk van onschatbare waarde. We kunnen zoveel leren van anderen. Tegelijk is een dergelijke assemblee voor de parlementariërs uit de nieuwe leden-landen een 'school of democracy'.

De periode van mijn lidmaatschap in de Conventie en van de Raad van Europa is eigenlijk een van de meest fascinerende periodes van mijn politieke leven geweest. Ik heb daar zo veel arbeidsvreugde uit gehaald. Ik kan moeilijk onder woorden brengen wat voor een geweldig leerproces dit is geweest. Het gaf mij een tomeloze energie om met al die verschillende culturen samen te kunnen werken in een van de meest fascinerende periodes van het naoorlogse Europa.

Foto rechterpagina:
René van der Linden ontvangt op
6 oktober 2009 de voorzitters-
hamer uit handen van zijn voor-
ganger, Yvonne Timmerman-Buck.

De voorzitter van de commissie I&A/JBZ, senator Ter Horst (PvdA), bij een interparlementaire bijeenkomst over gegevensbescherming op 9 en 10 oktober 2012 in het Europees Parlement te Brussel.

op het verkrijgen van instemming werden de Kamers goed geïnformeerd door de regering over alle stappen in de besprekingen en onderhandelingen over een Europees voorstel. Bovendien was justitie en binnenlandse zaken, in tegenstelling tot de economische eenmaking, toen nog een relatief nieuw beleidsterrein waarover binnen de EU nog veel regels voor verdere harmonisatie werden opgesteld. De commissie heeft zich daardoor ontwikkeld tot de Kamercommissie die zich, ook nu nog, wellicht het meest toelegt op het volgen van een Europees voorstel in al zijn facetten. Dit gebeurt onder meer door het actief agenderen en bespreken van de kabinetsinzet zoals deze is toegelicht in de geannoteerde agenda's en de verslagen van de JBZ-Raad en van de Raadsdocumenten waarover wordt vergaderd in de Raadsvergadering.[9]

De commissie is in 2007 een van de vaste Kamercommissies geworden en buigt zich sinds 2011 ook over de nationale dossiers op het terrein van immigratie en asiel. Sinds 2011 is de naam van de commissie dan ook voluit: commissie voor Immigratie & Asiel / JBZ-Raad (I&A/JBZ). Nationale wetgeving op het gebied van justitie en op gebied van binnenlandse zaken is primair bij de respectievelijke commissies voor Veiligheid en Justitie en voor Binnenlandse Zaken belegd.

In de loop der jaren heeft de commissie ook een aantal bijzondere aandachtspunten ontwikkeld. De leden van deze commissie hebben in het verleden vaak dossiers op het gebied van migratie, Schengen en het toezicht op EU-agentschappen geselecteerd. Als rode draad in het werk van de commissie kan men ook een bijzondere aandacht zien voor een goede bescherming van persoonsgegevens in Europese wetten. De commissie streeft ook actief naar een verbetering van de informatievoorziening door de regering over Europese dossiers die in de Raad worden behandeld, de openbaarheid van Raadsdocumenten en de transparantie van het wetgevingsproces op Europees niveau in het algemeen.

De 'europeanisering' van de Griffie

Het veranderende Europese landschap is niet alleen van invloed geweest op de commissies van de Kamer, maar ook op de ambtenaren die deze commissies ondersteunen. Binnen de Eerste Kamer was al in een vroeg stadium behoefte aan een structureel informatie- en signaleringssysteem om zicht te kunnen houden op de toenemende Europese regelgeving en op de uitwerking daarvan op nationale wetgeving. Om die reden is in 2001 voor de ondersteuning bij de Europese werkzaamheden een speciaal Europees Bureau Eerste Kamer (EBEK) opgericht. Het EBEK richtte zich in eerste instantie vooral op ondersteuning bij de uitoefening van het instemmingsrecht, door het opzetten van een volgsysteem voor JBZ-dossiers. Van bijzonder belang was de koppeling van het informatiesysteem voor het volgen van Europese dossiers aan een openbare website. De website www.europapoort.nl diende niet alleen Kamerleden, maar

Voorbeeld van een dossier op de Europapoort, de Europese website van de Eerste Kamer.

Op 20 april 2010 werd de nieuwe Eerste Kamerwebsite www.europapoort.nl gelanceerd.

bood het publiek direct inzicht in de werkzaamheden van de Eerste Kamer en stelde het in staat standpunten aan de Kamer kenbaar te maken. Om de integratie van de Europese werkzaamheden in het werk van de gehele Kamer te benadrukken is het EBEK opgegaan in de afdeling Inhoudelijke Ondersteuning van de Kamer. Op deze afdeling wordt in hoofdstuk 10 nader ingegaan. De website Europapoort wordt alom nog steeds beschouwd als een van de meest complete 'Haagse' websites over (de behandeling van) Europese voorstellen.

Ten slotte is er vanuit de Staten-Generaal een permanente vertegenwoordiger bij de Europese instellingen aangesteld. Deze zorgt voor tijdige en adequate informatie over institutionele ontwikkelingen en ophanden zijnde regelgeving en faciliteert meer in het algemeen de parlementaire controle op het Europese beleid van de Nederlandse regering. Deze vertegenwoordigers, bijna elk nationaal parlement in de EU heeft er een, zijn de ogen en oren van de parlementen bij het Europees Parlement en bij de instellingen van de EU. Zij vormen bovendien een netwerk dat ook snelle informatie-uitwisseling tussen de nationale parlementen kan bevorderen. Reeds vroeg in de procedure kan bijvoorbeeld ambtelijk worden gemeld dat een parlement of Kamer een subsidiariteitstoets uitvoert op een Europees voorstel.

De Monday Morning Meeting in het Europees Parlement, waarin de permanente vertegenwoordigers van de nationale parlementen informatie uitwisselen.

De Eerste Kamer en Europa,
eigen publicatie uit 2007.

RAAD

De Raad van ministers van de Europese Unie moet worden onderscheiden van de Europese Raad. De Raad van ministers bestaat uit de ministers van bijvoorbeeld Justitie, Landbouw of Economische Zaken van de lid-staten die gezamenlijk vergaderen en besluiten nemen. De Europese Raad bestaat naast haar Voorzitter uit de staatshoofden en regerings-leiders en de voorzitter van de Europese Commissie.

Invloed op Europa

Waar de Eerste Kamer onderdeel is van het nationale wetgevingsproces en een volgtijdelijke rol heeft ten aanzien van de Tweede Kamer, is dit anders voor het Europese wetgevingsproces. Europese wetten worden doorgaans door het Europees Parlement samen met de Raad van ministers van de Europese Unie (hierna: de Raad) vastgesteld, op voorstel van de Europese Commissie. Veel Europese wetgeving komt tot stand in de vorm van richtlijnen die moeten worden omgezet in Nederlandse wetgeving. Andere Europese wetgeving, zoals verordeningen, geldt na haar inwerkingtreding rechtstreeks in Nederland. Veel Nederlandse regels op terreinen als economie, landbouw, milieu, migratie, maar ook financiën en justitie zijn direct of indirect afkomstig vanuit de Europese Unie. In de Europese wetgevingsprocedure heeft de Eerste Kamer weliswaar geen directe rol als wetgever, maar oefent zij controle uit op de totstandkoming van Europese maatregelen die uiteindelijk ook in Nederland gelden.

Aangezien de Europese Commissie jaarlijks tussen de 800 à 1.000 nieuwe voorstellen en andere documenten opstelt (zoals groenboeken, witboeken, mededelingen, ontwerprichtlijnen en -verordeningen enz.), is het praktisch onuitvoerbaar dat de Eerste Kamer al deze voorstellen toetst. De Eerste Kamerleden zijn bovendien parttime politici, waardoor zij in hun werk een prioritering moeten aanbrengen. Onderdeel van de Europese werkwijze van de Eerste Kamer is daarom een selectieprocedure waarmee de Kamercommissies de voor hen belangrijkste voorstellen uit het jaarlijkse werkprogramma van de Europese Commissie kiezen. De lijst met deze prioriteiten wordt vervolgens plenair vastgesteld en ter kennis gebracht aan de minister van Buitenlandse Zaken en de minister-president, opdat de regering de Kamer hierover in het bijzonder goed-geïnformeerd houdt, en aan de Tweede Kamer. Zodra de Europese Commissie deze voorstellen publiceert, worden zij automatisch op de agenda van de verantwoordelijke vakcommissie geplaatst. Kamercommissies kunnen ook later in het jaar voorstellen van de Europese Commissie die niet op de prioritaire lijst staan, selecteren voor behandeling. Daartoe krijgen de vakcommissies wekelijks een lijst toegestuurd met alle nieuwe Commissievoorstellen die in de voorbije week zijn verschenen.

Om parlementaire controle uit te kunnen oefenen, richt de Eerste Kamer zich voornamelijk op het controleren van het optreden van de Nederlandse regering in de Raad. De Kamer maakt daarbij vooral gebruik van het instrumentarium waarmee zij ook nationale wetgeving kan behandelen.[10] De Europese verdragen hebben nationale parlementen daarnaast zelf ook verschillende bevoegdheden toegekend, waaronder een formele rol in het kader van subsidiariteitscontrole bij de totstandkoming van Europese wetten.

Controle op het optreden van de regering in de Raad

Het reguliere nationale instrumentarium

Aangezien de regering via de Raad mede Europese wetgeving tot stand brengt, is het voor de Eerste Kamer van belang dat zij weet wat het kabinetsstandpunt is over nieuwe Commissievoorstellen en hoe de kabinetsinzet zal luiden bij de onderhandelingen over een Europees voorstel. De regering informeert de Kamer hierover door een beoordeling te geven van de voorstellen van de Europese Commissie in de zogenaamde BNC-fiche. Met het aanbieden van een geannoteerde agenda van elke Raadsvergadering en na afloop een Raadsverslag, wordt de Nederlandse inzet bij de onderhandelingen over een Europees voorstel in de Raad verder toegelicht.

Zoals ook voor de behandeling van nationale wetsvoorstellen gebruikelijk is, verloopt de behandeling van een Europees voorstel in de Eerste Kamer voornamelijk schriftelijk. De toegelichte kabinetsstandpunten worden schriftelijk aangeboden in de relevante vakcommissies. Wenst een commissie, of één of meerdere fracties, over het kabinetsstandpunt vragen te stellen of het kabinetsstandpunt te beïnvloeden, dan gebeurt dit in de regel door middel van een brief gericht aan de desbetreffende bewindspersoon. Zoals eerder genoemd, maakt vooral de commissie die de JBZ-Raad volgt actief gebruik van Raadsdocumenten, geannoteerde agenda's en verslagen om de regering te controleren. Anders dan in de Tweede Kamer houden de vakcommissies in de regel geen mondeling overleg waarin zij een bewindspersoon bevragen voorafgaand aan een Raadsvergadering. De Eerste Kamer tracht hierdoor ook te voorkomen dat er doublures in het werk van beide Kamers optreden.

Een commissie kan, aanvullend op een schriftelijk overleg met de regering, een mondeling overleg met een bewindspersoon of een ambtelijke technische briefing aanvragen wanneer zij dit nodig acht. Vaak gaat het dan om complexe dossiers of thema's die afzonderlijke dossiers overstijgen, zoals de bescherming van gegevens op Europees niveau, de ontwikkeling van een Gemeenschappelijk Europees Asielstelsel (GEAS), het Europees Stabiliteitsmechanisme in de eurozone of het Oostelijk Partnerschap van de Europese Unie.

Bij de controle op de regering kan de Eerste Kamer ook gebruikmaken van de instrumenten die haar in een regulier plenair debat ter beschikking staan. Al komt het weinig voor dat Europese voorstellen plenair behandeld worden, de Kamer spreekt jaarlijks met de regering over haar EU-beleid tijdens de Algemene Europese Beschouwingen (zie eerder in dit hoofdstuk). Kamerleden kunnen in het debat het optreden van de regering in de Europese Unie trachten te beïnvloeden door het indienen van moties. Ook kunnen Kamerleden toezeggingen ontlokken aan de bewindspersoon. Wanneer een nieuw Europees verdrag wordt gesloten

BNC-FICHES

BNC-fiches (Beoordeling Nieuwe Commissievoorstellen) bevatten een inhoudelijke en financiële beoordeling door de regering van nieuwe Commissievoorstellen, waaronder een evaluatie van de subsidiariteit en de proportionaliteit van het voorstel en de gevolgen voor Nederland.

De landen van de Europese Unie (blauw) met de landen van het Oostelijk Partnerschap (oranje). Dit samenwerkingsverband met de EU omvat Armenië, Azerbeidzjan, Georgië, Moldavië, Oekraïne en Wit-Rusland.

ARTIKEL 68 GRONDWET

Dit artikel luidt: "De ministers en de staatssecretarissen geven de kamers elk afzonderlijk en in verenigde vergadering mondeling of schriftelijk de door een of meer leden verlangde inlichtingen waarvan het verstrekken niet in strijd is met het belang van de staat."

Op het gebied van paspoorten hebben de beide Kamers nog instemmingsrecht.

of een bestaand verdrag wordt herzien, of wanneer een nieuwe lidstaat toetreedt tot de Europese Unie, wordt de betreffende goedkeuringswet eveneens plenair behandeld in de Eerste Kamer.

Parlementair behandelvoorbehoud

De grondwettelijke informatieplicht (artikel 68 Grondwet) biedt de Kamer een stevige basis om door de regering te worden geïnformeerd over de totstandkoming van Europees beleid en regelgeving en over de rol die de regering daarin heeft. Op basis van nationale wetgeving hebben beide Kamers als een vorm van nadere invulling van deze informatieplicht sinds 2009 ook de beschikking gekregen over een bijzonder instrument, namelijk de bevoegdheid om een parlementair behandelvoorbehoud te plaatsen bij de totstandkoming van Europese wetgeving.[11] Door een voorbehoud te plaatsen geeft een Kamer aan dat zij een voorstel van bijzonder politiek belang acht en dat zij over de behandeling van dit voorstel op uitgebreide wijze wenst te worden geïnformeerd vooraleer de Raad hierover een besluit neemt. De Eerste Kamer heeft, anders dan de Tweede Kamer, deze procedure tot nu toe nog niet toegepast.[12]

Instemmingsrecht

Daar waar het nieuwe instrument van het parlementair behandelvoorbehoud kan worden opgevat als een uitbreiding van het instrumentarium van de Kamer in haar taak om de regering te controleren, bracht de goedkeuring van het Verdrag van Lissabon door de Staten-Generaal tegelijkertijd ook een beperking voor de Kamers. Met de komst van het Verdrag van Lissabon heeft het Europees Parlement veel meer wetgevende bevoegdheden gekregen. Bovendien werden veel besluiten in de Raad niet meer met unanimiteit genomen, maar met een gekwalificeerde meerderheid. Hierdoor verminderde de invloed van de regering op de besluitvorming in de Raad en waren de Kamers ook niet meer in de positie om een veto uit te spreken tegen een Raadsbesluit. Voor de Nederlandse wetgever was dit een aanleiding om het zogenaamde instemmingsrecht, dat inhoudt dat een bewindspersoon slechts kan meewerken aan de totstandkoming van een Europees voorstel als beide Kamers hun instemming hebben gegeven, voor de Kamers in te perken. Het instemmingsrecht geldt nu alleen voor een beperkt aantal Europese voorstellen, namelijk voorstellen op het gebied van paspoorten, familierecht en bepaalde vormen van politiesamenwerking.[13] De ontwerpbesluiten waarvoor instemmingsrecht geldt, worden doorgaans twee weken voor een vergadering van de JBZ-Raad door bewindslieden ter instemming voorgelegd aan de Eerste Kamer. De commissie belast met JBZ-zaken zal het ontwerp eerst in behandeling nemen. Het al dan niet verlenen van instemming wordt plenair vastgesteld. Naast een inhoudelijke beoordeling heeft de Eerste Kamer ook een vaste praktijk ontwikkeld voor wat betreft de beoordeling van voorstellen op formele gronden. De Eerste Kamer onthoudt namelijk haar instemming als het ontwerp te laat is aangeboden aan de Kamers, niet openbaar is gemaakt of niet in het Nederlands is.[14] De gedachte hierachter is dat de Eerste Kamer voldoende tijd moet krijgen om een voorstel inhoudelijk te kunnen beoordelen, en bovendien tijd en gelegenheid wil hebben om eventueel met externe deskundigen te praten.

De formele subsidiariteitstoets en de informele politieke dialoog

Het Verdrag van Lissabon, het meest recente EU-Verdrag, wordt vaak gezien als een versterking van het democratische gehalte van de Europese Unie. Niet alleen omdat het Europees Parlement een grotere rol heeft gekregen bij de totstandkoming van Europese wetten, maar ook omdat het Verdrag de rol van nationale parlementen in de Europese Unie heeft verbreed door uitdrukkelijk vast te leggen in het Verdrag dat nationale parlementen actief bijdragen aan de werking van de Unie.[15] Daarbij wordt uitdrukkelijk genoemd dat nationale parlementen toezien op de eerbiediging van het subsidiariteitsbeginsel.[16]

Subsidiariteitstoets

Het subsidiariteitsbeginsel is een van de grondbeginselen in de werking van de Europese Unie: de Europese Unie mag slechts optreden wanneer dat gewenst of noodzakelijk is. Met uitzondering van haar exclusieve

De gevolmachtigden, onder wie toenmalig premier Balkenende, na ondertekening van het Verdrag van Lissabon op 13 december 2007.

INTERVIEW MET SENATOR TINEKE STRIK

"ELKAAR AANSPREKEN OP RECHTSSTAAT-PROBLEMEN HELPT"

KORTE BIOGRAFIE

Tineke Strik (GroenLinks) is sinds 12 juni 2007 lid van de Eerste Kamer. Zij is tevens (plaatsvervangend) lid van de Nederlandse delegatie naar de Parlementaire Assemblee van de Raad van Europa en Raad van Europa-rapporteur van onder meer een onderzoek naar de dood van bootvluchtelingen in het Middellandse Zeegebied ('Lives lost in the Mediterranean Sea' en het vervolgrapport 'The Left-to-Die-Boat, actions and reactions').

De PACE-delegatie van het Nederlandse parlement bestaat uit zeven leden en zeven plaatsvervangende leden. In de delegatie zitten doorgaans vooral Eerste Kamerleden. Kunt u omschrijven waarom de Eerste Kamer zoveel belang hecht aan de Raad van Europa?

Ik ben zelf altijd plaatsvervangend lid geweest, maar ik heb in de delegatie altijd veel kunnen doen. Je kunt als lid van de delegatie ervoor kiezen hoe actief je jezelf opstelt en in die zin hechten Eerste Kamerleden inderdaad erg aan de Raad van Europa. De Europese Unie streeft vooral economische samenwerking na, maar de Raad van Europa is er primair ter bevordering van de mensenrechten, de democratie en de rechtsstaat. Dat past goed bij de werkwijze en het toetsingskader van de Eerste Kamer. De Eerste Kamer toetst wetsvoorstellen ook aan het internationale kader en vooral ook aan de mensenrechten.

De Nederlandse delegatieleden stellen ook de samenwerking met andere delegaties erg op prijs. Ik merk echt dat elkaar aanspreken op mensenrechten- of rechtsstaatproblemen in de lidstaten van de Raad van Europa helpt, tenminste dat nationale delegaties opinies of aanbevelingen over de situatie in hun land serieus nemen, en dat is inspirerend.

In hoeverre integreert u wat u in de Raad van Europa doet in uw werk voor de Eerste Kamer?

Het is niet voldoende om in de Raad van Europa resoluties en aanbevelingen aan te nemen over een mensenrechtenkwestie en hierop een reactie van het Comité van Ministers te ontvangen. Het is juist zo belangrijk dat wat in de Raad van Europa wordt besproken ook een weerklank krijgt in de lidstaten. Dan gaat zo'n rapport of resolutie pas echt leven. Daarom moet ook de eigen regering worden aangespoord tot een reactie. Dat doen we als Kamer nu al door individuele rapporten van Nederlandse delegatieleden voor te leggen aan de regering.

Tineke Strik

De Kamerleden zien de Raad van Europa verder als toetsingskader en halen inspiratie uit de rapporten van de Mensenrechtencommissaris, de uitspraken van het Europees Hof voor de Rechten van de Mens en rapporten van comités, zoals het CPT (Europees Comité voor de Preventie van Foltering en Onmenselijke of Vernederende Behandeling of Bestraffing – red.) en van ECRI (Europees Comité tegen Racisme en Intolerantie – red.). Vele Kamerleden integreren deze informatie in hun standpunten, maar het mag wat mij betreft nog structureler op de agenda van de Kamer worden gezet. Dat past bij een Kamer die het bewaken van mensenrechten als taak heeft.

U bent door de Raad van Europa verschillende malen benoemd tot rapporteur van een onderzoek voor de Raad van Europa. Wat kunt u met deze rapporten bereiken?
De onderzoeken waar de rapporten op gebaseerd zijn, zijn zogenaamde 'fact finding missions'. We gaan ter plaatse voor het verzamelen van feiten en we organiseren hoorzittingen met deskundigen. Het Comité van Ministers van de Raad van Europa moet vervolgens reageren op het rapport. De informatie die je op deze wijze hebt kunnen verzamelen, kun je ook in de Eerste Kamer gebruiken.
Maar wat vooral belangrijk is, is dat je met een rapport in Europa publicitaire aandacht kunt krijgen en dat je ermee in den brede een discussie kunt aanwakkeren. Per slot van rekening spreek je met zo'n rapport in de hand namens de Raad van Europa en dat is heel veel waard.

Tineke Strik in actie bij de PACE.

bevoegdheden kan de EU daarom enkel deze regels maken wanneer dit doeltreffender is dan wanneer de regels door de lidstaten zelf worden gemaakt. Hoewel het beginsel al veel langer bestaat, heeft het Verdrag van Lissabon dit principe opgenomen in artikel 5 van het EU-Verdrag en verder uitgewerkt in een Protocol over de toepassing van de beginselen van subsidiariteit en evenredigheid. De nationale parlementen vinden hierin een basis om bezwaar aan te tekenen tegen wetsvoorstellen van de Europese Commissie die naar hun oordeel niet op Europees niveau thuishoren. Het Protocol geeft elk nationaal parlement twee stemmen in de bezwaarprocedure. De Unie houdt daarbij rekening met lidstaten zoals Nederland, die een tweekamerstelsel hebben, en maakt geen onderscheid tussen beide Kamers. Ook hier geldt dat er geen volgtijdelijkheid bestaat tussen de Tweede en Eerste Kamer.

Alhoewel beide Kamers afzonderlijk bepalen welke voorstellen van de Europese Commissie zij in behandeling wensen te nemen, streven zij ernaar om waar mogelijk gezamenlijk op te trekken in de subsidiariteitsprocedure. Wanneer een van beide Kamers een subsidiariteitsbezwaar heeft ten aanzien van een Europees voorstel, zal de andere Kamer hiervan schriftelijk of via ambtelijke weg op de hoogte worden gebracht. Indien gewenst sturen de Kamers een gezamenlijke brief of twee gelijkluidende brieven. Dit vergt een snelle afstemming tussen de Kamercommissies; er geldt immers een termijn van acht weken na de publicatie waarbinnen een Kamer een bezwaar aan de Europese instellingen kan kenbaar maken. Het komt eveneens voor dat beide Kamers tot een andere beoordeling van het voorstel komen. Zo heeft de Eerste Kamer in meerderheid ervoor gekozen geen bezwaar in te dienen tegen een ontwerprichtlijn over bedrijfspensioensparen, nadat bleek dat de Tweede Kamer hiertoe wel had besloten.[17]

Het gebouw van de Europese Commissie te Brussel.

Bij de beoordeling van de vraag of het subsidiariteitsbeginsel is geëerbiedigd, verricht de Eerste Kamer een integrale toetsing van het Europese wetgevingsvoorstel. Dit betekent dat de Kamer zich niet strikt beperkt tot het toetsen of het subsidiariteitsbeginsel in acht is genomen. Zij beoordeelt het gehele voorstel, kijkt of de voorgestelde maatregelen proportioneel zijn tot het beoogde doel[18] en of de gekozen rechtsbasis van het voorstel de juiste is. De vakcommissies toetsen elk Europees voorstel dat zij hebben geselecteerd voor behandeling. Enkel wanneer het subsidiariteitsbeginsel naar het oordeel van de Eerste Kamer is geschonden, ontvangen de Europese instellingen een gemotiveerd advies over het subsidiariteitsbezwaar.[19] De Eerste Kamer heeft vanaf 2006, het jaar waarin de Tijdelijke Commissie Subsidiariteitstoets is ingesteld (zie p. 184), tot en met 2014, 14 gemotiveerde adviezen met een subsidiariteitsbezwaar ten aanzien van een Europese voorstel ingediend.

De Eerste Kamer kan door het indienen van een bezwaar geen nieuwe Europese voorstellen tegenhouden. Bij voldoende subsidiariteitsbezwaren vanuit nationale parlementen is de Europese Commissie gehouden het oorspronkelijke voorstel te heroverwegen (een zogenoemde 'gele kaart'-procedure), maar daarbij is zij niet verplicht om het voorstel in te trekken. De drempel voor het aantal bezwaren waarmee de nationale parlementen de Europese Commissie een voorstel kunnen laten heroverwegen, is bovendien vrij hoog.[20] Sinds 2009, de inwerkingtreding van het Verdrag van Lissabon, zijn twee 'gele kaart'-procedures geïnitieerd, waarvan slechts één heeft geleid tot een besluit van de Europese Commissie om een voorstel in te trekken. Het ging om het zogenaamde 'Monti II'-voorstel uit 2012, waarin een Europese maatregel over stakingsrecht werd voorgesteld.[21] De tweede 'gele kaart' is getrokken nadat voldoende parlementen bezwaren hadden geuit tegen een voorstel voor de oprichting van een Europees Openbaar Ministerie met het oog op het bestrijden van fraude met EU-geld. Hiertegen hebben beide Kamers der Staten-Generaal een subsidiariteitsbezwaar ingediend.[22] De Europese Commissie heeft na analyse van de argumenten van de nationale parlementen echter besloten het voorstel niet te herzien of in te trekken.

Een brief aan de Europese Commissie in het kader van de politieke dialoog. De brief wordt in het Nederlands opgesteld en een Engelse vertaling wordt altijd meegestuurd.

Politieke dialoog

Er bestaat ook een informele praktijk waarbij nationale parlementen door de Europese Commissie worden betrokken in een dialoog over Europees beleid en wetgevingsvoorstellen. Deze dialoog heeft vooral sinds 2006 vorm gekregen door het initiatief van de toenmalige Voorzitter van de Europese Commissie, José Manuel Barroso, om nieuwe Europese voorstellen en raadplegingsdocumenten rechtstreeks naar de nationale parlementen te sturen. Dit had tot doel dat parlementen daar enerzijds kennis van konden nemen, maar anderzijds – minstens zo belangrijk – dat zij daarover met de Europese Commissie in dialoog konden treden.

De politieke dialoog tussen de Europese Commissie en de (Kamercommissies van de) nationale parlementen voltrekt zich niet alleen schriftelijk. De leden van de Europese Commissie zijn ook bereid om op verzoek de nationale parlementen te woord te staan over Europese voorstellen[23] en zijn geregeld aanwezig bij interparlementaire bijeenkomsten, zoals de COSAC (zie verder). Anders dan het formele mechanisme van het subsidiariteitsbezwaar, kan de informele (schriftelijke) dialoog tussen de Europese Commissie en de nationale parlementen in elke fase van een voorstel worden ingezet. De Eerste Kamer maakt, in vergelijking met andere parlementen, 'gemiddeld' gebruik van de mogelijkheid om schriftelijk in dialoog te gaan met de Europese Commissie: sinds 2006 zijn ruim 25 brieven met vragen en standpunten verstuurd.[24]

José Manuel Barroso, Voorzitter van de Europese Commissie van 2004 tot 2014.

De brieven die aan de Commissie worden gestuurd in het kader van de politieke dialoog gaan uit van de vakcommissie die het Europees dossier behandelt en bevatten doorgaans vragen ter toelichting. De vragen kunnen worden gesteld door de gehele commissie of kunnen zijn ingediend door één of meerdere fracties. Het antwoord op deze vragen is van belang voor deze fracties en voor de gehele commissie, omdat deze informatie kan worden meegenomen in het oordeel over het voorstel en in de controle van de regering in de Raad. Een veelgehoorde klacht in de Eerste Kamer over de reacties van de Commissie gaat over de late en soms vage en algemene antwoorden.[25] De Europese Commissie heeft inmiddels meerdere malen aangegeven, sneller te willen reageren en gerichter te willen antwoorden op de vragen van de nationale parlementen.

Interparlementaire contacten

De erkenning in de Europese verdragen van de rol van nationale parlementen, beginnend met het Verdrag van Amsterdam en uitgebreid in het Verdrag van Lissabon, heeft de nationale parlementen aanknopingspunten geboden om de dialoog en, in sommige gevallen, samenwerking met andere parlementen en de Europese instellingen te intensiveren. Buiten de Kamer zijn Eerste Kamerleden dan ook actief betrokken bij Europese ontwikkelingen. Zo nemen zij regelmatig deel aan interparlementaire bijeenkomsten van vakcommissies. Deze bijeenkomsten worden halfjaarlijks georganiseerd, doorgaans door het parlement van het EU-land dat Voorzitter is van de Raad van de Europese Unie of door het Europees Parlement. Een aantal van deze interparlementaire bijeenkomsten zijn vaste bijeenkomsten, zoals COSAC, de zogenoemde 'Artikel 13-conferentie' en de Conferentie voor het Gemeenschappelijk Buitenlands en Veiligheidsbeleid en het Gemeenschappelijk Veiligheids- en Defensiebeleid (GBVB/GVDB) van de Europese Unie. Andere bijeenkomsten zijn wisselend en worden doorgaans georganiseerd rondom actuele thema's.

Ook de Kamervoorzitters van de parlementen in de EU komen jaarlijks bijeen, om standpunten uit te wisselen en informatie en ervaringen te delen. Dit zijn de zogenaamde 'Speakers Conferences', die worden voorafgegaan door Griffiersconferenties. Na de inwerkingtreding van het Verdrag van Lissabon hebben deze bijeenkomsten onmiskenbaar aan betekenis gewonnen. De laatste jaren is tijdens de Speakers Conferences veel aandacht besteed aan onderwerpen als de financiële en monetaire crises in Europa, de nieuwe opzet van de hiervoor genoemde interparlementaire conferenties – Artikel 13, GBVB/GVDB – en de toetsing van Europese voorstellen op subsidiariteit.

De conferentie van parlementaire commissies voor Europese aangelegenheden (COSAC) heeft de langste geschiedenis van de interparlementaire bijeenkomsten. De voorzitters van de parlementen van de toenmalige EEG richtten in 1989 de COSAC op. Deze halfjaarlijkse conferentie,

Toenmalig Voorzitter Buzek van het Europees Parlement bezoekt de Eerste en Tweede Kamer in 2011.

COSAC

COSAC is het Franse acroniem voor Conférence des Organes Parlementaires Spécialisés dans les Affaires Communautaires. Het is de conferentie van parlementaire commissies voor Europese aangelegenheden.

georganiseerd onder het EU-voorzitterschap, is een plenaire vergadering voor afgevaardigden van de commissies voor Europese aangelegenheden uit de nationale parlementen van de EU-lidstaten en een delegatie uit het Europees Parlement. Het oogmerk van de COSAC-conferentie is versterking van de rol van nationale parlementen binnen het Europese integratieproces en de uitwisseling tussen de verschillende parlementen in de Europese Unie van informatie en van goede praktijken. Het Verdrag van Amsterdam (1997) gaf de COSAC voor het eerst een officiële status binnen de Europese verdragen.[26] Aan het einde van iedere plenaire vergadering worden naast conclusies van de bijeenkomst ook zogenoemde 'Bijdragen' aangenomen die ter kennisneming aan de Europese instellingen worden gezonden. Terugkerende thema's binnen de COSAC zijn onder meer de versterking van de rol van de nationale parlementen en de toegang van nationale parlementen tot informatie, waaronder Raadsdocumenten.

Senator Schrijver (PvdA) in actie tijdens de Voorzittersbijeenkomst van de COSAC in Letland in 2015.

Welke richting voor parlementen binnen de Unie?

Het EU-Verdrag, het Protocol betreffende de rol van de nationale parlementen in de Europese Unie en het Protocol betreffende de toepassing van de beginselen van subsidiariteit en evenredigheid hebben voor de nationale parlementen een rol vastgelegd in het Europese wetgevingsproces. De heersende opvatting ten tijde van de totstandkoming van het Verdrag van Lissabon, namelijk dat 'Europa' dichter bij de burger gebracht kan worden door parlementen vroeg in het Europese wetgevingsproces een stem te geven bij de vraag of wetgeving op het Europese niveau gemaakt moet worden, heeft geleid tot een gedetailleerde procedure.

De Eerste Kamer heeft van meet af aan ingespeeld op de mogelijkheden die nationale parlementen op dit gebied hebben gekregen. Voor de onderscheidende rol die de Eerste Kamer nationaal en internationaal vervult op het gebied van Europese samenwerking heeft de Fondation du Mérite Européen de Gouden Medaille aan de Eerste Kamer toegekend. De voorzitter van de Fondation, Jacques Santer, heeft de prestigieuze prijs op 17 mei 2011 uitgereikt aan toenmalig Kamervoorzitter René van der Linden. Bijzonder was dat daarmee voor het eerst een nationale parlementaire instelling deze prijs in ontvangst mocht nemen. In Europees verband zijn nationale parlementen actief om de effectiviteit van de subsidiariteitstoets te versterken. Initiatieven varieerden door de jaren heen van gecoördineerde subsidiariteitstoetsen in COSAC-verband, tot het opzetten van de publiek toegankelijke database IPEX en het creëren van (informele) netwerken waarmee parlementen elkaar snel kunnen informeren wanneer zij van plan zijn een subsidiariteitsbezwaar te maken.

IPEX

Het acroniem IPEX staat voor *InterParliamentary eXchange*. IPEX is een platform voor de onderlinge uitwisseling van EU-informatie tussen nationale parlementen en het Europees Parlement.

COSAC
Familiefoto van de deelnemende parlementsleden aan de vijftigste plenaire COSAC in Litouwen in 2013. Rechtsonder de senatoren Van Dijk (PVV) en Strik (GroenLinks).

L COSAC
27 – 29 October 2013
Vilnius

Kamervoorzitter Van der Linden neemt uit handen van Jacques Santer de Gouden Medaille in ontvangst die is uitgereikt aan de Eerste Kamer voor haar onderscheidende rol op het gebied van Europese samenwerking.

Alle aandacht voor nieuwe bevoegdheden ten spijt is het de vraag of de richting waarin de Europese integratie zich de afgelopen jaren heeft bewogen de rol van nationale parlementen op alle terreinen heeft versterkt. Daarbij zijn allereerst de feitelijke beperkingen van de bepalingen van de rol van nationale parlementen op het gebied van subsidiariteit van belang. Artikel 12 van het EU-Verdrag bepaalt bijvoorbeeld dat deze enkel betrekking hebben op ontwerpen van wetgevingshandelingen. Ten aanzien van vraagstukken buiten het subsidiariteitskader is over de rol van parlementen opvallend weinig geregeld in de verdragen. Dit werd de afgelopen jaren duidelijk door de verregaande stappen die zijn gezet ten aanzien van de 'europeanisering' op financieel economisch terrein als antwoord op de eurocrisis.

Terugkijkend op vijf jaar crisisbestrijding (2010-2015) kan gesteld worden dat de invloed van Europa op veel terreinen is toegenomen, ook op gebieden waarop lidstaten tot enkele jaren geleden weinig Europese bemoeienis duldden. Toch heeft de Eerste Kamer, net als de Tweede Kamer en de Nederlandse regering, invloed uit Brussel gesteund omdat zij in meerderheid meende dat dit noodzakelijk was om de crisis het hoofd te kunnen bieden en structurele problemen aan te kunnen pakken. Het Nederlandse parlement heeft bij meerderheid de regering zelfs ondersteund toen zij in Brussel een van de grootste pleitbezorgers was van strengere begrotingsregels voor de lidstaten en de mogelijkheid tot ingrijpen door de Europese Commissie. Een ander voorbeeld is de oprichting van een Europese bankenunie. Daarvoor bestond in het Nederlandse parlement, net als in andere Europese landen, brede steun, al betekende dit dat de rol van nationale toezichthouders ten aanzien van de 'eigen' banken daarmee is verruild voor toezicht door de – voor nationale parlementen ongrijpbare – Europese Centrale Bank. Kenmerkend voor de bestrijding van de crisis in Europa was dat een discussie over de noodzaak van maatregelen op Europees niveau nauwelijks aan de orde was. Er bestond brede consensus over de onwenselijkheid van nationaal beleid als enige antwoord op een Europese crisis. Kortom, anders dan voorzien in het Verdrag van Lissabon vormde de subsidiariteitsvraag niet het meest relevante aanknopingspunt voor parlementen bij de recente verdieping van het Europees economisch bestuur.

De Europese Centrale Bank te Frankfurt am Main.

De rol van nationale parlementen en hun verhouding tot het Europees Parlement was binnen de voorgestelde maatregelen niet direct duidelijk. Een terugkerend thema tijdens de behandeling van deze maatregelen in de Eerste Kamer was de democratische legitimiteit van besluitvorming en controle en verantwoording achteraf bij de uitvoering van deze maatregelen. In het bijzonder gaat het daarbij om de vraag wie op welk moment (mee)beslist en verantwoordelijk is voor de controle achteraf. De verdragen bieden echter weinig helderheid over de verhouding tussen nationale parlementen en het Europees Parlement. Het eerder aangehaalde Protocol betreffende de rol van nationale parlementen werkt de in Artikel 9 voorgeschreven samenwerking tussen nationale parlementen en het Europees Parlement niet nader uit. Ook het Begrotingspact,[27] waarin 25 lidstaten afspraken hebben gemaakt over budgettaire discipline, economische coördinatie en samenwerking tussen eurolanden, kent hierover slechts een enkel artikel. Dit artikel 13 bepaalt alleen dat nationale parlementen en het Europees Parlement in gezamenlijkheid een conferentie dienen op te richten om onder het Verdrag vallende kwesties te bespreken.

Hoewel binnen het raamwerk van het nieuwe Europees economisch bestuur relatief weinig aandacht bestaat voor de rol van parlementen, leeft bij parlementen wel de vraag wat deze afspraken voor hen betekenen. In het kader van de toekomstdiscussie over de EU en de Europese Monetaire Unie, bijvoorbeeld, heeft de Eerste Kamer het rapport 'Naar een echte Economische en Monetaire Unie' van de toenmalige Voorzitter van de Europese Raad, de heer Van Rompuy, uitvoerig behandeld. Zo heeft de Eerste Kamer, verwijzend naar dit rapport, de Raad van State om voorlichting gevraagd over onder meer het waarborgen van de rechten en bevoegdheden van het Nederlandse parlement, in het bijzonder het budgetrecht, in de toekomst. Met name de coördinatie van begrotingen binnen het Europees semester heeft de vraag doen rijzen of de Eerste Kamer voldoende tijd heeft om begrotingswetsvoorstellen gedegen te behandelen. Volgens nieuwe Europese regels dienen nationale begrotingen vóór 1 januari van het betreffende begrotingsjaar door het parlement te zijn goedgekeurd. Daarmee heeft de Eerste Kamer, na toezending door de regering op Prinsjesdag en behandeling door de Tweede Kamer, nog slechts enkele weken om begrotingen te behandelen.

In de eerste helft van 2016 bekleedt Nederland het voorzitterschap van de Europese Unie.

Concluderend kan gesteld worden dat de financieel-economische crisis een nieuw hoofdstuk heeft ingeluid voor nationale parlementen en daarmee ook voor de oriëntatie van de Eerste Kamer op Europa. De Eerste Kamer heeft de afgelopen decennia zeer actief gebruikgemaakt van de mogelijkheden die de Europese verdragen en met name het Verdrag van Lissabon geboden hebben. Bij de nieuwe uitdaging om haar rol te bepalen in de versterkte Europese economische samenwerking van na de crisis kan zij veel minder leunen op de bepalingen van het verdragsrechtelijk kader. Zij zal, tezamen met de Tweede Kamer, de overige nationale parlementen in Europa en het Europees Parlement, een manier moeten vinden om de democratische legitimiteit van de Unie te helpen borgen. Het eerste halfjaar van 2016 biedt daartoe zeker aanleiding, wanneer Nederland voor de twaalfde keer het voorzitterschap van de Europese Unie bekleedt. In dat kader zullen de Staten-Generaal, samen met het Europees Parlement, de interparlementaire conferentie onder artikel 13 van het Begrotingspact organiseren.

Ontvangst van de Voorzitter van de Europese Raad, Herman Van Rompuy, in de Eerste Kamer op 6 januari 2010. Het was zijn eerste bezoek als Voorzitter aan een parlement van een EU-lidstaat.

Voetnoten

1   Tussen 2007 en 2011 speelde senator Bemelmans-Videc (CDA) hierin een belangrijke rol. In 2013 en opnieuw in 2015 werd senator De Vries (PvdA) benoemd tot voorzitter van deze commissie.

2   In het bij het Grondwettelijk Verdrag aangehechte Protocol betreffende de rol van de nationale parlementen in de Europese Unie en het Protocol betreffende de toepassing van de beginselen van subsidiariteit en evenredigheid worden nationale parlementen voor het eerst betrokken bij het Europese wetgevingsproces.

3   De commissie is op 18 november 2003 geïnstalleerd en op 31 januari 2006 is aan haar decharge verleend. De commissie bestond uit leden van de Eerste Kamer en van de Tweede Kamer. Voorzitter van de commissie was de heer Van Dijk (CDA, Tweede Kamer). Ondervoorzitter was de heer Jurgens (PvdA, Eerste Kamer).

4   Kamerstukken I 2005/06, 30 389, A.

5   Kamerstukken I 2008/09, 30 953, F.

6   Kamerstukken I 2009/10, 30 953 en 31 384, H.

7   De meest recente thema's betroffen de Europese institutionele aangelegenheden, de financieel-economische crisis en de verdieping van het economisch bestuur van de EU, het Oostelijke Partnerschap en de relatie van de EU met Rusland. De woordvoerders in het debat zijn niet gebonden door een vooraf bepaald thema. Jaarlijks terugkerende onderwerpen in de Beschouwingen zijn de Raad van Europa en zijn verhouding met de EU.

8   Kamerstukken I 2005/06, 22 112, V.

9   Voor de publicatie van de Kamerstukken die betrekking hebben op de JBZ-Raad bestaat een apart Kamerdossiernummer (32 317).

10 Zie voor het instrumentarium van de Eerste Kamer hoofdstuk 5.

11 Art. 4 Goedkeuringswet Verdrag van Lissabon.

12 Zie het memo over het gebruik van het parlementair voorbehoud: http://www.eerstekamer.nl/eu/behandeling/20100304/memo_uitwerking_procedure.

13 Art. 3 Goedkeuringswet Verdrag van Lissabon. De onderwerpen liggen op het gebied van Justitie en Binnenlandse Zaken (JBZ), waardoor ook wel wordt gesproken over het JBZ-instemmingsrecht.

14 De praktijk is onder meer gebaseerd op de moties-Jurgens, Kamerstukken I, 1995/96, 23 490, 90c en Kamerstukken I, 2001/02, 23 490, 13e.

15 Artikel 12 VEU, Protocol betreffende de rol van de nationale parlementen in de Europese Unie en Protocol betreffende de toepassing van de beginselen van subsidiariteit en evenredigheid.

16 Artikel 5 VEU, artikel 69 VWEU, artikel 352 VWEU en Protocol betreffende de toepassing van de beginselen van subsidiariteit en evenredigheid.

17 Het ging om het voorstel voor een richtlijn betreffende de werkzaamheden van en het toezicht op instellingen voor bedrijfspensioenvoorziening (herziening IORP-richtlijn), COM(2014)167 van 27 maart 2014.

18 Dit betekent dat het voorstel niet verdergaat dan strikt noodzakelijk is om de nagestreefde doelstellingen te verwezenlijken.

19 In 2008-2009 bestond een tijdelijke praktijk om ook in het geval de Eerste Kamer geen subsidiariteitsbezwaar had bij een Europees voorstel dit te melden aan de Europese Commissie. Deze subsidiariteitstoets met positieve uitkomst is zes keer gemeld.

20 Voor een zogenaamde 'gele kaart'-procedure gaat het om een derde van het totaal van 56 stemmen. Als het voorstellen betreft op gebied van justitie en politie is een kwart voldoende voor een gele kaart. Wanneer de helft van de stemmen een bezwaar uiten is een 'oranje kaart'-procedure ingesteld en is het voor de Europese Commissie nog moeilijker om een voorstel niet in te trekken. In dit laatste geval kunnen onder bepaalde voorwaarden ook de Raad en het Europees Parlement besluiten om een voorstel in te trekken.

21 De Eerste Kamer heeft tegen het 'Monti II'-voorstel, anders dan de Tweede Kamer, geen bezwaar ingediend.

22 Kamerstukken I 2013/14, 33 709, C.

23 Op verzoek van een parlement kan overigens ook een technische briefing door ambtenaren van de Commissie worden aangevraagd over bijvoorbeeld een Europees voorstel.

24 In totaal zijn sinds 2006 naar aanleiding van een Europees voorstel ruim 46 brieven verstuurd aan de Europese Commissie. Sommige van deze brieven bevatten een formeel subsidiariteitsbezwaar, in andere brieven worden vragen gesteld in het kader van de politieke dialoog en een aantal brieven bevatten naast een formeel subsidiariteitsbezwaar eveneens vragen over aspecten van een Europese voorstel.

25 Zie Brief van 11 november 2011 met nadere vragen over het voorstel voor een Europese PNR-richtlijn COM(2011)32 over onder andere de onderbouwing van de bewaartermijn voor passagiersgegevens. Hieruit blijkt dat het oorspronkelijke antwoord van de Europese Commissie ontoereikend was voor de commissie I&A/JBZ. Het volstond voor deze commissie niet dat de Europese Commissie 'slechts' antwoordt dat deze termijn 'het juiste evenwicht biedt tussen rechtshandhavingsvereisten en gegevensbescherming'. Kamerstukken I 2011/12, 32 669, D. Dat het uitblijven van een antwoord gevolgen kan hebben voor de verdere nationale behandeling kan worden geïllustreerd met een ander voorbeeld: op 16 februari 2010 stuurde de Eerste Kamer een brief aan de Europese Commissie over twee richtlijnen die onderdeel uitmaken van het opzetten van een gemeenschappelijk Europees asielstelsel, de kwalificatierichtlijn en de procedurerichtlijn. De Eerste Kamer ontving het antwoord van de Commissie ruim 4 maanden na dagtekening en te laat om het antwoord te kunnen betrekken in de plenaire behandeling op 18 mei 2010 van het wetsvoorstel 31 994 (Wijziging van de Vreemdelingenwet 2000 in verband met het aanpassen van de asielprocedure).

26 Later werd de officiële status van COSAC opgenomen in het Protocol betreffende de rol van de nationale parlementen in de Europese Unie, dat in 1999 in werking trad.

27 Voluit het Verdrag inzake stabiliteit, coördinatie en bestuur in de economische en monetaire unie. Kamerstukken I 2012/13, 33 454, Q.

208

DE EERSTE KAMER ALS INTERNATIONALE SPELER

DE EERSTE KAMER ALS
INTERNATIONALE SPELER

*Openingsfoto vorige pagina's:
de rode loper ligt uit, in afwachting
van een internationale gast van de
Eerste Kamer.*

Op 24 oktober 2012 schuift de 87-jarige Italiaanse president Giorgio Napolitano in de Handelingenkamer van de Eerste Kamer in het midden aan bij een lange tafel vol met parlementariërs. Zijn gezondheid is broos, maar zijn geest nog steeds scherp. Hij neemt het woord en legt in het Engels haarfijn uit hoe moeilijk zijn land het heeft om te voldoen aan de Europese financiële regels voor de eurozone, maar hoe belangrijk het tevens is dat de lidstaten van de Europese Unie Italië niet laten vallen.

Het Italiaanse staatshoofd is meer dan een halfuur aaneengesloten aan het woord. Het is veel meer dan een uitwisseling van beleefdheden: de president legt aan de Voorzitters van de Eerste Kamer en de Tweede Kamer, en aan de overige aanwezige parlementariërs, een statement af namens zijn land. De Italiaanse president heeft namelijk een missie. Hij is volop bezig met parlementaire diplomatie voor zijn land en het staatsbezoek aan Nederland is daar onderdeel van. Napolitano bezoekt in die tijd veel andere West-Europese landen. De camera's mogen in de Handelingenkamer, heel ongebruikelijk bij dit soort parlementaire gedachtewisselingen, gewoon blijven draaien zolang de Italiaanse president spreekt.

Het staatsbezoek van president Napolitano is een mooi staaltje van, populair gezegd, 'inkomende' parlementaire diplomatie: een vertegenwoordiger van een buitenlandse mogendheid bezoekt Nederland en als het een staatsbezoek betreft, is een bezoek aan de Staten-Generaal daarbij een vast onderdeel. Daartegenover staat 'uitgaande' parlementaire diplomatie: vertegenwoordigers van het Nederlandse parlement brengen een bezoek aan een ander land of spelen hun rol bij internationale parlementaire organisaties. Het is – ook vanwege zijn aard van soms stille diplomatie – een minder in het oog springend onderdeel van het parlementaire werk dan de controlerende rol van het parlement naar de eigen regering.

De Italiaanse president Napolitano brengt op 24 oktober 2012 een bezoek aan de Staten-Generaal en tekent hier in de Eerste Kamer het gastenboek.

In dit jubileumboek gaat het internationale hoofdstuk in op parlementaire diplomatie, internationale bezoeken en ook de 'waaromvraag': waarom onderneemt de Eerste Kamer eigenlijk internationale activiteiten? Aan bod komen bijzondere bezoeken aan het buitenland, buitenlandse gasten in de Eerste Kamer in de afgelopen 25 jaar en bijzondere parlementaire bijeenkomsten.

Waarom onderneemt de Eerste Kamer internationale activiteiten?

De Eerste Kamer is actief op internationaal gebied vanwege de internationale oriëntatie van Nederland. Het onderhouden van betrekkingen met andere landen is een taak van de regering en in het bijzonder van de minister van Buitenlandse Zaken, maar ook de Eerste Kamer draagt daar dus haar steentje aan bij. Parlementaire betrekkingen hebben hun eigen nut en waarde. Nederland is met zijn open economie afhankelijk van open grenzen en daarom is het belangrijk dat ook parlementariërs actief invulling geven aan de internationale relaties.

Dit heet ook wel parlementaire diplomatie. Parlementaire diplomatie is een aanvulling op de traditionele diplomatie, wat het exclusieve domein is van regeringen. De parlementaire diplomatie is complementair aan de traditionele diplomatie omdat zij een aanvullend – of zelfs alternatief – middel van dialoog kan zijn tussen landen wanneer de communicatiekanalen tussen regeringen worden gesloten vanwege diplomatieke onenigheid. Verder dient deze vorm van diplomatie bijvoorbeeld voor het onderhouden van goede betrekkingen met andere landen en voor internationale parlementaire controle op regeringsbeleid.

Parlementaire diplomatie wordt ook wel gedefinieerd als:

"The full range of international activities undertaken by parliamentarians in order to increase mutual understanding between countries, to assist each other in improving the control of governments and the representation of a people and to increase the democratic legitimacy of inter-governmental institutions." [1]

En er wordt ook wel over gezegd dat:

"They tend to bring a moral dimension to international politics that transcends narrow definitions of the national interest, particularly in their principled support for democracy and human rights. Time and again we have seen that this flexibility allows parliamentarians to debate more openly with their counterparts from other countries and to advance innovative solutions to what may seem to be intractable problems." [2]

WEETJE

Staatshoofden worden bij een bezoek aan het Nederlandse parlement altijd door beide Kamervoorzitters in de Eerste Kamer ontvangen en premiers in de Tweede Kamer.

Parlementaire diplomatie dient onder meer voor het onderhouden van goede betrekkingen met andere landen.

Hoofddoelen parlementaire diplomatie:[3]
- goede bilaterale parlementaire betrekkingen onderhouden met andere landen;
- democratische controle uitoefenen op regeringen op internationaal niveau;
- parlementair functioneren op nationaal niveau verbeteren door uitwisseling van kennis en ervaring, en politieke, interculturele en interreligieuze dialoog;
- democratische waarden (als ook waarborging van handhaving van mensenrechten en beginselen van de rechtsstaat) internationaal en nationaal uitdragen en waarborgen;
- investeren in persoonlijke verhoudingen en internationale contacten;
- activiteiten initiëren gericht op vrede, veiligheid en versterking van democratie en mensenrechten, economische ontwikkeling, verbetering van onderwijs en sociale omstandigheden.

Welke internationale activiteiten onderneemt de Eerste Kamer?

De Eerste Kamer onderneemt allerlei internationale activiteiten, die als volgt kunnen worden onderscheiden:
- bezoeken aan het buitenland door de Voorzitter van de Eerste Kamer;
- buitenlandse ontvangsten in de Eerste Kamer;
- interparlementaire assemblees en vergaderingen.

Het zijn allemaal vormen van parlementaire diplomatie.

Buitenlandse bezoeken van de Voorzitter van de Eerste Kamer
De Voorzitter van de Eerste Kamer vervult een bijzondere rol op parlementair diplomatiek terrein. De Voorzitter ontvangt ieder parlementair jaar tientallen buitenlandse gasten. Ook brengt de Voorzitter een aantal keer per jaar een bezoek aan een ander parlement. Vaak zijn dit andere parlementen in de Europese Unie, maar af en toe worden er ook parlementen buiten de EU bezocht. Zo heeft de Voorzitter in de afgelopen 25 jaar onder andere een bezoek gebracht aan Japan (2000), Australië (2006), de Republiek Indonesië (2009) en Turkije (2010).

Doorgaans worden bij deze officiële buitenlandbezoeken andere parlements- of senaatsvoorzitters bezocht. Bij een langer bezoek worden ook bezoeken afgelegd aan commissies van de betreffende parlementen, aan ministers en bijvoorbeeld ook aan onderzoeksinstellingen en niet-gouvernementele organisaties.

WEETJE
Bij het bezoek aan Australië in 2006 zijn afspraken gemaakt over het plaatsen van een monument in de buurt van de plaats waar het Nederlandse VOC-schip Duyfken in 1606 het eerste contact tot stand bracht tussen de inheemse bevolking van Australië en Europeanen. Deze 'First Contact Memorial' is in mei 2013 door Eerste Kamervoorzitter De Graaf en de gouverneur van Queensland onthuld.

Bezoek van president Hollande van Frankrijk aan de Staten-Generaal, januari 2014. Hier krijgt hij uitleg van de Voorzitters van de Eerste en Tweede Kamer.

De Eerste Kamer slaat acht op actuele ontwikkelingen en kiest er soms voor om landen te bezoeken die bij een thematische focus passen. Een goed voorbeeld daarvan is de aandacht die de Eerste Kamer de afgelopen jaren heeft gehad voor de nieuwe oostelijke lidstaten van de Europese Unie of kandidaat-lidstaten in die regio. Zo bezocht de Voorzitter in het kader van het Oostelijk Partnerschap van de Europese Unie de afgelopen jaren onder meer Polen, Slowakije, Hongarije, Kroatië, Albanië, Kosovo, Roemenië, Tsjechië en Georgië.

2000: Japan

Van 25 maart tot en met 1 april 2000 bezocht een delegatie van de Eerste Kamer onder leiding van Kamervoorzitter Korthals Altes Japan. Aanleiding voor het bezoek was de viering van vierhonderd jaar Japans-Nederlandse betrekkingen. Er werden onder meer gesprekken gevoerd met de voorzitter van het Japanse Hogerhuis, de voorzitter van het Japanse Lagerhuis, de voorzitter van de Europa commissie en de gouverneur van Nagasaki. Tevens is het Nederlandse gezelschap op audiëntie geweest bij het Japanse keizerlijk paar.

Replica van de Duyfken.

2006: Australië

Van 8 tot 15 oktober 2006 bracht een Nederlandse parlementaire delegatie op uitnodiging van het Australische parlement een bezoek aan Australië. De delegatie stond onder leiding van Kamervoorzitter Timmerman-Buck. Aanleiding voor het bezoek was de viering van 400 jaar vriendschap tussen Nederland en Australië, die ontstond toen in 1606 een klein jacht van de Verenigde Oost-Indische Compagnie, de Duyfken, stuitte op onbekend land: Australië. Een groot aantal onderwerpen kwam aan de orde, zoals de emigratie van Nederlanders naar Australië in de twintigste eeuw, de strategische positie van Australië in de Zuidoost-Aziatische regio, het actuele immigratie- en integratiebeleid van Australië en het functioneren van Australië als federale staat en de rol van het nationale parlement en de parlementen op het niveau van een staat (in casu de staat Victoria).[4]

Voorzitter Timmerman-Buck tijdens haar bezoek aan Indonesië in juni 2009.

2009: Indonesië

Op uitnodiging van de Voorzitter van de Majelis Permusyawaratan Rakyat (MPR) – de Verenigde Vergadering van het Indonesische parlement –, dr. Hidayat Nurwahid, heeft Voorzitter Timmerman-Buck met een kleine delegatie uit de Eerste Kamer van 2 tot en met 6 juni 2009 een bezoek gebracht aan de Republiek Indonesië. Het doel van het bezoek was de banden tussen Nederland en de Republiek Indonesië verder aan te halen. Terwijl beide staten een onmiskenbaar gedeeld verleden hebben, stond het bezoek in het teken van een gedeelde toekomst. Er werd met een groot aantal en uiteenlopende personen gesproken. De gesprekken gingen onder meer over: decentralisatie en de vraag naar autonomie van gebiedsdelen, de aangekondigde ratificatie door Indonesië van het verdrag voor het Internationaal Strafhof en het dilemma tussen enerzijds economische overwegingen en anderzijds het belang van biodiversiteit en de strijd tegen klimaatverandering.

De Voorzitter van de Eerste Kamer wordt ook geregeld uitgenodigd voor internationale bijeenkomsten in het buitenland die vanwege de geschiedenis van Nederland of de geschiedenis van het betreffende land waardevol zijn om als parlement aan deel te nemen. Zo ging de Voorzitter in juni 2014 naar Polen voor de viering van 25 jaar vrije verkiezingen in het land. Hierbij was een groot aantal staatshoofden, parlementsvoorzitters en andere hoge vertegenwoordigers van vijftig landen aanwezig; zij vierden met regering, parlement en burgers van Polen 25 jaar vrijheid en democratie. Nederland was daar, naast de Voorzitter van de Eerste Kamer,

INTERVIEW MET VOORZITTER ANKIE BROEKERS-KNOL

"GOODWILL EN BEGRIP OVER EN WEER, DAT LEVERT HET OP"

Wat is het belang van parlementaire diplomatie?

Niet alleen in deze functie, maar ook al als 'gewoon' Kamerlid – ik zat vanaf 2003 in de parlementaire delegatie van de COSAC-vergaderingen en nadien ook in de Parlementaire Assemblee van de Raad van Europa – merk je dat de contacten met collega's in het buitenland en met name in de Europese Unie heel nuttig zijn. Om te horen: Wat doen we? Maar ook dat je dan gemakkelijker zegt: 'Joh, daar ligt een richtlijnvoorstel, hoe kijken jullie er tegenaan?' Dat vond ik altijd heel nuttig. Sinds ik Voorzitter ben, merk ik allereerst dat ik heel blij ben dat ik dat heb gedaan – ik ken nu veel mensen in het buitenland en dat maakt het veel gemakkelijker – maar dat het ook heel goed is op die manier binding te krijgen met name met de lidstaten van de Europese Unie op parlementair niveau. Ik ontvang ook alle nieuwe ambassadeurs in Nederland, dat is zo gegroeid in de tijd.

Wat zijn de meest voorkomende internationale contacten als Voorzitter?

Er zijn hier best veel ontvangsten geweest, de zogenoemde 'inkomende bezoeken', bijvoorbeeld met de Koning en de Koningin van België, met de Koning en Koningin van Spanje. Dat zijn natuurlijk geen parlementaire counterparts, maar het hoort bij mijn rol als Voorzitter. Een staatshoofd of regeringsleider wordt door mij en mijn collega van de Tweede Kamer ontvangen in de Eerste Kamer. Parlementsvoorzitters en bijvoorbeeld de secretaris-generaal van de NAVO worden echter ontvangen in de Tweede Kamer en daar ben ik dan op mijn beurt weer bij. Er is bij zo'n ontmoeting veel protocol, maar ik heb gemerkt dat je ook wel inhoudelijk kunt spreken over hoe bijvoorbeeld de rechtsstaat functioneert of over mensenrechten. Inhoudelijk zijn het echt gesprekken die meer voorstellen dan: 'Hoe maakt u het?'

KORTE BIOGRAFIE

Ankie Broekers-Knol (VVD) is sinds 2 oktober 2001 lid van de Eerste Kamer. Sinds 2 juli 2013 is ze Voorzitter. Als Voorzitter is mevrouw Broekers-Knol betrokken bij vele uitgaande en inkomende bezoeken. Ook als 'gewoon' Kamerlid was ze al vaak internationaal actief.

Ankie Broekers-Knol

Hoe kiest u waar u naartoe gaat in het buitenland?

Je wordt uitgenodigd door het parlement van een ander land, dat heet dan een 'uitgaand bezoek'. Zo'n parlement vindt het bijvoorbeeld enorm belangrijk om eens even onder vier ogen – met de entourage eromheen natuurlijk – te spreken over ontwikkelingen. Dat merk je vooral met landen als Kroatië, Tsjechië, Georgië, Hongarije. Die landen willen heel graag zelf vertellen hoe het daar gaat, hoe het parlementaire proces werkt en hoe de democratie zich ontwikkelt. Ik vind het dus belangrijk om daar dan heen te gaan, als zij graag dat contact willen. Het is heel nuttig om zelf te horen hoe het daar werkt en gaat. Ik vertel vooral hoe wij het doen – niet hoe zij het zouden moeten doen – en vanuit die boodschap zie je ook dat men dan zegt: Zo zou het ook kunnen.

Voorzitter Broekers-Knol ontvangt Jean-Damascène Ntawukuriryayo, Voorzitter van de Senaat van Rwanda, 10 februari 2014.

Wat was een opmerkelijk uitgaand bezoek?

Dat was bijvoorbeeld het bezoek aan het parlement in Hongarije. Premier Orban had daar een tweederde meerderheid in het parlement en had bepaald dat belangrijke wetten alleen met tweederde meerderheid van het parlement aangenomen konden worden. Je weet dan al dat dat in de toekomst tot problemen gaat leiden. Ik heb toen verteld dat bij ons alleen bij het wijzigen van de Grondwet en enkele hele specifieke wetten een tweederde meerderheid nodig is. Ze gingen daar ook heel anders om met initiatiefvoorstellen. De regering vroeg gewoon aan bevriende parlementariërs die voorstellen in te dienen, want dan ging het wetgevingsproces makkelijker en dus sneller. Ik heb toen uitgelegd dat het bij ons anders gaat. Het is niet zo dat je meteen de volgende dag een waanzinnig resultaat ziet, maar alles bij elkaar werkt het.

Aan welk inkomend bezoek hebt u de beste herinnering?

Dat is lastig kiezen. Het bezoek van Shimon Peres, de president van Israël, staat mij nog heel goed bij: een man van in de negentig die nog steeds enorm scherp is. Hij heeft toen gesproken in de plenaire vergaderzaal, dat was een heel bijzondere gebeurtenis. Ook het bezoek van de Chinese president Xi Jinping was indrukwekkend. Ik zat daar met collega Anouchka van Miltenburg van de Tweede Kamer. De president begon met te zeggen: 'We hebben een gezegde in China: één vrouw heeft het halve heelal.' Twee vrouwen dus het hele heelal...

Levert het wat op, al die internationale parlementaire contacten?

Goodwill. Onbekend maakt onbemind. En omdat je met elkaar in contact komt en met elkaar spreekt en ook de achtergronden hoort waarom iets is zoals het is, heb je meer begrip voor elkaar. Daardoor kweek je goodwill. Van onze kant richting de andere partij, maar ook van de andere partij naar ons. Ik vind het vooral van belang dat wij meer begrip krijgen hoe het nu elders in elkaar zit. Waarom is het zo? Waarom doen ze zo? En dát levert het op.

Voorzitter Broekers-Knol van de Eerste Kamer (met zonnebril) met Voorzitter Van Miltenburg van de Tweede Kamer bij de herdenking in juni 2014 van D-Day in Normandië.

WEETJE

Buitenlandse staatshoofden en regeringsleiders gaan bij hun bezoek aan Nederland doorgaans langs bij de Koning, de premier en het parlement.

vertegenwoordigd door minister van Staat Wim Kok namens Koning Willem-Alexander en door de Voorzitter van de Tweede Kamer. Dit is een mooi voorbeeld van een bijeenkomst waarbij regering en parlement samen optrekken in buitenlandse betrekkingen.

Een andere zeer gedenkwaardige bijeenkomst was eveneens in juni 2014, namelijk de internationale herdenking van D-Day, de landing van de geallieerden op de stranden van Normandië in 1944. Op 6 juni 2014 woonde de Voorzitter van de Eerste Kamer samen met de Voorzitter van de Tweede Kamer namens het Nederlandse parlement de internationale herdenking van 70 jaar D-Day bij op Sword Beach in Ouistreham (Frankrijk). Beide Kamervoorzitters waren op 3 mei 2015 aanwezig bij de zeventigste herdenking van de bevrijding van concentratiekamp Dachau. Hierbij was voor de eerste keer ook de Duitse Bondskanselier, in de persoon van Angela Merkel, aanwezig.

Buitenlandse ontvangsten in de Eerste Kamer

Het Binnenhof, en dus ook de Eerste Kamer, is zoals gezegd geregeld het toneel van buitenlandse bezoeken: staatshoofden, regeringsleiders, voorzitters en leden van andere parlementen, zelfs religieuze leiders maken er soms hun opwachting. Doorgaans is een bezoek aan het Nederlandse parlement onderdeel van een meerdaags bezoek aan Den Haag, dat onder auspiciën staat van de minister van Buitenlandse Zaken. De Eerste Kamer kan echter ook welbewust een andere parlementaire delegatie uit een ander land uitnodigen en ontvangen of, bijvoorbeeld zoals in het geval van de Europese Senaatsconferentie, voorzitters en leden van andere Senaten in Europa.

De Voorzitters van Eerste en Tweede Kamer met president Hamid Karzai van Afghanistan, juni 2008.

De Voorzitters van Eerste en Tweede Kamer met Herman Van Rompuy, Voorzitter van de Europese Raad, januari 2010.

De Eerste Kamer heeft verschillende buitenlandse bezoekers ontvangen die de Nobelprijs voor de Vrede hebben gekregen.

- Frederik de Klerk, President van Zuid-Afrika, en zijn vrouw – oktober 1990;
- Michail Gorbatsjov, President van het Internationale Groene Kruis – mei 1993;
- Yitzhak Rabin, Premier van Israël – juni 1993;
- Yasser Arafat, Voorzitter van de Palestijnse vrijheidsbeweging PLO – december 1993;
- De Dalai Lama – juni 1994;
- Lech Wałęsa, oud-leider vakbond Solidarność, dan inmiddels President van Polen – oktober 1994;
- Ellen Johnson Sirleaf, President van Liberia – november 2012;
- Shimon Peres, President van Israël – oktober 2013.

Herman Van Rompuy, Voorzitter van de Europese Raad, bezocht in januari 2010 de Eerste Kamer. Bijna drie jaar later werd in Oslo de Nobelprijs voor de Vrede uitgereikt aan de Europese Unie, vertegenwoordigd door Van Rompuy en de voorzitters van de Europese Commissie en het Europees Parlement.

De Voorzitters van Eerste en Tweede Kamer met Thorbjørn Jagland, secretaris-generaal van de Raad van Europa, november 2011.

De Voorzitter van de Eerste Kamer en de voorzitter van de commissie voor Buitenlandse Zaken van de Tweede Kamer met president Thein Sein van Myanmar, september 2014.

*Koning Juan Carlos van Spanje
bezocht in oktober 2001 de
Staten-Generaal. Links Eerste
Kamervoorzitter Braks.*

*Voorzitter De Graaf van de Eerste
Kamer ontving in juni 2011 samen
met Voorzitter Verbeet van de
Tweede Kamer president
Mahmoud Abbas van de Palestijn-
se Autoriteit.*

Opvallend en bijzonder in de Eerste Kamer zijn doorgaans de bezoeken van staatshoofden en regeringsleiders die op uitnodiging van de Nederlandse regering naar Nederland komen. Een staatshoofd van een ander land wordt doorgaans door de Koning ontvangen en aan het Binnenhof door de minister-president en de Staten-Generaal. De Eerste Kamer neemt bij een bezoek van een staatshoofd het voortouw in de organisatie van het bezoek aan de Staten-Generaal en de ontvangst vindt plaats in het gebouw van de Eerste Kamer. Daarentegen heeft de Tweede Kamer het initiatief bij bezoeken van regeringsleiders (niet zijnde staatshoofden), doorgaans premiers van een land. De ontvangst vindt dan plaats in het gebouw van de Tweede Kamer. In beide gevallen ontvangen de Voorzitters van de Eerste Kamer en de Tweede Kamer namens de Staten-Generaal gezamenlijk de buitenlandse delegatie.

Een ontvangst vindt plaats volgens een vast protocol, dat vooraf wordt doorgenomen met het bezoekende land. De bezoekende autoriteit wordt op de rode loper voor Binnenhof 22 welkom geheten door de beide Voorzitters. Daarna is er in de Hall van de Eerste Kamer een fotomoment voor nationale en internationale media. Aansluitend vindt een besloten gesprek plaats in de Gravenkamer of de Handelingenkamer. Hierbij zijn naast de beide Voorzitters geregeld ook andere parlementariërs aanwezig. Tot slot wordt het gastenboek getekend en wordt het bezoek vaak afgesloten met een korte bezichtiging van de eeuwenoude plenaire zaal van de Eerste Kamer.

Ieder jaar vinden er spraakmakende inkomende bezoeken plaats in de Eerste Kamer. De media-aandacht verschilt per geval. Bezoeken van bijvoorbeeld de Russische president Poetin, de Turkse president Erdoğan, de Belgische Koning Filip en zijn vrouw en de Amerikaanse president Clinton kregen veel belangstelling van de media. De Israëlische president Peres hield op zijn verzoek een speech in de plenaire vergaderzaal van de Eerste Kamer die live werd uitgezonden op de Israëlische televisie. Het komt echter ook voor dat er veel minder media-aandacht is voor deze bezoeken. Dan blijft het bij een foto bij de haard van de huisfotograaf van de Eerste Kamer ten behoeve van de website en foto- en video-opnames van journalisten in het gevolg van de buitenlandse autoriteit zelf.

Enkele spraakmakende buitenlandse bezoeken in de Eerste Kamer
In mei 1997 staat Den Haag volledig op zijn kop. Op de 28e van die maand brengen de Amerikaanse President Bill Clinton en zijn vrouw Hillary namelijk een bezoek aan Nederland in verband met de herdenking van de Marshallhulp. Het bezoek vergt zulke strenge veiligheidsmaatregelen dat het verkeer in de stad van tijd tot tijd bijna onmogelijk wordt.

In juni 2008 bezoekt de president van Afghanistan, Hamid Karzai, het gebouw van de Eerste Kamer. Ongeveer zeventig ondernemers reizen met hem mee. Hij spreekt voor buitenlandwoordvoerders van de Eerste en Tweede Kamer zijn dank uit voor de steun die Nederland geeft aan zijn land. Dit type bezoek laat zien dat de Eerste Kamer midden in internationale ontwikkelingen staat.

Een zeer bijzondere ontvangst vindt plaats op 6 januari 2010. Op uitnodiging van Eerste Kamervoorzitter René van der Linden brengt de nieuwe Voorzitter van de Europese Raad, Herman Van Rompuy, zijn eerste officiële bezoek aan een parlement van een EU-lidstaat aan de Eerste Kamer.

Op 29 maart 2011 bezoekt de Voorzitter van het Europees Parlement, Jerzy Buzek, beide Kamers van de Staten-Generaal. In zijn toespraak tot leden van beide Kamers geeft Buzek zijn visie op de verhouding tussen nationale parlementen en het Europees Parlement, en over de wijze waarop de onderlinge samenwerking tussen de volksvertegenwoordigingen vorm moet krijgen.

De Staten-Generaal ontvangen op dinsdag 1 oktober 2013 de Israëlische president Shimon Peres. De ontvangst was onderdeel van een driedaags officieel bezoek van de president aan Nederland. In de plenaire zaal van de Eerste Kamer hield hij een toespraak voor leden van de Eerste en Tweede Kamer.

De Israëlische president Shimon Peres bezocht in oktober 2013 de Staten-Generaal. Hij hield een speech in de plenaire vergaderzaal van de Eerste Kamer die live in Israël werd uitgezonden.

Op 8 november 2013 wordt de nieuwe Belgische Koning Filip met zijn vrouw Mathilde bij zijn bezoek aan de Staten-Generaal ontvangen in de Eerste Kamer. Het is een bijzonder bezoek: niet eerder bracht een Koning van België een bezoek aan het Nederlandse parlement, hoewel de geschiedenis van beide landen nauw verweven is: ze vormden immers ooit samen een Koninkrijk en op de oprichting van de Eerste Kamer is min of meer vanuit de toenmalige zuidelijke Nederlanden aangedrongen, zoals reeds in hoofdstuk 2 werd vermeld.

De Belgische Koning Filip met zijn vrouw Mathilde werd bij zijn bezoek aan de Staten-Generaal in november 2013 ontvangen in de Eerste Kamer.

Op 24 maart 2014 vindt opnieuw een historisch bezoek plaats. De President van de Volksrepubliek China Xi Jinping bezoekt dan de Staten-Generaal. Het is de eerste keer in de geschiedenis dat een President van China wordt ontvangen in het Nederlandse parlement.

KROATISCHE AMBASSADEUR VESELA MRÐEN KORAĆ,

BOODSCHAPPER NAAR DE EERSTE KAMER

De Eerste Kamer onderhoudt goede contacten met het in Den Haag (en Brussel) geaccrediteerde Corps Diplomatique. Nieuwe ambassadeurs plegen kennis te komen maken met de Voorzitter van de Eerste Kamer en hebben ook geregeld ontmoetingen met leden van de commissies voor Buitenlandse Zaken, Defensie en Ontwikkelingssamenwerking en voor Europese Zaken.

Een vaak geziene gast in de jaren 2011 tot 2015 was de ambassadeur van Kroatië in Nederland, mevrouw Vesela Mrðen Korać. Nederland was een van de meest kritische EU-lidstaten wat betreft de toelating van Kroatië tot de Europese Unie. De Eerste Kamer informeerde vaak en indringend naar de voortgang van de hervormingen op het gebied van justitie en de grondrechten en op het terrein van mededinging. De Kamer wilde op basis van alle beschikbare informatie uiteindelijk een eigen afweging maken over de vraag of Kroatië gereed was voor toetreding tot de EU. Ambassadeur Mrðen Korać bemiddelde veelvuldig in contacten tussen Nederlandse en Kroatische parlementariërs. Tweemaal bracht een Senaatsvoorzitter een bezoek aan Kroatië: Voorzitter Van der Linden in 2011 en Voorzitter De Graaf in 2013. In de zomer van 2013 stemde, na de Tweede Kamer, de Eerste Kamer voor de goedkeuringswet ter ratificatie van het toetredingsverdrag.

In maart 2014 bracht de Voorzitter van Hrvatski Sabor, het parlement van Kroatië, Josip Leko, met een delegatie een officieel bezoek aan de Staten-Generaal. In haar welkomsttoespraak onderstreepte Voorzitter Broekers-Knol de intensieve dialoog die in de aanloop naar het lidmaatschap van Kroatië van de Europese Unie ook op parlementair niveau tussen Kroatië en Nederland had plaatsgevonden. "Throughout the whole process, the Dutch were critical but have always strived to maintain a strict and fair approach. We have always greatly appreciated your openness and

Vesela Mrðen Korać

your willingness to take on suggestions. And we are so very pleased that
the intensive dialogue has lead us to what we are now: fellow EU members
and partners", aldus Voorzitter Broekers-Knol.

De heer Leko benadrukte dat de parlementaire contacten ertoe hebben
bijgedragen dat Kroatië de waarden van democratie en rechtsstaat die in
de Europese Unie gedeeld worden volledig in zijn eigen politieke systeem
heeft opgenomen en deze in Europa, in het bijzonder ook Zuidoost-Euro-
pa, ten volle uitdraagt.

Bij haar afscheid werd ambassadeur Mrđen Korać geprezen om de
vasthoudende en transparante wijze van omgang met Nederlandse politici.
Zij meldde graag successen in de ontwikkeling van Kroatië, maar stak
niet onder stoelen of banken als er zaken waren die nog voor verbetering
vatbaar waren. Zij ontving bij haar vertrek uit handen van Koning
Willem-Alexander een uitzonderlijk hoge koninklijke onderscheiding,
Ridder Grootkruis in de Orde van Oranje-Nassau.

*Vesela Mrđen Korać (tweede van
links) en Josip Leko (midden) in de
Gravenkamer van de Eerste Kamer.*

*Historisch bezoek van de Chinese
president Xi Jinping aan de
Staten-Generaal in maart 2014.*

Buitenlandbeleid Eerste Kamer

Eerste Kamerleden zijn op diverse manieren betrokken bij het buitenlandbeleid van de Kamer. De senatoren nemen deel aan vergaderingen
van parlementaire assemblees en aan conferenties van de Europese Unie
en treden bijvoorbeeld op als verkiezingswaarnemer om het democratische proces in landen met een minder sterke democratische traditie te
versterken. Daarnaast gaan er soms leden mee op een buitenlandbezoek
van de Voorzitter en bezoekt de vaste Kamercommissie voor Europese
Zaken vrijwel ieder jaar de Europese instellingen (Europese Unie en Raad
van Europa) ter voorbereiding op de Algemene Europese Beschouwingen
in de Eerste Kamer.

De Eerste Kamer heeft – net als de Tweede Kamer – een verantwoordelijkheid bij het uitzenden van militairen naar oorlogsgebieden. De Eerste
Kamer speelt een rol in het kader van de zogenaamde artikel 100-proce-
dure, de besluitvormings- en informatieplichtprocedure die verwijst naar
artikel 100 van de Nederlandse Grondwet. Zo vroeg de Eerste Kamer in
het voorjaar van 2008 de regering – met succes – bij het overwegen van
het uitzenden van Nederlandse militairen de '3D-benadering' (*defence,
diplomacy and development*) als toetsingselement toe te voegen in het
toetsingskader voor uitzending. Mede naar aanleiding daarvan legde
de vaste commissie voor Buitenlandse Zaken, Defensie en Ontwikkelingssamenwerking bij wijze van hoge uitzondering begin mei 2009 een
vierdaags werkbezoek af aan Afghanistan, aan de hoofdstad Kabul, aan
Kandahar Airfield en aan de Nederlandse troepen in Tarin Kowt (Kamp

Holland). Doel van het werkbezoek was om een completer beeld te kunnen vormen van de complexe omstandigheden waarin Nederlandse militairen hun taken vervullen en om de '3D-benadering' in de praktijk te zien.

Het werkbezoek bleef niet zonder gevolgen voor het beleid. Na afloop van het bezoek vroeg de Eerste Kamer de regering hoe zij de coördinatie op strategisch niveau, en specifiek ten aanzien van de balans tussen de militaire en civiele aspecten in Afghanistan, dacht te kunnen bevorderen en aan te geven hoe zij de resultaten van de Nederlandse inzet in Afghanistan op het civiele vlak dacht te waarborgen na augustus 2010 (het einde van de Uruzgan-missie).[5]

Interparlementaire assemblees en conferenties
Tal van Eerste Kamerleden zijn – naast hun medewetgevende en controlerende werk aan het Binnenhof – ook op internationaal terrein actief in vertegenwoordigende organen. Zij maken deel uit van delegaties naar diverse parlementaire assemblees, internationale bijeenkomsten van parlementariërs. Dit is onderdeel van parlementaire controle 'over de grenzen heen' en geeft door de ontmoeting met parlementariërs uit andere landen ook een extra dimensie aan het parlementaire werk. De parlementaire assemblees waarin Nederlandse volksvertegenwoordigers zitting hebben zijn:
- de Parlementaire Assemblee van de Raad van Europa (PACE), die in hoofdstuk 7 al aan de orde kwam;
- de Parlementaire Assemblee van de Noord-Atlantische Verdragsorganisatie (NAVO);
- de Parlementaire Assemblee van de Organisatie voor Veiligheid en Samenwerking in Europa (OVSE);
- de Interparlementaire Unie (IPU).

Het aantal vertegenwoordigers in de Assemblees verschilt. Zo bestaat de Nederlandse PACE-delegatie uit zeven Kamerleden, vijf uit de Eerste Kamer en twee uit de Tweede Kamer. Nederland heeft zeven leden in de NAVO-Assemblee, twee uit de Eerste Kamer en vijf uit de Tweede Kamer. Het aantal vertegenwoordigers naar de IPU is vier en naar de OVSE-Assemblee acht.

Daarnaast biedt de minister van Buitenlandse Zaken elk najaar twee leden van de Eerste Kamer en vier leden van de Tweede Kamer de gelegenheid deel te nemen aan de openingszitting van de Algemene Vergadering van de Verenigde Naties in New York. In overleg wordt een programma opgesteld dat de desbetreffende leden de gelegenheid biedt zo goed mogelijk kennis te maken met het werk en het functioneren van de Verenigde Naties.

ARTIKEL 100 GRONDWET

Artikel 100 Grondwet luidt:
"1. De regering verstrekt de Staten-Generaal vooraf inlichtingen over de inzet of het ter beschikking stellen van de krijgsmacht ter handhaving of bevordering van de internationale rechtsorde. Daaronder is begrepen het vooraf verstrekken van inlichtingen over de inzet of het ter beschikking stellen van de krijgsmacht voor humanitaire hulpverlening in geval van gewapend conflict.

2. Het eerste lid geldt niet, indien dwingende redenen het vooraf verstrekken van inlichtingen verhinderen. In dat geval worden inlichtingen zo spoedig mogelijk verstrekt."

Senator Franken (CDA) spreekt bij de Parlementaire Assemblee van de OVSE. Naast hem de senatoren Van Kappen (VVD) en Schrijver (PvdA).

Als laatste neemt de Voorzitter van de Eerste Kamer deel aan de volgende bijeenkomsten:

- EU Speakers Conference (voorzitters van parlementen van EU-lidstaten);
- Association of European Senates (AES) (voorzitters van Europese Senaten);
- European Conference of Presidents of Parliaments (voorzitters van parlementen die lid zijn van de Raad van Europa);
- World Conference of Speakers of Parliaments (één keer in de drie jaar in het kader van de Interparlementaire Unie (IPU)).

In de volgende alinea's worden een type assemblee en een type conferentie uitgelicht.

NAVO Parlementaire Assemblee

In de NAVO Parlementaire Assemblee overleggen 257 parlementariërs uit de 28 lidstaten van de NAVO, aangevuld met 66 parlementariërs van de buitengewone lidstaten. De Staten-Generaal zijn vanaf het begin betrokken bij de NAVO Parlementaire Assemblee. Nederland heeft daarin recht op zeven zetels. In 1983, 1999 en 2014 waren de Nederlandse Staten-Generaal gastheer van de jaarlijkse bijeenkomst van de NAVO Parlementaire Assemblee. Daarnaast organiseerde Nederland in 1991 de jaarlijkse voorjaarssessie van de Assemblee.

De Nederlandse delegatie naar de NAVO Parlementaire Assemblee, november 2014.

De laatste Nederlandse bijeenkomst van de NAVO Parlementaire Assemblee vond van 21 tot en met 24 november 2014 plaats in het World Forum in Den Haag. Op deze bijeenkomst spraken de parlementariërs over actuele veiligheidszaken. Zo ging het onder meer over de relatie met Rusland als gevolg van de problemen rond Oekraïne. Ook kwam de situatie in Irak en Afghanistan aan de orde, aangezien de NAVO de ISAF-missie eind 2014 heeft beëindigd. Daarnaast vormde de sessie het eerste podium voor het optreden van de nieuwe secretaris-generaal van de NAVO, Jens Stoltenberg, die in 2014 aantrad.

Europese Senaatsconferentie

De Eerste Kamer was in 2000 medeoprichter van de Associatie van Europese Senaten (AES), een organisatie van zestien senaten in Europa. Deze associatie vergadert jaarlijks – telkens in een ander land – over onderwerpen als de positie en het functioneren van senaten in een tweekamerstelsel en (Europese) vraagstukken die voor senaten van bijzondere betekenis zijn. De bijeenkomsten zijn een waardevol instrument voor het uitwisselen van opvattingen, ervaringen en best practices.

Medewerksters van de Eerste Kamer strijken de vlaggen voor de NAVO Parlementaire Assemblee in Den Haag.

In 2009 organiseerde de Eerste Kamer voor het eerst deze vergadering. Van 16 tot 18 april 2009 werden de zestien Europese Senaatsvoorzitters ontvangen. Thema van de elfde bijeenkomst van de AES was de rol van

Groepsfoto van de AES 2015 in de Eerste Kamer.

senaten op het Europese continent. De Eerste Kamer stelde het evenement in het teken van de Europese vieringen, zoals het vijftigjarig bestaan van de Verdragen van Rome in 2007, het vijftigjarig bestaan van het Europees Parlement in 2008 en het zestigjarig bestaan van de Raad van Europa alsmede het vijftigjarig bestaan van het Europees Hof voor de Rechten van de Mens (beide in 2009). In de gezamenlijke slotverklaring van de conferentie werd onder meer de rol van senaten voor de waarborging van de kwaliteit van en samenhang tussen nationale en internationale wetgeving benadrukt.

In 2015 was de Eerste Kamer opnieuw verantwoordelijk voor de organisatie van de AES. Deze eer viel de Eerste Kamer juist nu mede ten deel omdat zij in 2015 haar tweehonderdjarig bestaan viert. Dit keer vond de bijeenkomst op 21 en 22 mei plaats. Senaatsvoorzitters uit vijftien landen wisselden van gedachten over het overkoepelende thema 'changing concepts in the functioning of Senates in bicameral parliamentary systems'. Daarbij ging het onder meer over de legitimatie van tweekamerstelsels in de huidige tijd en de vraag hoe twee kamers in zo'n stelsel elkaar kunnen completeren.

Voetnoten

1 F.W. Weisglas & G. de Boer, *The Hague Journal of Diplomacy* 2 (2007), p. 94.
2 *Parliament and democracy in the twenty-first century, a guide to good practice*, Interparliamentary Union, 2006, p. 172-173.
3 Notitie parlementaire diplomatie, Eerste Kamer, Kamerstukken I 2010/11, 32 500 V, C.
4 Verslag van het bezoek door een Nederlandse parlementaire delegatie aan Australië in het kader van Nederland-Australië: 400 jaar vriendschap, Kamerstukken I/II 2006/07, 30 949, nr. 1/A.
5 Jaarbericht Eerste Kamer 2008/2009.

Groepsfoto van de AES 2009 in de Eerste Kamer.

TOM JANSSEN 1950

Tom Janssen studeerde af aan de Kunstacademie in Amsterdam en is sinds 1975 politiek tekenaar voor het dagblad *Trouw*. Hij maakt ook politieke tekeningen voor regionale kranten. Zijn werk is in diverse toonaangevende buitenlandse kranten gepubliceerd. Hij won in 2004 en 2008 de Inktspotprijs, de belangrijkste prijs voor politieke cartoonisten in Nederland, en is ook internationaal onderscheiden.

BEELDEN AAN
DE **HOFVIJVER**

BEELDEN AAN
DE **HOFVIJVER**

De beeldvorming over de Eerste Kamer is er een van uitersten.
In 1848 twijfelde Thorbecke openlijk aan het instituut. Het was
volgens hem "zonder grond en doel". Het niettemin voortbestaan
van de Eerste Kamer werd in 1848 door minister Donker Curtius
gemotiveerd[1] met de stelling dat de taak van de Eerste Kamer lag
"niet in het stichten van het goede, maar in het voorkomen van
het kwade". Er was toen Facebook noch Twitter en dus merkte het
grote publiek weinig van het dispuut onder de heren, maar de
beelden van nut en nutteloosheid lagen toen al dicht bij elkaar.

Ruim anderhalve eeuw later, toen de Eerste Kamer in september 2011 als
eerste parlement ter wereld met de introductie van de iPad en de Eerste
Kamer-App volledig gedigitaliseerd ging werken, was het niet veel anders.
Een krant publiceerde een cartoon met een slapende senator boven zijn
papieren en daarnaast een slapende senator boven de net geïntroduceer-
de tablet. 'Vooruitstrevend' en 'behoudend' streden hier om voorrang
in de beeldvorming. Het nieuws over de iPad in de Eerste Kamer ging
via het internet van Finland naar Korea en van de Verenigde Staten naar
Nieuw-Zeeland.

*Presentatie van de invoering van
de iPad in de Eerste Kamer in
2011.*

Hoe heeft de beeldvorming over de Eerste Kamer zich in de afgelopen
25 jaar ontwikkeld? En hoe verhoudt die zich tot de werkelijkheid? Is het
regelmatig opdoemende beeld terecht dat de Eerste Kamer te politiek zou
zijn, voor zover politici te politiek kunnen zijn? Wordt het beeld bepaald
door enorme media-aandacht bij incidenten en wordt het stille, noeste
werk van senatoren bij de beoordeling van wetsvoorstellen niet gezien,
laat staan gewaardeerd?

WEETJE

De Eerste Kamer was in september
2011 door de introductie van
de iPad het eerste parlement ter
wereld dat volledig digitaal werkte.

In dit hoofdstuk belichten vier personen vanuit verschillende invalshoeken de beeldvorming van de Eerste Kamer in de afgelopen kwarteeuw:

voormalig topambtenaar Roel Bekker, oud-politiek verslaggever Ferry Mingelen, parlementair historica Carla van Baalen en oud-minister Ernst Hirsch Ballin, die bovendien tussen 1995 en 2000 senator is geweest. Zij hebben vanuit hun hoedanigheden vrijwel de gehele periode mee-gemaakt, dan wel aandachtig beschouwd. Hun opmerkingen geven een mooi beeld van hoe tegen de Eerste Kamer wordt aangekeken.

"De Eerste Kamer: je was er als het spannend was"

In de laatste decennia van de vorige eeuw werd het beeld van de Eerste Kamer vooral bepaald door opmerkelijke gebeurtenissen die veel aandacht trokken: politieke crises of oppositionele geluiden vanuit een coalitiefractie. Voor het overige ging het werk van de Eerste Kamer kennelijk redelijk onopgemerkt voorbij.

Roel Bekker was jarenlang topambtenaar in Den Haag, onder meer als secretaris-generaal van het ministerie van Volksgezondheid, Welzijn en Sport, en maakte als jong ambtenaar kennis met de Eerste Kamer. Hij benadrukt het beeld van een vooral reflecterende Eerste Kamer. *"Toen ik in de jaren zeventig bij de afdeling wetgeving van VROM begon, kwam ik hier weleens over de vloer. De sfeer die er toen hing, was anders dan nu. Het réflexion-element had in die tijd wel erg de overhand. De Eerste Kamer kwam alleen aan bod als het over morele of ethische zaken ging, zoals euthanasie of abortus. Maar nooit bij begrotingen of stelselwijzigingen. De premier league-politiek werd hier niet gespeeld. Wij gingen er vrijwel nooit met knikkende knieën naartoe."*

Voormalig dagblad- en tv-journalist Ferry Mingelen heeft vrijwel de gehele afgelopen 40 jaar het parlementaire gebeuren op het Binnenhof gevolgd. Hij herkent de beperkte rol destijds wel. *"Ik begon met parle-mentaire journalistiek in de jaren zeventig. De rol van de Eerste Kamer was toen erg beperkt ten opzichte van de Tweede Kamer. Je was er als het span-nend was; als er een politieke crisis was."*

Parlementair historica Van Baalen kreeg eind jaren tachtig via haar werk voor het eerst te maken met de Eerste Kamer. *"Dat was voor mijn historisch onderzoek in 1987-1990. Ik deed als jong medewerker bij het Centrum voor Parlementaire Geschiedenis een onderzoek naar de parle-mentaire geschiedenis van de Watersnoodramp in 1953. In de Tweede Kamer wilde de oppositie een enquête starten, maar kon daar geen meer-derheid voor vinden. In de Eerste Kamer kaartte senator Louwes (VVD) toen aan dat de overheid weleens medeverantwoordelijk zou kunnen zijn geweest voor de gevolgen van de ramp. Het kabinet-Drees III (1952-1956) was indertijd niet blij met een Eerste Kamer, die zo geducht van zich liet horen."*

Senator Duivesteijn (PvdA) tijdens een schorsing van het debat over de Wet maatregelen woningmarkt in december 2013. Deze foto van Bart Maat werd genomineerd voor de Prinsjesfotoprijs 2014.

"De Eerste Kamer: we gingen er vrijwel nooit met knikkende knieën naartoe" – Roel Bekker, oud-top-ambtenaar.

"Je was er als het spannend was, als er een politieke crisis was" – Ferry Mingelen, journalist.

*Steeds vaker pers in de vergader-
zaal van de Eerste Kamer.*

Publieksenquête 2012

Tijdens Open Monumentendag 2012 vulden 400 van de 4.500 bezoekers een enquête in over het werk van en de personen in de Eerste Kamer. Bijna de helft (48%) was 50 jaar of ouder, 36% tussen
de 20 en 50 jaar en 16% jonger dan 20 jaar. Hun opleiding was
35% universitair, 28% havo/vwo, 8% mbo en 29% anderszins.
Uit de enquête bleek onder meer dat:

- 46% één of meerdere namen van senatoren kon noemen;
- 64% de juiste naam van de Voorzitter kon noemen;
- 68% wist hoe de Eerste Kamerleden worden gekozen;
- 82% wist dat de Eerste Kamer wetsvoorstellen behandelt na de
  Tweede Kamer;
- 12% de website van de Eerste Kamer weleens bezocht.

Ernst Hirsch Ballin, voormalig minister van Justitie (1989-1994 en
2006-2010) en Eerste Kamerlid (1995-2000), herinnert zich levendig
het debat over het vervolgingsbeleid inzake euthanasie.[2] Dit debat was een
voorbeeld van een debat waar het spannend aan toeging omdat Tweede
Kamer en Eerste Kamer er anders naar keken. *"De behandeling was
omstreden omdat de Eerste Kamer niet de politieke afweging in de Tweede
Kamer volgde. De Kamers hadden duidelijk verschillende beoordelings-
kaders. Een vrij groot aantal senatoren stond dichter bij de strengere denk-
richtingen in de kerk dan bij het voorstel van het kabinet."* Hirsch Ballin
ervoer dat ook in het vreemdelingenbeleid. *"De verschillende politieke
beoordeling speelde ook bij de herziening van de Vreemdelingenwet 2000.[3]
De Tweede Kamer bepleitte bijvoorbeeld een immigratiebeleid dat nog
strenger was dan het beleid dat de regering voorstelde, terwijl in de Eerste
Kamer een grote gevoeligheid was voor de wens vanuit de advocatuur om
de rechtsgang niet te wijzigen."*

*"De behandeling was omstreden
omdat de Eerste Kamer niet de
politieke afweging in de Tweede
Kamer volgde" – Ernst Hirsch
Ballin, oud-minister en oud-senator,
over het vervolgingsbeleid inzake
euthanasie.*

Volgens Hirsch Ballin staat niettemin altijd een positieve opstelling
centraal in de Senaat. *"Over het algemeen was er een vrij grote bereidheid
om het wetgevingsproces zo weinig mogelijk te hinderen. De Eerste Kamer
vroeg met name stevig door over de uitvoering van wetten. En keek heel
nauwkeurig of er geen onverhoopte fouten in wetgeving zaten. Dat is nu
nog het geval. Wat mij betreft is het werk van de Kamer daarom altijd
interessant, niet alleen als het spannend is."*

"Zit het goed in elkaar, dan is er voor de pers niet veel te melden"

De media kijken volgens Mingelen heel anders naar het controlerende werk van de Eerste Kamer. Voor hen staat de nieuwswaarde voorop, niet de schoonheid van het debat. *"Een debat kan inhoudelijk nog zo mooi zijn, maar dan vraag ik me altijd af: is er iets gebeurd? Is er iets veranderd? Zo niet, dan is er geen reden voor de pers om daarover te berichten. Dan is het te veel een herhaling van zetten. Als de Eerste Kamer het kabinetsbeleid steunt, dan is dat niet zo interessant. Dat is het wel als er een relevante wijziging van beleid dreigt. Zoals bijvoorbeeld CDA-fractievoorzitter Kaland dreigde te doen in de tijd van Lubbers. Ik herinner me grote spanning: 'Zal Kaland wel akkoord gaan?'"*

Mingelen: *"Om die reden ben ik hier alleen als er dingen gebeuren waarvan anderen vinden dat ze niet 'des Eerste Kamers' zijn. De functie van de Eerste Kamer is om te kijken of dingen goed in elkaar zitten. En als dat zo is, dan is er voor de pers niet veel om te vermelden."*

Parlementair historica Van Baalen betreurt dat beperkte blikveld van de pers. *"Er is inderdaad weinig aandacht voor inhoudelijke debatten waar geen politiek vuurwerk is. Ik denk dat men dan toch echt mooie dingen over het hoofd ziet. Bij inhoudelijke debatten wordt duidelijk hoe men fundamenteel over dingen denkt. De Eerste Kamer heeft in 2012 een parlementair onderzoek afgerond naar privatisering en verzelfstandiging. Dat was een duidelijke trendbreuk in de taakopvatting van de Eerste Kamer: van reactief naar proactief. Bovendien kwamen er inhoudelijk interessante dingen aan de orde. Helaas is daar in de pers toen erg weinig over geschreven. Maar ik realiseer me wel dat dat in de Tweede Kamer niet anders is. Dat hoort misschien ook wel bij parlementaire journalistiek."*

De parlementair historica kijkt zelf uiteraard anders naar de Eerste Kamer: *"Ik vind de Eerste Kamer altijd interessant. Het verbaast me dan dat er bijvoorbeeld bij het debat over de verhoging van de AOW-leeftijd slechts één persoon op de publieke tribune zit."*

Mingelen geeft niettemin hoog op van het niveau van de Eerste Kamerleden. *"Mijn indruk is dat ze heel verantwoord en inhoudelijk de zaak in de gaten houden. Ze zijn kwalitatief hoogstaand; hebben verstand van zaken. Ik sluit niet uit dat ze meer verstand van zaken hebben dan menig Tweede Kamerlid. Maar als dat niet leidt tot een andere positie, dan is dat verder niet zo interessant. Het argument van 'ja, maar we hebben zulke goede debatten' gaat dan niet op."*

CDA-fractievoorzitter Kaland stond diverse keren lijnrecht tegenover het kabinet. Zijn aanvaringen met premier Lubbers werden breed uitgemeten in de media.

Het privatiseringsonderzoek van de Eerste Kamer in 2012: "Helaas is daar toen weinig over geschreven" – Carla van Baalen, parlementair historica.

OPEN DAG
Elk jaar in september bezoeken
duizenden mensen de Eerste Kamer
op Open Monumentendag.

*CDA-senator Van Leeuwen,
een fel criticaster van de nieuwe
Zorgverzekeringswet, feliciteert
minister Hoogervorst nadat de
Eerste Kamer er in juni 2005
mee instemde.*

"Je moet als minister correct zijn in de Eerste Kamer, geen spelletjes spelen"

Over de debatten in de Eerste Kamer bestaan ook de nodige beelden. Soms worden ze gezien als een herhaling van het debat in de Tweede Kamer, andere keren wordt juist de remfunctie van de Senaat geprezen. In ieder geval worden de debatten er anders ervaren dan in de Tweede Kamer. Departementen bereiden hun ministers en staatssecretarissen volgens Bekker bijvoorbeeld anders voor op een debat met de Eerste Kamer dan met de Tweede Kamer.

De voormalig topambtenaar: *"Het gaat er in de Eerste Kamer intellectueler aan toe. Eerste Kamerleden zijn absoluut niet gediend van politieke spelletjes of ontwijkende antwoorden. Senatoren van de coalitiepartijen vinden het bijvoorbeeld niet leuk als de minister een snerende opmerking maakt tegen een Eerste Kamerlid van de oppositie. Je moet als minister correct zijn, er niet omheen draaien en alle vragen heel zorgvuldig beantwoorden. Je moet bij ministers in de Eerste Kamer voor een debat eigenlijk een klein beetje valium in de koffie doen..."*

*Voorzitter Jonkman van de Eerste
Kamer staat in de jaren zestig van
de vorige eeuw de pers te woord.*

Bekker constateert een zekere verwantschap tussen departementale ambtenaren en Eerste Kamerleden. *"Ambtenaren en Eerste Kamerleden zijn in zekere zin uit hetzelfde hout gesneden. Het komt neer op niet te veel, niet te snel willen veranderen. Veel ambtenaren zijn blij dat de Eerste Kamer bestaat, omdat de manier waarop daar naar beleid wordt gekeken lijkt op hoe er bij ministeries naar beleid wordt gekeken."*

Hirsch Ballin vindt dat een minister er in de Eerste Kamer altijd voor moet zorgen dat hij niet afhankelijk is van de notities van zijn ambtenaren. *"Een minister kan geen spelletjes spelen of ontwijkende antwoorden geven. Juist omdat de Eerste Kamer met iets minder druk op de ketel debatteert, kunnen senatoren stevig doorvragen. De Voorzitters van de Eerste Kamer leiden het debat met een lossere teugel dan in de Tweede Kamer het geval is. Zij gunnen de woordvoerders meer ruimte. De debatten in de Eerste Kamer zijn daardoor intenser en veeleisender."*

"Je krijgt senatoren niet altijd gemakkelijk voor de camera" – Ferry Mingelen, parlementair journalist.

Rutte en Wilders in de Eerste Kamer...

Parlementair historica Carla van Baalen legde in februari 2015 mede op verzoek van de Eerste Kamer 45 hoofdzakelijk tweede- en derdejaarsstudenten van 20 tot 27 jaar in haar college parlementaire geschiedenis aan de Radboud Universiteit Nijmegen een aantal vragen over de Eerste Kamer voor. Enkele uitkomsten uit deze flits-enquête:

- Veruit de meeste studenten (37) wisten dat de leden van provinciale staten de Eerste Kamer kiezen; 2 dachten dat de Tweede Kamer dat doet en 2 de Raad van State, 4 hadden geen idee;
- Vrijwel iedereen had het aantal van 75 leden goed.
- 28 studenten konden geen enkele naam van een senator noemen, 11 studenten 1 naam, 2 studenten 2 namen; de beste score: 7 namen goed;
- Er werd ook een aantal onjuiste namen van senatoren genoemd: Rutte, Wilders, Sap, Buma, Duijvendak, Verbeet, Van Agt, Elias en Samsom;
- Welke machtsmiddelen heeft de Tweede Kamer WEL en de Eerste Kamer NIET? 22 studenten noemden terecht het amendementsrecht, 21 studenten terecht het initiatiefrecht en 10 studenten onterecht het vetorecht.
- Is de Eerste Kamer te politiek? 31 studenten vonden van wel, bijvoorbeeld omdat ze steeds vaker wetsvoorstellen zou verwerpen, 9 studenten vonden van niet, 5 hadden geen mening.

Media waren massaal in de Eerste Kamer aanwezig toen senator Van Thijn (PvdA) in maart 2005 tegen het mogelijk maken van de gekozen burgemeester stemde.

WEETJE

De Eerste Kamer zendt sinds 2011 plenaire vergaderingen integraal en live uit via het internet.

Je krijgt senatoren overigens niet altijd gemakkelijk voor de camera, is de ervaring van Mingelen. *"Ik heb meegemaakt dat senator Van Thijn me in de live-uitzending voor de stemming over de gekozen burgemeester weg-duwde en toeriep: 'Ik ga eerst naar de zaal.' Maar verder zijn de leden heel welwillend en welbespraakt. Het overkomt ze minder vaak dat ze de media te woord moeten staan, maar ze hebben een bepaalde maatschappelijke statuur waardoor ze met meer zelfvertrouwen de camera tegemoet treden."*

De Eerste Kamer is een toegankelijk instituut, vindt Mingelen. *"Ik heb nooit het idee gehad van 'wat speelt zich daar allemaal af?' De Voorzitters zijn ook heel toegankelijk als dat nodig is. De figuur van Voorzitter is natuurlijk heel belangrijk voor de uitstraling. Als dat een publiek figuur is, heeft dat ook gevolgen voor hoe mensen tegen de Eerste Kamer aankijken. Met haar publieke optredens en uitspraken kan zij de statuur van de Kamer en het aanzien van het instituut verhogen."*

"Te politiek is niet mogelijk"

Een vraag die regelmatig opduikt is of de Eerste Kamer té politiek is. Parlementair historica Van Baalen vindt absoluut van niet. *"Té politiek is wat mij betreft niet mogelijk. Je bent politiek of je bent het niet. De Eerste Kamer is een politiek orgaan. Het wordt immers langs politieke lijnen samengesteld. Dat de Eerste Kamer geen politiek primaat heeft, is een soort stilzwijgende afspraak maar is niet grondwettelijk vastgelegd. Eerlijk gezegd snap ik de discussie niet. Als je een politiek orgaan bent en je bent 'té politiek'; wat doe je dan fout?"*

"Te politiek is wat mij betreft niet mogelijk. Je bent politiek of je bent het niet. De Eerste Kamer is al sinds haar oprichting een politiek orgaan" – Carla van Baalen, parlementair historica.

Bovendien miskent dat beeld volgens haar dat senatoren een wetsvoorstel ook gewoon slecht kunnen vinden: *"Wiegel werd indertijd verweten dat hij graag een politiek statement wilde maken en een nacht op zijn naam wilde zetten. Hij vroeg zich toen openlijk af waarom de buitenwereld zich niet kon voorstellen dat hij tegen het wetsvoorstel wilde stemmen puur omdat hij het een slecht voorstel vond. Dat roept de vraag op: hoe beoordeel je of iemand iets afwijst op inhoudelijke of politieke gronden? En hoe erg is het dat iemand persoonlijke ervaringen betrekt bij een politieke afweging? Het ligt allemaal erg dicht tegen elkaar aan."*

Oud-minister en oud-senator Hirsch Ballin stelt dat de Eerste Kamer zo politiek is als ze wil zijn. Ook hij benadrukt dat de Grondwet geen aanwijzing bevat voor de taakopvatting of het beoordelingskader van de Eerste Kamer. *"Dat kader heeft de Eerste Kamer zelf vastgesteld. Overigens moeten ook de Raad van State, de regering en de Tweede Kamer de kwaliteit en grondwettigheid van voorstellen in de gaten houden. Politiek bedrijven staat niet los van de Grondwet. Wetgeving moet enerzijds acceptabel zijn voor de meerderheid, maar anderzijds altijd voldoende rekening houden*

INTERVIEW MET SENATOR ANNELIEN BREDENOORD

"POLITIEK IS INHERENT MOREEL"

U komt straks als nieuw lid dit 200 jaar oude instituut binnen. Wat voor beeld heeft u van de Eerste Kamer?
Ik zie de Eerste Kamer als een politiek orgaan, waar wetsvoorstellen kritisch en zorgvuldig beoordeeld worden, met oog voor maatschappelijk draagvlak, kwaliteit, uitvoerbaarheid en betaalbaarheid. Ik hoop dat die 'chambre de réflexion' niet alleen spreekwoordelijk is, maar dat er voldoende ruimte is voor een inhoudelijke toetsing. De Eerste Kamer is een politiek orgaan, hetgeen onder andere betekent dat ik als D66-senator wetgeving ook aan het sociaal-liberale gedachtegoed zal toetsen.

Was u niet liever in de Tweede Kamer begonnen? De Eerste Kamer heeft geen recht van initiatief of amendement en kan alleen werk van anderen toetsen. Ziet u dat niet als een beperking?
Ik heb me juist om verschillende redenen heel bewust gekandideerd voor de Eerste Kamer. Ik vind het aantrekkelijk om mijn wetenschappelijke werk te combineren met politiek. Veel hedendaagse vraagstukken zijn zowel wetenschappelijk als politiek-maatschappelijk relevant, en moeten dus vanuit beide perspectieven bediscussieerd worden. Denk bijvoorbeeld aan ontwikkelingen in stamcelonderzoek, genetica en het maken van keuzes in de zorg. Dat vraagt mensen die een vertaalslag kunnen maken en zich in beide werelden thuis voelen. Overigens vind ik het een zeer plezierige bijkomstigheid dat ik als vrouw van 35 een bijdrage lever aan de nodige diversiteit in de Eerste Kamer.

U schrijft op uw website dat u het cruciaal vindt "om aandacht te blijven vragen voor de Els Borst Agenda en vrijzinnigheid, juist ook vanuit de Eerste Kamer". Hoe verwacht u dat vanuit deze Kamer te gaan doen?
Ik zie vrijzinnigheid als enerzijds een ideologische stroming die persoonlijke vrijheden nastreeft met oog voor onderlinge verbondenheid, en anderzijds als een houding van openheid en tolerantie. Ik zal als Eerste

KORTE BIOGRAFIE
Annelien Bredenoord (D66) is sinds 9 juni 2015 lid van de Eerste Kamer. Ze is associate professor in de medische ethiek aan het UMC Utrecht en was tot voor kort voorzitter van D66 Utrecht. Dit interview is afgenomen vlak voordat zij lid werd van de Eerste Kamer.

Annelien Bredenoord

Kamerlid dus accenten leggen bij en aandacht vragen voor vrijzinnige politieke thema's zoals zelfbeschikking, onderlinge verbondenheid, het belang van onderwijs en ontplooiing, toekomstbestendigheid. Ik besef dat de Eerste Kamer geen nieuwe onderwerpen agendeert, je bent als Eerste Kamerlid juist betrokken bij de laatste fase van een wetsontwerp. Dat neemt niet weg dat ik als ethicus mijn steentje kan blijven bijdragen aan onderzoek en het maatschappelijke debat.

U schrijft tevens over uw dagelijkse werk om complexe *morele* afwegingen te maken. In hoeverre verschillen zulke afwegingen van complexe *politieke* afwegingen?

Eerst maar eens iets over waar ik overeenkomsten zie. Politiek is namelijk inherent moreel. Het gaat vaak om afwegingen waarin waarden, belangen en normen een rol spelen. Als ethicus ben je getraind om een complex moreel dilemma systematisch aan te vliegen. Ik beschrijf het altijd als een kluwen wol die je draadje voor draadje uit elkaar haalt, zodat je zicht hebt op de moreel relevante feiten, de belangen, principes en waarden. Vervolgens doe je als ethicus, net zoals politicus, normatieve uitspraken: je beargumenteert zo goed mogelijk waarom iets ethisch gezien de best verdedigbare positie is.

Verder denk ik dat de ethische agenda, bijvoorbeeld de eerdergenoemde Els Borst Agenda ten aanzien van medisch-ethische kwesties, nooit af is, maar voortdurend politiek onderhoud vergt.

Dan de verschillen. Als ethicus heb je niet echt te maken met akkoorden en onderhandelingen, als politicus natuurlijk wel. Als ethicus heb je geen partijprogramma, maar kan je op een meer eclectische manier putten uit verschillende theorieën en achtergrondliteratuur. Bovendien: de academische ethiek is een behoorlijk analytisch, rationeel vak, terwijl in de politiek ook ruimte is en moet zijn voor emoties en gevoelens van mensen. Ik verwacht dat in dergelijke aspecten de belangrijkste verschillen zullen liggen, maar dit is typisch iets waar ik na een tijdje Eerste Kamerlidmaatschap vast meer over kan vertellen.

Foto rechterpagina:
Annelien Bredenoord bij het
afleggen van de belofte in de
Eerste Kamer, 9 juni 2015.

met de positie van minderheden. Dat is democratie. Alles wat de Eerste Kamer doet om minderheden te beschermen is wat dat betreft pure winst voor de kwaliteit van onze democratische rechtsstaat."

In het verlengde van de vraag of de Eerste Kamer al dan niet (te) politiek is, ligt volgens Hirsch Ballin de vraag hoe en of de Eerste Kamer wordt betrokken in het formatieproces en de totstandkoming van het regeerakkoord. *"In de koninklijke formatieopdrachten werd vroeger expliciet de eis gesteld dat het te vormen kabinet moet kunnen rekenen op een vruchtbare samenwerking met de Staten-Generaal, dus niet alleen met de Tweede Kamer."* In de laatste twee kabinetsformaties is te weinig op de vereiste stabiliteit gelet, vindt hij. Er is immers niet voldoende rekening gehouden met de verhoudingen in de Eerste Kamer. Dat hoeft helemaal niet de vorm aan te nemen dat de afspraken ook met de fracties in de Eerste Kamer worden gemaakt, maar men moet wel verder kijken dan de getalsverhoudingen in de Tweede Kamer om een confrontatie met het andere deel van het parlement te voorkomen.

Mingelen heeft op dit punt een dubbel beeld: *"Behoudens uitzonderingen wijken Eerste Kamerleden vrijwel nooit af van de lijn van de Tweede Kamer. Wellicht heb ik daar een verkeerd beeld van. De Eerste Kamer doet officieel niet aan politiek en kijkt alleen naar inhoud van de wetsontwerpen. Maar du moment dat de Senaat de kans krijgt om politiek te worden, dan doet hij dat. Politici grijpen nu eenmaal altijd hun kans om invloed uit te oefenen. Dat is in 25 jaar niet wezenlijk veranderd. Ik denk dat Eerste Kamerleden het wel spannend vinden om er eens toe te doen."*

Bekker vindt de Eerste Kamer niet zozeer te politiek, maar ziet een wat langerlopende trend van een ander type senatoren met een wat meer ondernemende inslag die het beeld van de Eerste Kamer doet veranderen. *"De Eerste Kamer is verjongd. Er zitten ook meer mensen met volledige banen buiten hun Eerste Kamerwerk en mensen met een politieke achtergrond. Natuurlijk telt de Eerste Kamer nog steeds veel wetenschappers, maar tegenwoordig zijn die meer van de praktische soort. Al met al maakt dat de Eerste Kamer levendiger. De Eerste Kamer is geen eindplaats meer voor oud politiek talent, maar in toenemende mate ook een broedplaats. De Kamerleden hebben tegenwoordig een andere, meer onderzoekende stijl van werken. Het instellen van een parlementaire onderzoekscommissie naar privatisering/verzelfstandiging was wat dat betreft een trendbreuk. Ervoeren ministeries de Eerste Kamer vroeger als een procedurele hobbel, nu kijken ze er met iets meer behoedzaamheid naar. Politici en ambtenaren moeten tegenwoordig steeds vaker op twee borden schaken. Je moet er rekening mee houden dat er in de Eerste Kamer toch ook een politiek debat wordt gevoerd."*

WEETJE

De onderhandelingen over naoorlogse kabinetten hebben vele jaren in de Eerste Kamer plaatsgevonden in de zogenaamde ministerskamer.

Senator Van Vugt (SP)

WEETJE

Driek van Vugt (SP) was in 1999 op 19-jarige leeftijd de jongste senator ooit.

Veel senatoren hebben een hoofd-functie naast het lidmaatschap van de Eerste Kamer. Op de foto de (oud-)senatoren Sylvester (PvdA), Swagerman (VVD), Slagter-Rou-kema (SP), Reynaers (PVV) en Bruijn (VVD). Zij zijn respectieve-lijk werkzaam als burgemeester, senior vice-president KLM Security Services, huisarts, advocaat en hoogleraar immunopathologie.

Van Baalen zegt dat het beeld over de Eerste Kamer schommelt. Zo zou de Senaat onder de twee 'paarse' kabinetten (1994-2002) te volgzaam zijn geweest. *"'Ze buigen voor het torentjesoverleg van Kok', werd toen gezegd. Aan de andere kant, zodra de Eerste Kamer te veel van zich laat horen, ontstaat er kritiek dat zij het politieke primaat van de Tweede Kamer niet respecteert. Dat gaat met golven. In de tijd van Kaland (eind jaren tachtig, begin jaren negentig) vond men de Eerste Kamer te activistisch, daarna tijdens Paars I en II (eind jaren negentig) vond men de Eerste Kamer te volgzaam, vervolgens sinds de nachten van Wiegel en Van Thijn (in 1999 en 2005) en nu recentelijk sinds het debat over de vrije artsenkeuze ervaart men de Eerste Kamer weer als té politiek. Een Eerste Kamer die af en toe een opvallende politieke rol speelt, is in die zin niets nieuws, maar ze staat de afgelopen jaren wel vaker in het middelpunt dan daarvoor. Daar zal in de parlementaire geschiedenis ook zeker over worden geschreven."*

De scheuren ontstaan niet altijd door de oppositie, maar juist in de coalitie, zegt Van Baalen: *"Politieke crises in de Eerste Kamer ontstaan vaak doordat Kamerleden uit de coalitiepartijen een afwijkend standpunt innemen. De Eerste Kamer werkt wat dat betreft onafhankelijker van de regering dan de Tweede Kamer. De Senaat heeft als instituut sinds de jaren tachtig duidelijk een onafhankelijkere positie ingenomen."* Van Baalen voegt hieraan toe: *"De volatiliteit van de kiezers heeft gevolgen voor de wijze waarop (minderheids)kabinetten ontstaan en dus ook de Eerste Kamer. Zo bezien ligt het dus aan de kiezers in dit land dat het instituut meer 'in de picture' is. De rol van de Eerste Kamer valt nu pas op, omdat het kabinet voor het eerst sinds lange tijd (bijna een eeuw) geen meerderheid heeft in de Eerste Kamer."*

"Remmende functie Eerste Kamer mooi tegenwicht jachtigheid Tweede Kamer"

Met zekere regelmaat duikt, ook in de media, het beeld op dat de Eerste Kamer het werk van de Tweede Kamer overdoet of te lang doet over de behandeling van wetsvoorstellen. De statistieken laten zien dat de Eerste Kamer gemiddeld drie maanden doet over de behandeling van een wetsvoorstel, inclusief schriftelijke behandeling, eventuele deskundigenbijeenkomsten en stemming. Die termijn wordt de laatste jaren iets korter. De behandeltermijn is vaak ook sterk afhankelijk van de reactiesnelheid van bewindslieden. Bestaat het beeld dat de Eerste Kamer vertragend werkt?

DOORLOOPTIJDEN WETSVOORSTELLEN, GEMIDDELDE DUUR

2009-2010:	102
2010-2011:	91
2011-2012:	104
2012-2013:	94
2013-2014:	93

DAGEN

'**De** Eerste Kamer,' zegt Wim de Boer, fractieleider namens GroenLinks, 'is als een oude slapende leeuw die het nog wel kan maar er bijna nooit zin meer in heeft.'
'De Eerste Kamer,' zegt Jacob Kohnstamm, lid namens D66, 'is als een oude opa die leuk is voor de kleinkinderen maar geen verantwoordelijkheid draagt voor hun opvoeding.'
'De Eerste Kamer,' zegt Jan van Heukelum, lid namens de VVD, 'is als een oude gymnast die in een spagaat ligt en niet weet hoe hij daar nog uit moet komen.'

Oud is de Eerste Kamer zeker.
De vijfenzeventig senatoren die er deel van uitmaken hebben aan het einde van deze zittingsperiode een gemiddelde leeftijd van ruim 60 jaar. Het jongste PvdA-Kamerlid is een snotaap van 49. Het jongste VVD-Kamerlid is een broekje van 47. En het jongste CDA-Kamerlid is met 45 jaar ook nog nauwelijks droog achter de oren.
Maar een lieve machteloze leeuw die met zijn benen geen raad weet?

Journalist en schrijver Gerard van Westerloo volgde in 2001 voor NRC enige tijd de Eerste Kamer. Hierboven de opening van zijn artikel destijds. Het artikel werd opgenomen in zijn boek 'Niet spreken met de bestuurder'.

Natuurlijk werkt de Eerste Kamer vertragend, zegt Bekker, maar hij tilt daar niet zo zwaar aan. *"In het Zuid-Afrikaans zou de 'chambre de réflexion' kunnen heten: 'de remkamer'. Maar dat wil niet zeggen dat dat negatief is. De remmende functie van de Eerste Kamer wordt door de ambtelijke dienst gewaardeerd omdat er wordt gekeken naar ordelijkheid, consistentie, continuïteit. Het is evidencebased en het biedt een mooi tegenwicht tegen de jachtigheid van de Tweede Kamer."*

Van Baalen grijpt terug op de ontstaansgeschiedenis van de Eerste Kamer.

"Ja, de Eerste Kamer is vertragend, maar vergeet niet dat dat ook een van de redenen is waar zij voor is opgericht: 'Om te waken tegen overijling.' Als een wet op basis van actualiteiten is aangenomen, is het goed dat er een club is die in alle rust bekijkt of dat inderdaad een goed idee is. Als je dat niet wilt, dan hangt dat waarschijnlijk met andere dingen samen. Naar mijn idee komt de extra 'check' de wetgeving ten goede."

Hirsch Ballin merkt op dat er in de Eerste Kamer ook weleens actief gebruik dan wel misbruik wordt gemaakt van haar vertragende functie. *"Ik heb meegemaakt dat het tempo van behandeling van een wetsvoorstel de manier was om te proberen om het in een andere richting te duwen. Je kunt erop aankoersen om een wetsvoorstel niet voor de verkiezingen of voor de beoogde datum van inwerkingtreding af te handelen. Dat komt maar een enkele keer voor, maar het is onwenselijk, omdat aanvaarden dan wel verwerpen een openbare beslissing hoort te zijn."*

Senator Bröcker (VVD) verdedigt het verslag van de tijdelijke commissie GRECO-rapport in de plenaire vergadering, juni 2014.

"Waarde Eerste Kamer ligt in de combinatie van het werkelijke leven en de politiek"

Eerste Kamerleden doen hun politieke werk in deeltijd. Zij komen alleen op dinsdag – en bij een zeer drukke agenda ook op maandag – bijeen, de andere dagen hebben zij elders een maatschappelijke hoofdfunctie. Dat leidt geregeld tot een discussie over 'dubbele petten', omdat onderwerpen uit alle sectoren van de samenleving de Senaat passeren. In 2013 heeft de Group of States against Corruption (GRECO) van de Raad van Europa een evaluatierapport met betrekking tot Nederland vastgesteld over de preventie van corruptie onder parlementariërs, rechters en leden van het Openbaar Ministerie.[4] Het GRECO-rapport bevat aanbevelingen die onder andere betrekking hebben op leden van de Eerste Kamer. De Eerste Kamer heeft vervolgens een bijzondere commissie ingesteld om het GRECO-rapport te bestuderen. Naar aanleiding van de aanbevelingen van deze commissie onder voorzitterschap van senator Bröcker (VVD) is onder meer een hoofdstuk over integriteit toegevoegd aan het Reglement van Orde van de Eerste Kamer.

Minister Schippers van VWS in het debat over de vrije artsenkeuze, december 2014. Deze foto van Martijn Beekman werd genomineerd voor de Prinsjesfotoprijs 2015.

Mingelen heeft hierover gemengde gevoelens: *"De onafhankelijkheid is soms wel een probleem. Aan de ene kant is de maatschappelijke positie van senatoren een voordeel: ze kunnen hierdoor een wetsvoorstel inhoudelijk goed beoordelen. Maar het levert ook vreemde situaties op, zoals eind 2014 bij het debat over de vrije artsenkeuze. Senatoren met functies in verschillende sectoren van de zorg stemden hierover mee en speelden een belangrijke rol in het debat. Ze zijn niet noodzakelijk verdacht, maar soms kan alleen de schijn van belangenverstrengeling al funest zijn. Het is een deeltijdbaan, dus je kunt het probleem nooit helemaal oplossen. Maar er moet wel kritisch naar gekeken worden."*

Tv-maker Eugène Paashuis
volgde in 2012 en 2013 de
Eerste Kamer een halfjaar van
binnenuit en maakte de documentaire Door de Senaat.

Door de Senaat, een film over de Eerste Kamer

Documentairemaker Eugène Paashuis kreeg in 2012 en 2013 de gelegenheid ten behoeve van een documentaire voor de VPRO uitvoerig te filmen in de Eerste Kamer. Hij filmde ruim tien maanden, soms bijna wekelijks. Paashuis volgde de Voorzitter en de Griffier in hun dagelijkse werk en gaf aan de hand van een aantal concrete casussen een beeld van het proces waarin de Eerste Kamer wetten behandelt. Zo worstelt senator Thissen (GroenLinks) in de documentaire met de druk van de Tweede Kamerfractie van GroenLinks bij de verhoging van de AOW-leeftijd. Senator Sylvester (PvdA) brengt met politiek handwerk een meerderheid bijeen voor de pelsdierenwet. Senator Holdijk (SGP) ziet zich in de dan geldende politieke verhoudingen opnieuw in de positie gemanoeuvreerd dat de stem van zijn eenmansfractie de doorslag kan geven.

Bekker ziet vooral voordelen in de 'dubbele petten' van Eerste Kamerleden. *"Zij vervullen weliswaar meerdere functies, maar dat wil niet zeggen dat er belangenverstrengeling is. Integendeel: hun maatschappelijke functies maken hen bij uitstek geschikt om wetsvoorstellen te beoordelen. Inhoudelijk zijn ze daardoor vaak beter onderlegd dan Tweede Kamerleden. Neem senatoren als Brinkman, Dupuis, Van Boxtel, Kuiper. Tenzij je wilt dat de Eerste Kamer alleen door pensioengerechtigden of werklozen wordt bemand, ontkom je daar niet aan. De waarde van de Eerste Kamer ligt juist in de combinatie van het werkelijke leven en de politiek. Er wordt te veel en te vaak gezegd dat er sprake is van (de schijn van/de indruk van de schijn van) belangenverstrengeling."*

Natuurlijk ziet Bekker de risico's ook wel, maar er is volgens hem in de praktijk voldoende tegenkracht. *"Het feit dat een wetsvoorstel invloed heeft op de maatschappelijke sector waarin een Kamerlid actief is, wil niet zeggen dat er een persoonlijk belang is. Het wordt pas bedenkelijk als een Kamerlid ergens een individueel belang in heeft. Er is voldoende sociale controle om eventuele uitwassen tegen te gaan. Zodra er bijvoorbeeld op een departement bekend wordt dat een Kamerlid zichzelf probeert te helpen, dan hang je als Kamerlid."* Transparantie helpt volgens Bekker het beste om het beeld van belangenverstrengeling tegen te gaan: *"Wees zo transparant mogelijk: sunlight is the best disinfectant."*

"Wat mij betreft is het een voordeel dat Eerste Kamerleden ook maatschappelijke functies hebben", zegt Carla van Baalen. *"Dat was vroeger in de Tweede Kamer ook zo. Het is pas sinds de jaren zestig van de vorige eeuw een fulltime baan geworden. Daarvoor gold altijd het argument dat een*

INTERVIEW MET OUD-VOORZITTER HERMAN TJEENK WILLINK

"HET BEELD WAS – EN IS – SOMS ANDERS"

Het beeld bestaat dat de Eerste Kamer soms te activistisch, dan weer te volgzaam is: te activistisch toen Kaland er de CDA-fractie leidde (tot begin 1994), te volgzaam onder de paarse kabinetten daarna. Herkent u zich in dit beeld?
De Eerste Kamer is een politieke instelling. Al naargelang de politieke omstandigheden zal zij soms als te activistisch, soms als te volgzaam worden gezien. Daarbij spelen personen, aan deze en aan gene zijde van het Binnenhof (en in het Torentje), een rol. Een belangrijke drijfveer voor senator Kaland vormde zijn onbehagen over het functioneren van de Tweede Kamer. Hij vond dat de parlementaire controle uitgehold dreigde te worden door een overschatte overheid, te grote ambtelijke invloed, strakke regeerakkoorden en vermenging van de eigen politieke verantwoordelijkheid met de loyaliteit aan eigen partij en partijleiding. In de kern stond hij niet alleen en zelfs niet in eerste plaats op de bres voor de Eerste Kamer, maar voor een krachtige en onafhankelijke Tweede. Maar ook toen, zoals nu, kwam het weinig voor dat de Kamer wetsvoorstellen verwierp, al was – en is – het beeld soms anders.

Kan de Eerste Kamer eigenlijk té activistisch, té politiek zijn?
Allesbepalend is de vraag of de Eerste Kamer haar eigen functie en karakter bewaart. De eigen functie spitst zich toe op de kwaliteit van de wetgeving inclusief de Europese. Het eigen karakter uit zich in een 'teruggehouden' partijprofilering en heeft een vijftal met elkaar samenhangende kenmerken:

+ Het besef dat bij de Tweede Kamer het politieke primaat berust en dat er dus goede (rechtsstatelijke) redenen moeten zijn om van de politieke keuze van de Tweede Kamer af te wijken;
+ Het besef dat er een conflictenregeling tussen de Kamers ontbreekt en dat (dus) conflicten met de Tweede Kamer zoveel mogelijk moeten

KORTE BIOGRAFIE
Herman Tjeenk Willink (PvdA) was van 23 juni 1987 tot 11 maart 1997 lid van de Eerste Kamer. Van 11 juni 1991 tot 11 maart 1997 was hij Voorzitter. De heer Tjeenk Willink is vervolgens van 1 juli 1997 tot 1 februari 2012 vice-president van de Raad van State geweest.

Herman Tjeenk Willink in 2010

worden voorkomen. Daarom dat het verwerpen van wetsvoorstellen zelden voorkomt;

• Het besef dat de Eerste Kamer eigenlijk alleen werkelijk (inhoudelijk) invloed heeft als zij als eenheid optreedt. Dat is keer op keer mogelijk gebleken;

• Het besef dat de Eerste Kamer belang heeft bij het opereren enigszins buiten de publiciteit;

• Het besef dat goede persoonlijke verhoudingen mogelijk zijn juist omdat de politieke verschillen een gegeven vormen en Eerste Kamer-leden minder dan Tweede Kamerleden van de profilering in hun Kamerwerk afhankelijk zijn.

Door de eigen functie en het eigen karakter is de Eerste Kamer vaak beter dan de Tweede in staat het evenwicht te bewaren tussen diversiteit (kenmerk van democratie) en eenheid (kenmerk van de rechtsstaat). Het bewaken van eigen functie en karakter van de Kamer wordt echter moeilijker. We moeten er rekening mee houden dat de situatie waarin een kabinet geen meerderheid in beide Kamers heeft de normale situatie wordt. Dat wil zeggen dat partijpolitisering en partijprofilering ook in de Eerste Kamer moeilijker te weerstaan zullen zijn.

De neiging om een van de Tweede Kamer afwijkende opstelling partij-politiek te duiden zal toenemen, zelfs als die opstelling aan de eigen functie van de Eerste Kamer is toe te schrijven. Ook min of meer perma-nente (formatie)onderhandelingen tussen fracties in de Tweede Kamer om

Herman Tjeenk Willink met zijn opvolger als Voorzitter van de Eerste Kamer, Frits Korthals Altes, maart 1997.

vooraf een meerderheid in de Eerste Kamer te bereiken, kunnen afbreuk doen aan eigen functie en karakter van de Eerste Kamer. Datzelfde geldt in ieder geval voor de instemming vooraf met een tussen fracties in de Tweede Kamer gesloten regeerakkoord, die de PvdA inmiddels van haar (kandidaat-)Eerste Kamerleden eist. Maar de volle nadruk leggen op eigen functie en karakter in de Eerste Kamer is ook niet probleemloos. Het doet de kans op conflicten tussen de beide Kamers groeien. Daarom moeten de coalitiepartijen in de Eerste Kamer de functie van die Kamer voor ogen houden (kwaliteit van de wetgeving) en de oppositiepartijen het eigen karakter (teruggehouden partijprofilering). Die opstelling van partijen zou vergemakkelijkt worden als de facto een vorm van terugzendrecht zou ontstaan.

Er is de laatste tijd veel aandacht voor de nevenfuncties van senatoren, vooral van de zijde van de media. Hoe kijkt u daartegenaan?
Tot het eigen karakter van de Eerste Kamer behoort dat het Eerste Kamerlidmaatschap in deeltijd wordt vervuld. Dat betekent dat in ieder geval het merendeel van de leden een andere hoofdfunctie bekleedt. Voorkomen moet worden dat de Eerste Kamer voor een belangrijk deel gaat bestaan uit leden die hun werkzame leven hebben afgesloten of voor hun inkomsten (mede) van de Eerste Kamer afhankelijk worden. Dat zou de Kamer beroven van haar verbinding met uiteenlopende belangen in de maatschappij of haar leden van hun onafhankelijke positie ten opzichte van hun partij. Dit betekent dat de leden behalve het algemeen belang vanuit hun eigen politieke invalshoek, ook bijzondere maatschappelijke belangen vanuit hun andere (hoofd)functie hebben te dienen. Het vormt de kracht van de Eerste Kamer. Voorkomen moet worden dat het als haar zwakte wordt afgeschilderd.

Hoe is dat te voorkomen?
Wel bij de voorbereiding van het plenaire debat in de fractie gebruikmaken van de aanwezige kennis en ervaring, maar deze niet inzetten in het plenaire debat zelf, zou vooral schijnheilig zijn. Het gaat er juist om helderheid te verschaffen over de positie van (alle) leden, hun achtergrond, hun (hoofd)functie, de organisatie of onderneming waarin zij die (hoofd)functie vervullen en de belangen die ze daarbij geacht worden te dienen. Die helderheid dienen zij niet alleen in algemene zin te verschaffen, maar zo nodig ook bij de behandeling van bepaalde wetsvoorstellen. Dat moet ertoe leiden dat de leden van andere fracties niet alleen met grote belangstelling luisteren (er is een deskundige aan het woord), maar ook extra opletten (is er geen sprake van belangenverstrengeling). Voor de fractievoorzitter dienen andere maatstaven te gelden. Fractievoorzitters moeten niet met een bepaalde (belangen)organisatie geïdentificeerd kunnen worden, maar juist wat dat betreft de handen vrij hebben. In mijn herinnering werden die regels tijdens mijn lidmaatschap en voorzitterschap van de Kamer vrij algemeen onderschreven.

*volksvertegenwoordiger die alleen maar politiek bedrijft het contact kwijt-
raakt met de samenleving."* Maar de parlementair historica ziet de risico's
ook wel: *"Alle Kamerleden hebben een eed afgelegd dat ze hun werk naar
eer en geweten doen, in het belang van het gehele Nederlandse volk. Dat
blijft tot op zekere hoogte een kwestie van vertrouwen."*

Artikel 2 Wet beëdiging ministers en leden Staten-Generaal

Bij de aanvaarding van hun ambt leggen de leden der Staten-
Generaal in de vergadering van de kamer waarin zij zijn verkozen,
de volgende eden of verklaringen en beloften af:
"Ik zweer (verklaar) dat ik, om tot lid van de Staten-Generaal te
worden benoemd, rechtstreeks noch middellijk, onder welke naam
of welk voorwendsel ook, enige gift of gunst heb gegeven of beloofd.
Ik zweer (verklaar en beloof), dat ik, om iets in dit ambt te doen of te
laten, rechtstreeks noch middellijk enig geschenk of enige belofte
heb aangenomen of zal aannemen.
Ik zweer (beloof) trouw aan de Koning, aan het Statuut voor het
Koninkrijk en aan de Grondwet.
Ik zweer (beloof) dat ik de plichten die mijn ambt mij oplegt getrouw
zal vervullen.
Zo waarlijk helpe mij God almachtig!" (Dat verklaar en beloof ik!").

*"Voor mij persoonlijk was het indertijd een voordeel dat mijn werk bij de
universiteit mij een zekere competentie gaf die ik kon gebruiken in mijn
werk als Kamerlid. Het leidde ertoe dat ik extra intensief bezig was met
de onderwerpen",* zegt Hirsch Ballin. Wel merkt hij op dat het erg moeilijk is om te zien of de achtergrond van een Kamerlid alleen zijn of haar
referentiekader beïnvloedt of dat deze achtergrond ook verdergaande
consequenties heeft. Bij de samenstelling van de Eerste Kamer spelen
volgens Hirsch Ballin meerdere criteria mee, die soms met elkaar in strijd
zijn. *"De regio's moeten voldoende worden gerepresenteerd, maar er
moeten ook voldoende mensen in zitten met een juridische en constitutionele achtergrond. Daar komt nog bij dat er verschillende maatschappelijke
sectoren vertegenwoordigd moeten zijn. Daar zitten risico's aan, want
hoewel de desbetreffende Kamerleden vaak niet de woordvoerder zijn op
dat onderwerp, ze zijn wel in staat om hun fractie te beïnvloeden. En
bovendien, als Eerste Kamerlid kom je overal binnen. Ik denk dat partijen
er goed aan doen om bij de samenstelling van fracties ook naar anderen
te kijken dan naar bestuurders van belangenorganisaties. Dat zeg ik niet
omdat ik denk dat men daar verkeerd gebruik van maakt, maar puur omdat je de schijn van belangenverstrengeling niet over de betrokken Kamerleden en over de Eerste Kamer moet willen afroepen."*

*Zoals vroeger bij dit sigarenrekje in
de koffiekamer gaat er ook nu nog
een dempende werking uit van de
Eerste Kamer.*

"Het zou niet verbazen als de waardering voor de Eerste Kamer is toegenomen"

Geregeld duikt het beeld op in publicaties en uitingen van politici en wetenschappers dat de Eerste Kamer op de schop moet: de bevoegdheden moeten worden aangepast – uitgebreid, dan wel ingeperkt – en in het uiterste geval kan de Senaat wel worden opgedoekt. De beeldvorming over de Eerste Kamer speelt een niet onbelangrijke rol in de opvattingen over haar bestaansrecht.

De parlementair historicus Bert van den Braak schreef in 1998 een standaardwerk over de eerste 180 jaar van de Eerste Kamer.

Zoals parlementair historica Carla van Baalen zegt: *"Was men in al die jaren sinds de oprichting in 1815 blij met de Eerste Kamer? Dat was men lang niet altijd. Er is geen enkele andere staatsrechtelijke instantie over wier bestaansrecht door de jaren heen zoveel gediscussieerd is. Het bestaan van de Eerste Kamer is nooit een vanzelfsprekendheid geweest. En toch is zij altijd blijven bestaan."*

Bekker ziet al veel veranderingen ten goede in het beeld van de Eerste Kamer: *"Het imago van de Eerste Kamer is veranderd de afgelopen 25 jaar. Van een irrelevant instituut waar alleen sigaren werden gerookt naar een instituut dat echt verschil kan maken. Het zou mij niet verbazen als de waardering van de Eerste Kamer onder de bevolking is toegenomen en het imago is verbeterd."* Maar hij waarschuwt tegelijkertijd: *"Als de Eerste Kamer echter te veel meegaat in politieke frames, werkt zij zichzelf tegen. Daar moet men erg voorzichtig in zijn. Het aardige van de Eerste Kamer is dat er een bepaalde dempende politieke werking van uitgaat. Men heeft geen last van de kortademigheid die je in de Tweede Kamer ziet."*

In 2014 verscheen op initiatief van de Eerste Kamer Huis van de Senaat, een boek van de kunsthistorica Marion Bolten over de geschiedenis van het gebouw van de Eerste Kamer. Hier is de handelseditie afgebeeld.

Toenmalig senator Vliegenthart en oud-senator Van Raak (beiden SP) publiceerden in 2011 een boek met artikelen, ook van andere senatoren, over de Eerste Kamer.

Elk jaar krijgen tienduizenden jongeren een rondleiding op het Binnenhof. Zij bezoeken dan ook de Eerste Kamer.

Mingelen ziet de waarde van de Eerste Kamer: *"Het is geen overbodige luxe om tegenover de hectiek van de Tweede Kamer een afgewogen oordeel van de Eerste Kamer te hebben."* Hij waarschuwt tegelijkertijd voor te veel volgzaamheid: *"Als dat afgewogen oordeel betekent dat coalitiefracties altijd het kabinet steunen en oppositiefracties altijd de Tweede Kamerfractie volgen, dan heeft dat geen toegevoegde waarde."* Volgens Mingelen mag er wel wat veranderen in de relatie tussen de beide Kamers, door bijvoorbeeld een terugzendrecht in te voeren.

Van Baalen pleit voor meer publieke voorlichting. *"Veel mensen hebben geen idee hoe het parlement en de regering zich tot elkaar verhouden, laat staan hoe de Eerste en Tweede Kamer zich tot elkaar verhouden. Ik heb zelfs weleens mensen gesproken die dachten dat je eerst in de Eerste Kamer moest hebben gezeten om in de Tweede Kamer te komen. Alsof je overgaat naar een volgende klas!"*

Volgens Hirsch Ballin kan de beeldvorming over het werk van de Eerste Kamer nog wel wat positief worden bijgesteld. *"Als je laat zien dat je ernstige en lelijke constitutionele fouten kunt voorkomen, dan bewijs je dat je niet overbodig bezig bent. Terugkijkend op de afgelopen 25 jaar kan ik legio momenten aanwijzen waarop de Eerste Kamer serieus en toegewijd haar rol heeft vervuld in het extra scherp zijn op wat in de rechtsstaat*

past. Dat heeft de Eerste Kamer ook in de afgelopen vier jaar – dwars door partijen heen – op indrukwekkende wijze gedaan. Trouw aan hun politieke principes, maar ook als onafhankelijke vakmensen. Ook al zijn dat vaak geen dingen die het grote publiek trekken of de kranten halen, onbelangrijk is het allerminst. Ik ben ervan overtuigd dat dat goed is voor het aanzien van de politiek als geheel."

Bekker bepleit terughoudendheid in het veel uitdrukkelijker positioneren van de Eerste Kamer, dat zou weleens op het instituut kunnen terugslaan. "Het instituut kan nog wel een slag(je) maken, maar ga daar voorzichtig mee om. Op grote schaal uitventen wat je positie is, kan je positie ook bemoeilijken of beschadigen. Populaire pr-campagnes kunnen uitgelegd worden als 'wichtigmacherei' en passen niet bij de Eerste Kamer. Je kunt wel meer dan vroeger het gezicht van de Eerste Kamer tonen, zonder dat dit het imago van een afstandelijke, onafhankelijke 'kamer van reflectie' verandert. Je kunt best eens je tanden laten zien van tijd tot tijd, maar het mag niet te emotioneel worden. De Eerste Kamer moet voorzichtig omspringen met haar positie. Zij moet haar eigen stijl behouden."

WEETJE

De website van de Eerste Kamer wordt gemiddeld 16.000 keer per week geraadpleegd.

Voetnoten

1 Zie hoofdstuk 2.
2 Debat van 21 april 1998 over de brief van de ministers van Justitie en van Volksgezondheid, Welzijn en Sport over het vervolgingsbeleid inzake euthanasie (Handelingen I 1997/98, nr. 28, p. 1460 e.v.). De heer Hirsch Ballin was indertijd lid van de Eerste Kamer.
3 Debat van 18 mei 2010 over de Wijziging Vreemdelingenwet 2000 inzake aanpassen asielprocedure (31 994). De heer Hirsch Ballin was indertijd minister van Justitie.
4 'Corruption prevention in respect of members of parliament, judges and prosecutors', 18 juli 2013, Public Greco Eval IV Rep (2012) 7E. Zie voor het verslag van de tijdelijke commissie GRECO-rapport Kamerstukken I 2013/14, CX, A.

DE GRIFFIE, DE STILLE MOTOR VAN DE KAMER

DE GRIFFIE, DE STILLE MOTOR VAN DE KAMER

Openingsfoto vorige pagina's: het interieur van de werkkamer van de Griffier van de Eerste Kamer.

WEETJE

De Staten-Generaal hebben al sinds 1464 Griffiers, de Eerste Kamer heeft er sinds haar ontstaan in 1815 veertien gehad.

De medewerksters van het secretariaat van de Voorzitter en de Griffier.

Op 22 juli 1581 besloten de Staten-Generaal van de Verenigde Provinciën in de Noordelijke Nederlanden de Spaanse Koning Filips II af te zweren als hun soeverein vorst. Zij vroegen hun Griffier, Jan van Asseliers, daar op basis van de beraadslagingen iets over op te schrijven. Asseliers nam de ganzenveer ter hand en kwam vier dagen later terug met een manuscript dat als Plakkaat van Verlatinghe de geschiedenis is ingegaan. Na voorlezing kreeg hij onmiddellijk mandaat het document namens de Staten-Generaal te ondertekenen. De afgelopen jaren heeft het Plakkaat als de onafhankelijkheidsverklaring van de Nederlanden nieuwe belangstelling en erkenning gekregen.

Sinds 1464 hebben de Staten-Generaal Griffiers in dienst gehad. In de eerste eeuwen werden aan Griffiers eisen gesteld die toen nog niet golden voor afgevaardigden: kunnen lezen en schrijven. Sinds 1815 bepaalt de Grondwet – thans in artikel 61, tweede lid – dat elk der Kamers een Griffier benoemt. Hiermee zijn de Griffiers van de Kamers, anders dan bijvoorbeeld ambtelijke topfunctionarissen van ministeries, constitutionele ambtsdragers. De Griffie vormt de backoffice van het parlement. Achter de schermen en doorgaans onzichtbaar voor het publiek bereiden ambtelijke medewerkers de processen achter het parlementaire schouwspel voor en leggen ze schriftelijk vast wat er zich heeft voltrokken.

De Griffie van de Eerste Kamer

De 75 senatoren worden in hun werkzaamheden ondersteund door de Griffie van de Eerste Kamer. De Griffie bestaat uit de Griffier met de ambtelijke organisatie die hij leidt.

Volgens de Instructie voor de Griffier omvatten de taken van de Griffier van de Eerste Kamer in elk geval de volgende:

- voorbereiden van de vergaderingen;
- zorgen voor de verslagen van de Kamer, het College van Senioren, de Huishoudelijke Commissie en de andere commissies;
- adviseren en bijstaan van de Kamervoorzitter;
- adviseren van de Kamerleden over de agenda en werkzaamheden van de Kamer;
- adviseren over staatsrechtelijke en procedurele zaken;
- vertegenwoordigen van de Kamer, indien gewenst.

Senator Terpstra (CDA) in gesprek met een plaatsvervangend Griffier.

De Griffie bestaat verder uit de Eerste plaatsvervangend Griffier, die de Griffier bijstaat en vervangt bij afwezigheid. De Eerste Kamer heeft daarnaast drie 'gewone' plaatsvervangend griffiers. Zij vervangen de Griffier in de vaste (en in voorkomend geval: bijzondere) commissies en worden ook wel commissiegriffiers genoemd, terwijl zij ook plaats kunnen nemen op het rostrum bij de plenaire vergadering. Dit gebeurt vooral als 'eigen' onderwerpen worden behandeld, namelijk wetsvoorstellen en andere dossiers voortkomend uit 'eigen' commissies. Al heel lang bestaat de taakverdeling dat de Griffier zich toelegt op wat institutioneel en plenair speelt, terwijl de plaatsvervangend griffiers onder zijn verantwoordelijkheid alles wat samenhangt met de commissies voor hun rekening nemen. De Eerste plaatsvervangend Griffier, tevens hoofd van de afdeling Inhoudelijke Ondersteuning, organiseert de ambtelijke ondersteuning van de commissies en behartigt onderwerpen van meer strategische aard, die het weekritme overstijgen.

De Griffier van de Eerste Kamer.

260

*De Eerste plaatsvervangend
Griffier is tevens het hoofd
Inhoudelijke Ondersteuning.*

Kernwaarden van de Griffie zijn: neutraliteit, dienstbaarheid, integriteit en kwaliteit. De ondersteuning die zij levert, is altijd voor de Kamer als geheel of voor een bepaalde commissie bestemd en nooit voor één fractie of lid in het bijzonder. Andersom betekent dat ook dat de Griffie in principe geen uitvoering verleent aan verzoeken van individuele leden, tenzij het heel simpele zaken betreft die weinig tijd kosten, zoals het opzoeken van een bepaald document of het beantwoorden van een eenvoudige procedurele vraag. De Griffie wordt sinds jaar en dag niet alleen gekenmerkt door haar neutraliteit, maar ook door haar dienstbaarheid. Die twee kernwaarden kunnen botsen: medewerkers van de Griffie zullen zo dienstverlenend zijn als enigszins mogelijk, waarbij zij zelf aanvoelen wanneer de neutraliteit in het geding zou komen. Dit hangt samen met een derde kernwaarde van de griffiemedewerker: integriteit.

Het domein waarop de ondersteuning van de Griffie betrekking heeft, is te vinden op de websites van de Eerste Kamer (www.eerstekamer.nl; www.europapoort.nl; en tezamen met de Tweede Kamer www.staten-generaal.nl). De Griffie en met name de functiegroep van informatie-specialisten zorgt ervoor dat alle publieke informatie over alles wat in de Eerste Kamer speelt direct op die websites wordt geplaatst. Die websites worden goed bezocht. Voor haar website www.eerstekamer.nl ontving de Eerste Kamer in 1999 een Webwijzer-award van Burger@Overheid.nl; in 2006 volgde nog een nominatie. In 2005, 2007 en 2008 eindigde de algemene website op de tweede plaats in het onderzoek van de Webradar. Sinds 2009 verschijnt iedere drie weken een Europese nieuwsbrief van de Eerste Kamer, *EUpdate*. Deze geeft inzicht in de activiteiten van de Eerste Kamer en haar leden met betrekking tot het Europese beleids- en wetgevingsproces.

*Het hoofd Bedrijfsvoering leidt de
afdeling die zorgt voor facilitaire
ondersteuning van de senatoren.*

Financiële ondersteuning voor fracties

Voor leden van de Eerste Kamer is het lidmaatschap een parttime functie, die formeel een kwart omvat van de functie van een Tweede Kamerlid. De leden zijn, buiten de recessen, altijd op dinsdag en soms op maandag voor Kamervergaderingen in Den Haag. Vaak gebruiken de leden een groot deel van het weekend ter voorbereiding van de vergaderdag. Veel Kamerleden hebben daarnaast een hoofdfunctie elders. Uitgangspunt van het Eerste Kamerlidmaatschap is altijd geweest en gebleven dat de leden op basis van hun kennis en ervaring zelf, via schriftelijke inbrengen en bijdragen aan de debatten, een wezenlijke rol spelen in het wetgevingsproces en de controle op de regering. Politieke of persoonlijke assistenten zijn er nooit geweest. Zelfredzaamheid van de leden is en blijft de basis.

Alle (partij)politieke ondersteuning van individuele leden en fracties is aan de leden en fracties zelf. Daar gaat de Griffie niet over. De fracties hebben een budget vanuit de Eerste Kamer dat zij kunnen gebruiken voor hun directe ondersteuning als fractie. Het budget voor fractieondersteuning in de Eerste Kamer is in 2012 verruimd, maar is met 330.000 euro (Raming 2016) nog altijd relatief zeer beperkt in vergelijking tot wat de Tweede Kamer (een fulltime parlement) jaarlijks voor fractieondersteuning beschikbaar heeft (meer dan 23 miljoen euro).

Voor de financiële ondersteuning van de fracties gelden spelregels die zijn vastgelegd in een reglement, de Regeling financiële ondersteuning fracties Eerste Kamer. Deze door het College van Senioren vastgestelde regeling bepaalt hoeveel vergoeding de fracties krijgen, waarvoor zij dat geld mogen gebruiken en hoe zij de besteding moeten verantwoorden. De rechtmatigheid wordt zowel door de Eerste Kamer als door de accountantsdienst van het ministerie van Binnenlandse Zaken en Koninkrijksrelaties gecontroleerd. In 2015 is in de regeling vastgelegd dat de fracties ook publiekelijk via verslagen op hun website verantwoording afleggen over de besteding van de gelden (artikel 8).

De medewerkster van de SP-fractie. Rechts senator Slagter-Roukema.

De fractieondersteuning is grotendeels onzichtbaar voor de Griffie. Het komt voor dat fractiemedewerkers door leden geschreven inbrengen aan medewerkers van de Griffie toezenden, maar voor het overige lopen alle contacten rechtstreeks tussen de leden en de griffiemedewerkers. Aangezien voor *persoonlijke* ondersteuning van leden niet specifiek middelen beschikbaar worden gesteld, is het maar net wat leden en hun partijen zelf ervoor overhebben om die vorm van ondersteuning op eigen kosten te organiseren. In die zin is het profiel ongewijzigd en blijven eigen kennis en ervaring van de leden essentieel.

Bijzondere taken Griffie Eerste Kamer

Naast alle gewone taken heeft de Griffie ook bijzondere taken. In 2011 heeft de Kamer bijvoorbeeld voor het eerst in haar geschiedenis besloten een omvangrijk parlementair onderzoek te starten en daarvoor de Parlementaire Onderzoekscommissie Privatisering/Verzelfstandiging Overheidsdiensten (POC) ingesteld. In zeer korte tijd is toen een ambtelijk team ingesteld, waarvoor een aantal nieuwe, tijdelijke medewerkers is aangetrokken. Op 8 oktober 2013 is een tijdelijke bijzondere commissie ingesteld om een reactie van de Eerste Kamer op een rapport van de Raad van Europa over integriteit voor te bereiden. Ook deze commissie had

De staf van de Parlementaire Onderzoekscommissie Privatisering/Verzelfstandiging Overheidsdiensten.

uiteraard ambtelijke ondersteuning nodig, die ditmaal werd verleend door de vaste medewerkers. In de eerste helft van 2016 is Nederland tijdelijk voorzitter van de Europese Unie. Het parlement zal als onderdeel daarvan zes conferenties organiseren, waarvoor ook in de Eerste Kamer ambtenaren aan de slag gaan, deels naast hun gewone dagelijkse werk, deels vrijgesteld. Ten slotte wordt voor alle activiteiten ter gelegenheid van 200 jaar Eerste Kamer, dit jubileumboek incluis, uiteraard ook een beroep op medewerkers van de Griffie gedaan.

De Voorzitter van de Eerste Kamer is protocollair de eerste burger van het land na de Koning. Dat betekent dat bij elk inkomend staatsbezoek en elke andere officiële ontvangst op hoog niveau de Voorzitter in de Eerste Kamer ontvangt. Deze bezoeken moeten protocollair en inhoudelijk worden voorbereid. Verder is de Voorzitter van de Eerste Kamer tevens Voorzitter van de Verenigde Vergadering, dat wil zeggen van de Eerste en Tweede Kamer in gezamenlijke vergadering bijeen. Het gaat hier dan met name over Prinsjesdag, waarvoor de gehele organisatie van wat zich in de Ridderzaal voltrekt, berust bij de Voorzitter en Griffier van de Eerste Kamer (voor die gelegenheid: van de Verenigde Vergadering).

Hetzelfde geldt voor de inhuldiging van een nieuwe Koning voor het onderdeel dat zich voltrekt in de Nieuwe Kerk te Amsterdam: het afleggen van de eed of belofte door de nieuwe vorst, het uitspreken van de plechtige verklaring door de Voorzitter en het beëdigen of bevestigen van die verklaring door alle aanwezige leden, hoofd voor hoofd. De inhuldiging van Koning Willem-Alexander in 2013 was een project van enorme omvang en legde een groot beslag op de capaciteit van de ambtelijke ondersteuning van de Eerste Kamer. In korte tijd werd door de Griffier een voorbereidingsgroep ingesteld waarin onder zijn voorzitterschap ambtenaren van de Eerste en Tweede Kamer nauw samenwerkten, alsook een projectbureau onder leiding van de Eerste plaatsvervangend Griffier.

Een medewerkster van de Eerste Kamer ontvangt uit handen van premier Rutte kort na de inhuldiging in 2013 als een van de eersten de Inhuldigingsmedaille voor haar bijdrage aan het organiseren van de Verenigde Vergadering.

De ondersteuning van de Griffie is primair gericht op een aantal opdrachtgevers. De Voorzitter vertegenwoordigt de Kamer als geheel en krijgt daarbij ondersteuning van de Griffie. Daarnaast heeft de Kamer een presidium, genaamd de Huishoudelijke Commissie, dat bestaat uit de Voorzitter, de Eerste Ondervoorzitter en de Tweede Ondervoorzitter, alsook een college van fractievoorzitters, genaamd het College van Senioren, dat wekelijks bijeenkomt met de Voorzitter en de twee Ondervoorzitters. De 'HC' en het College van Senioren kwamen in hoofdstuk 4 reeds aan de orde. Beide bespreken, weliswaar vanuit verschillende invalshoeken, zaken die de Kamer ook weer als geheel aangaan. Ook hier verleent de Griffie ondersteuning. Ten slotte heeft de Kamer vaste (en soms bijzondere) commissies en ook deze worden ondersteund door medewerkers van de Griffie, die de conceptagenda's voor de vergaderingen opstellen, daar toelichtingen bij schrijven en alle relevante vergaderstukken verzamelen.

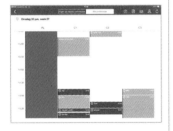

Voorbeeld van een vergaderagenda op de iPad.

DEBAT DERDE KAMER: OORDOPJES EN TROMGEROFFEL

Het is een kleurrijk gezicht: zeventig scholieren uit de bovenbouw van de obs Lyts Luchtenveldskoalle uit Joure, de Johan Calvijnschool uit Sliedrecht en de Basisschool de Sleye uit Heel zitten op vrijdag 23 november 2012 in roze, blauwe of groene T-shirts gehuld in bankjes van de plenaire zaal van de Eerste Kamer. Zij voeren onder leiding van Eerste Kamervoorzitter Fred de Graaf en met steun van vijf Kamerleden het einddebat van de Derde Kamer. Anderhalf uur bestoken ze elkaar over gehoorschade door geluidsoverlast, de rol van het onderwijs bij sociale media en overlast door acties van supermarkten gericht op kinderen.

Gehoorschade: "Het gaat nooit meer weg, het is iets dat altijd blijft"
Amir Moussa en Pim Coolen (roze fractie) zetten de stelling "Om gehoorbeschadiging te voorkomen moet iedereen onder de 18 jaar verplicht oordopjes dragen bij feestjes en naar de disco" stevig neer. Want zonder oordopjes die het muziekgeluid dempen, hoor je elkaar niet, is het minder gezellig in de disco en eindig je uiteindelijk met flinke gehoorschade bij de dokter. "En dat kun je nooit meer omdraaien. Het gaat nooit meer weg, het is iets dat altijd blijft. En dat kost ook weer veel geld. Bovendien: misschien ontstaat er wel een trend in leuke oordopjes." De blauwe en groene oppositie is niet meteen overtuigd. "Met oordopjes hoor je elkaar toch niet meer", stelt iemand. "Nee, er zitten filters in die alleen de harde muziek eruit halen."

"Waarom de grens bij 18 jaar leggen?", vraagt iemand. De roze fractie antwoordt: "Omdat mensen onder de 18 nog een toekomst voor zich hebben, die kunnen nog studeren en zo." Gelach in de zaal.
"Nou, bedankt", antwoordt de opposant, "dan heeft m'n oudere broer dus geen toekomst meer."

INLEIDING
De naam Derde Kamer is een knipoog naar de Eerste Kamer en de Tweede Kamer. Het is een gezamenlijk initiatief van die beide Kamers om kinderen in groep 7 en 8 van de basisschool wegwijs te maken in de democratie.

De woordvoerders van de roze fractie.

Sociale media : "Waarom zou de juf zich ermee bemoeien?"
Iris Jansen en Louis Fernandez Boersma Cruz verdedigen namens de
groene fractie de stelling: "Kinderen hoeven op school geen les in sociale
media te krijgen, want ze weten zelf heus wel wat de gevaren zijn."
Belangrijkste argument dat ze aanvoeren is dat ouders hier als eerste
voor verantwoordelijk zijn: "Waarom zou de juf zich ermee bemoeien?"

De groene fractie krijgt het zwaar te verduren, vooral over de rol van
ouders. "Niet alle ouders weten de gevaren, ze zijn zelf niet met sociale
media opgegroeid, dus kinderen moeten er wel les in krijgen op school",
zegt een opposant. En de kinderen weten het zelf vaak ook niet.
"Op internet is veel informatie te vinden, die hoeft de school niet te geven",
is het antwoord van de groenen. " Waar dan?" "Op Wikipedia bijvoorbeeld." Maar wat als je ouders overleden zijn? Groen geeft geen krimp:
"Dan ga je naar een pleeggezin, toch?"

Einddebat Derde Kamer 2012.

"Je kunt toch afspreken samen een potje te gaan voetballen, wat is daar mis mee?"

Matthias Klop, Arend Hansum en Niels van der Zaag van de blauwe fractie willen de verrommeling bij supermarkten aanpakken en verdedigen de stelling: "Supermarkten mogen geen acties gericht op kinderen meer organiseren." De stelling richt zich met name op voetbalplaatjes en dierenplaatjes. De redenen: het is milieuonvriendelijk, want kinderen gooien plaatjes die ze al hebben meteen weg, het houdt kinderen van hun huiswerk, kleine kinderen kunnen stikken in kleine weggeefdingen en het is niet eerlijk: 'De een heeft veel plaatjes, de ander weinig, daar komt ruzie van.'"

De woordvoerders van de blauwe fractie.

De angst voor rommel en overlast maakt weinig indruk. "Dan zet je toch hekken neer en een prullenmand." Bovendien, kinderen gooien ze niet makkelijk weg, ze ruilen volop plaatjes. En: kinderen vinden het nu eenmaal leuk om voetbalplaatjes te sparen en het levert leuke contacten op. De blauwe fractie gooit het nu over een andere boeg: "Je kunt toch ook afspreken om samen een potje te gaan voetballen. Wat is daar mis mee?" Dat niet iedereen van voetballen houdt, maakt geen indruk: "Dan doe je iets anders."

Kamervoorzitter: "Roffelen op de bankjes, dat doen we hier niet"

Uiteindelijk moeten alle zeventig scholieren stemmen over de vraag welke fractie de stelling het beste verdedigd heeft. Er zijn twee winnaars: blauw en groen krijgen elk 25 stemmen, roze blijft op 20 stemmen steken. De voorzitter feliciteert de ex-aequowinnaars en bedankt de Tweede Kamer-leden Tellegen (VVD), Van Weyenberg (D66) en Van 't Wout (VVD) en de Eerste Kamerleden Frijters-Klijnen (PVV) en Quik-Schuijt (SP) voor het begeleiden van de scholieren.

De woordvoerders van de groene fractie.

De jongeren beginnen massaal op de kamerbankjes te roffelen. De Kamervoorzitter roept hen tot de orde en zegt streng: "Dat is iets wat hier niet gebeurt, dat is echt van de Tweede Kamer." Maar daarmee is de kous niet af. Twee meisjes komen naar de microfoon en vragen de voorzitter: "Wat doen ze hier dan wel?" De Graaf: "Dat ga ik je straks uitleggen bij de pannenkoeken!"

De opbouw van de Griffie – inhoudelijke ondersteuning

Van 1815 tot 1993 kwam de inhoudelijke ondersteuning waar toentertijd nog in bescheiden mate behoefte aan was geheel van de Griffier zelf. Toen de Kamer in de jaren tachtig steeds meer aandacht ging geven aan Europa, leidde dit vanaf 1993 ook tot een zekere ambtelijke toerusting om Europese regelgeving bij te houden en te betrekken in het werk. Dit resulteerde in 2001 in de oprichting van het Europees Bureau binnen de Griffie van de Eerste Kamer, zoals in hoofdstuk 7 is beschreven. Het was een kantelmoment voor de Griffie, waar immers een georganiseerde vorm van inhoudelijke ondersteuning van alle leden haar intrede deed. Die werd vanaf 2004 nog verder uitgebouwd, toen werd besloten tot verbetering van de ambtelijke ondersteuning bij de informatieverwerking. Sindsdien worden voor de behandeling van wetsvoorstellen op verzoek voorbereidende dossiers gemaakt. In het verlengde daarvan deden ook zogenoemde wetgevingsdossiers hun intrede, waarin de inhoudelijke dimensie meer op de voorgrond staat (bijvoorbeeld een toets op wetgevingskwaliteit). Commissies kunnen de staf verzoeken zo'n wetgevingsdossier te maken.

Daarmee is de organisatie van de Griffie qua samenstelling geheel gewijzigd. Er is een hele afdeling ontstaan voor de inhoudelijke ondersteuning. Die inhoudelijke kant kwam vanaf 2005 onder leiding te staan van een afdelingshoofd en vanaf 2008 werd de functie gecreëerd van Eerste plaatsvervangend Griffier, tevens hoofd Inhoudelijke Ondersteuning. De Griffier vormt samen met het genoemde afdelingshoofd en het hoofd van de afdeling Bedrijfsvoering het managementteam.

Anno 2015 ziet de afdeling Inhoudelijke Ondersteuning er als volgt uit: naast de drie al genoemde plaatsvervangend griffiers, zijn er acht stafmedewerkers en vijf informatiespecialisten. Samen vormen die drie functiegroepen in vastgestelde samenstellingen de commissiestaven. Die worden geleid door een commissiegriffier en ondersteund door steeds één of soms twee stafmedewerkers, die al het inhoudelijke werk dat ambtelijk moet worden voorbereid voor commissies behartigen. Verder leveren informatiespecialisten ondersteuning, die alles wat relevant is voor de betreffende commissie op de radar hebben qua informatievoorziening. Het vroegere Europees Bureau is volledig opgegaan in de Griffie; er zijn nu informatiespecialisten die volledig gespecialiseerd zijn in 'Europa'.

De genoemde drie functiegroepen trekken overigens niet alleen in commissiestafverband samen op. Zij kunnen ook worden gevraagd een bijdrage te leveren aan opdrachten die op Kamerniveau spelen. Zo worden soms notities gevraagd door het College van Senioren dat dan een

Informatiespecialisten aan het werk.

Stafmedewerkers achter hun pc's.

*Foto linkerpagina:
Prinsjesdag 2013, de eerste troonrede van Koning Willem-Alexander.*

bepaald staatsrechtelijk of internationaalrechtelijk vraagstuk uitvoerig behandeld wil zien. Stafmedewerkers die er ook op zijn geselecteerd dat zij die kennis in huis hebben, wordt dan gevraagd die voor de Griffier voor te bereiden. Ook zijn er organisatiebrede projecten waar bijdragen vanuit de verschillende functiegroepen vereist zijn.

Naast de genoemde functiegroepen zijn er twee eenheden. De ene eenheid is die voor het Primair Proces, waarin vijf medewerkers samenwerken, met verschillende functies die er echter alle op zijn gericht dat de wekelijkse behandeling van wetsvoorstellen in commissies en plenair procesmatig goed kan verlopen (en dat behelst een deel agendering, maar ook post en archief, bepaalde handelingen die betrekking hebben op de productie van Kamerstukken en secretariële ondersteuning).

De andere eenheid is die voor Communicatie & Protocol (C&P). Vóór 2008 was dit een aparte afdeling met een eigen hoofd, maar deze is opgegaan in de afdeling Inhoudelijke Ondersteuning, vanuit de wens om de communicatie zoveel mogelijk op de inhoud te betrekken. De eenheid C&P bestaat uit zes medewerkers: een persvoorlichter, twee adviseurs Communicatie & Protocol, een communicatieadviseur digitale media, een speechwriter tevens webredacteur en een telefonist/receptionist.

De webredacteur maakt op de perstribune een verslag van het debat.

De opbouw van de Griffie – afdeling Bedrijfsvoering

Naast de inhoudelijke ondersteuning beschikt de Eerste Kamer over een afdeling Bedrijfsvoering. Aan het hoofd daarvan staat het hoofd Bedrijfsvoering, dat tevens lid is van het managementteam. Het werk van deze afdeling voltrekt zich deels onzichtbaar. Er zijn personeelsfunctionarissen, een comptabele (die inmiddels gewoon medewerker financiële zaken heet) en een ICT-ondersteuner, om wat voorbeelden te noemen. Maar deze afdeling heeft ook meer zichtbare functies. Zoals bijvoorbeeld die van de Kamerbewaarder, die bij officiële gelegenheden de Voorzitter voorafgaat of de bodes die zorgen dat stukken tijdens de plenaire vergaderingen gedistribueerd worden. Ook de beveiligingsfunctionarissen – die bij de Eerste Kamer in roulatie vanuit de Tweede Kamer worden ingezet – bekleden zichtbare functies.

Kamerbewaarder en bodedienst

Het werk van de Kamerbewaarder en de bodedienst is op de wekelijkse vergaderdinsdag het meest zichtbaar. De Kamerbewaarder is dan het directe aanspreekpunt voor de Voorzitter en de Griffier voor met name het ordelijk verloop van de plenaire vergadering. Op andere dagen zorgt de Kamerbewaarder onder meer voor de ontvangst en het vertrek van gasten van Voorzitter en Griffier. Bij bijzondere gelegenheden, zoals staatsbezoeken en de Verenigde Vergadering op Prinsjesdag, gaat de Kamerbewaarder altijd aan de Voorzitter vooraf. De bodedienst zorgt voor facilitaire ondersteuning bij plenaire vergaderingen, commissievergaderingen en ontvangsten in de Eerste Kamer. Zo zorgt de bodedienst ervoor dat moties die tijdens debatten worden ingediend tijdig verspreid worden onder alle leden van de Eerste Kamer. De Voorzitter van de Eerste Kamer kan voor dienstactiviteiten beschikken over een eigen chauffeur.

Medewerkers van de bodedienst in hun werkkamer.

Facilitaire ondersteuning

De Eerste Kamer heeft een coördinator facilitaire zaken die onder meer het onderhoud van het monumentale pand van de Eerste Kamer behartigt. Daarbij is er steun van een eigen – bescheiden – huishoudelijke dienst die er onder meer voor zorgt dat het gebouw – de plenaire zaal, de commissiekamers en alle andere vertrekken – worden schoongemaakt, zowel op vergaderdagen als op doordeweekse dagen. De huishoudelijke dienst is in de loop der jaren kleiner geworden: de werkzaamheden zijn deels uitbesteed aan een extern bedrijf. De Eerste Kamer heeft een eigen koffiekamer, die op de wekelijkse vergaderdinsdag beperkt toegankelijk is. Medewerkers van de afdeling Bedrijfsvoering zijn verantwoordelijk voor het reilen en zeilen van de koffiekamer.

De postkamer vervult – ondanks de toenemende digitalisering en de afname van de stukkenstroom – nog steeds een belangrijke rol in de Eerste Kamer. Eerste Kamerleden krijgen meer en meer stukken via de

De medewerker van de postkamer verdeelt de binnengekomen stukken over de postvakjes.

De ICT-adviseur (rechts) bemant iedere dinsdag de iPadhelpdesk in het souterrain van de Eerste Kamer.

iPad toegestuurd – bijvoorbeeld vrijwel alles wat met vergaderingen te maken heeft – maar zij beschikken ook nog over postvakjes waarmee doorgaans vooral niet-digitale stukken van derden verspreid worden onder de leden. De postkamer speelt op vergaderdagen ook een rol bij het digitaal en op papier distribueren van de inbreng van sprekers in het plenaire debat naar leden en derden.

ICT, financiën en personeelsondersteuning

Omdat de Eerste Kamer een qua omvang bescheiden organisatie is, is er ook een bescheiden ondersteuning op het terrein van ICT, financiën en personeelsaangelegenheden. De ICT-adviseur zorgt, deels met steun van de Tweede Kamer, voor optimale digitale ondersteuning van Eerste Kamerleden en medewerkers, bijvoorbeeld via de iPads, smartphones en wifivoorzieningen in de Eerste Kamer.

De medewerker financiële zaken draagt zorg voor de betaling aan de Kamerleden en bereidt de financiële verantwoording van de uitgaven voor. De uitgaven van de Eerste Kamer worden gemeld aan de minister van Binnenlandse Zaken en Koninkrijksrelaties, die verantwoordelijk is voor de zogenoemde Hoge Colleges van Staat, waarvan de Eerste Kamer met onder meer de Tweede Kamer, de Raad van State en de Algemene Rekenkamer deel uitmaakt.

De medewerkers personeel en organisatie (P&O) van de afdeling Bedrijfsvoering behartigen voor de senatoren rechtspositionele zaken. Zij zijn verder verantwoordelijk voor alle personele ondersteuning van medewerkers en de ontwikkeling van personeelsbeleid voor de Eerste Kamer. De nadruk ligt op het stimuleren van hoogwaardige personeels-voorzieningen en preventieve activiteiten in het kader van het arbobeleid van de Senaat.

De medewerksters personeel en organisatie in hun werkkamer.

Karakteristiek voor een kleine organisatie

Medewerkers hebben brede werkvelden. Een commissiegriffier heeft bij de Eerste Kamer het werkveld van drie of vier ministeries 'onder zich'; stafmedewerkers hebben in beginsel twee ministeries. Zoals uit de functiebenamingen van de medewerkers van de eenheid C&P blijkt, hebben zij vrijwel steeds dubbelfuncties. Hetzelfde geldt voor de afdeling Bedrijfsvoering. De Eerste Kamer heeft zelf geen eigen beveiligings-beambte meer; de beveiliging wordt ingehuurd bij de Tweede Kamer. De schoonmaak wordt deels al extern ingehuurd en zal uiteindelijk geheel uitbesteed gaan worden.

Wat is verder kenmerkend voor zo'n kleine organisatie? Iedereen is hard nodig. Als iemand uitvalt door ziekte of met vakantie is, voelen collega's

WEBSITES EN GEBRUIK NIEUWE MEDIA

Websites

De website www.eerstekamer.nl is de algemene website van de Eerste
Kamer. De website geeft een gedetailleerd overzicht van wetsvoorstellen
die bij de Eerste Kamer en bij de Tweede Kamer aanhangig zijn. In één
oogopslag is te zien in welke fase van behandeling een wetsvoorstel zich
bevindt. Ook de bijbehorende documenten zijn direct te raadplegen.
De besluiten die in een commissie genomen zijn, de hoofdlijnen van het
plenaire debat, het stenogram en de stemmingsuitslagen staan binnen
enkele uren of soms zelfs enkele minuten op de site. Ook vindt men er een
uitgebreide registratie van moties, toezeggingen, schriftelijke vragen en
interpellaties. De website trekt gemiddeld 16.000 bezoekers per week,
met uitschieters tot wel 40.000 bezoekers als het om controversiële
onderwerpen gaat.

*Websites www.eerstekamer.nl
(rechts), www.europapoort.nl (links)
en www.staten-generaal.nl (midden).*

*Senator Martens (CDA; links) krijgt
uitleg over de nieuwe vergaderapp
op de iPad.*

In 2012 is de vormgeving van de website vernieuwd en is deze voorbereid op de 'nieuwste ontwikkelingen' zoals HTML5. Ook is de website geschikt gemaakt voor mobile-devices zoals de iPad, iPhone en BlackBerry. Daarnaast is in 2014 een geheel nieuwe digitale werkwijze geïntroduceerd waarbij alle benodigde informatie voor een vergadering door de Griffie eenmalig wordt ingevoerd en direct op maat beschikbaar is op de web-site(s) en in de EK-VergaderApp.

De Europapoort (www.europapoort.nl) is sinds 2002 de Europese website van de Eerste Kamer. Bezoekers vinden er niet alleen informatie over de Europese activiteiten van de Kamer en haar commissies maar ook informatie over Europese beleidsinitiatieven, (ontwerp)richtlijnen, besluiten van de Europese Raad en verslagen van de behandeling van voorstellen in het Europees Parlement. De site geeft inzicht in de Europese werkwijze van de Eerste Kamer die erop gericht is zo goed mogelijk gebruik te maken van de controlerende bevoegdheden die de nationale parlementen in de Europese Unie hebben gekregen op grond van het Verdrag van Lissabon. Sinds 2008 is de Europapoort gekoppeld aan www.eerstekamer.nl. Hierdoor kunnen bezoekers van beide websites gemakkelijk schakelen tussen nationale en Europese informatie. Niet alleen leden van de Eerste en Tweede Kamer maken gebruik van deze informatiebron maar ook juristen, beleidsambtenaren, journalisten, lobbyisten en maatschappelijke organisaties weten de weg naar de Europapoort goed te vinden.

Livestream
Achter de herstelde wandbekleding en onder de oude vloeren gaat sinds 2010 een kabelnetwerk schuil dat de bezoekers van www.eerstekamer.nl in staat stelt om het plenaire debat of een bijeenkomst live te volgen.

TIJDLIJN ONTWIKKELING DIGITALE INFORMATIEVOORZIENING

1994
Eerste Kamer in de Digitale Stad Amsterdam,
als eerste overheidsinstelling

1988
Memocom-proef PTT
met elektronische post

1997
Livegang www.eerstekamer.nl

1989
Viditelloket Eerste Kamer

1999
Webwijzer-award voor
www.eerstekamer.nl

Vijf camera's brengen vanuit verschillende posities het debat in beeld waardoor geïnteresseerden in beeld en geluid de plenaire vergaderingen van de Kamer kunnen volgen. Sinds 2012 zijn er allerlei verbeteringen geweest in het camerasysteem en de geluids- en lichtsituatie, zodat de registratie ook geschikt is om rechtstreeks uit te zenden op televisie. Politiek24, NOS en RTL en enkele regionale omroepen maken hier geregeld gebruik van. Sinds medio 2015 kunnen de debatten ook teruggekeken worden via DebatGemist.

Social media
De Eerste Kamer brengt sinds augustus 2009 vanaf haar Twitter-account (@EersteKamer) stemmingsuitslagen en nieuwsberichten naar buiten. Anno 2015 heeft de Kamer meer dan 7.000 volgers. Op het YouTube-kanaal van de Eerste Kamer kunnen sinds januari 2007 deskundigenbijeenkomsten en een aantal belangrijke debatten integraal worden teruggekeken. Ook worden er educatieve filmpjes op geplaatst zoals 'De Eerste Kamer stelt zich voor', 'Hoe wordt de Eerste Kamer gekozen?' en 'Een blik achter de schermen bij Prinsjesdag'.

Staten-Generaal
In samenwerking met de Tweede Kamer is er een website gecreëerd voor activiteiten van de Staten-Generaal (www.staten-generaal.nl), zoals Prinsjesdag of gezamenlijke bezoeken en ontvangsten. Aanleiding voor het ontwikkelen van de website was de communicatie rondom de beëdiging en inhuldiging van Koning Willem-Alexander op 30 april 2013. De Staten-Generaal hebben ook een eigen Twitter-account (@Staten_Generaal), Flickr-account en YouTube-kanaal.

Het Twitteraccount van de Eerste Kamer, @EersteKamer.

2008
2e prijs Webradar (na Defensie.nl)

2009
Officiële Publicaties digitaal

2011
Papierloos vergaderen op basis van elektronische integrale verspreiding vergaderstukken

2015
Introductie DebatGemist

dat onmiddellijk, bijna fysiek. Collega's weten dat van elkaar en organiseren vaak hun eigen achtervang als zij verlof willen opnemen. Dat maakt het werk en de omgang persoonlijker dan in een grotere organisatie. Die persoonlijke kant heeft ook een keerzijde. Het gevaar bestaat dat soms niet de functie maar de persoon centraal staat: iemand is ergens goed in of vindt iets leuk en dus gaat dat dan bij zijn of haar functie behoren.

Griffie ook pionier met 'papierloos parlement'

Het werk van de Eerste Kamer is complexer geworden en de stukkenstroom enorm. De klachten van leden over de hoeveelheden papier die wekelijks als post werden aangeboden, namen steeds meer toe. In 2011 is vanuit de Griffie het initiatief ontstaan om een belangrijke stap te zetten richting een 'papierloos parlement'. Met de toen net ontwikkelde technieken voor tablets – waarvan de iPad de bekendste is – heeft de Huishoudelijke Commissie aan de Griffier akkoord gegeven om een vergaderapp te laten ontwikkelen die exact zou aansluiten bij de wensen die de Kamer heeft. Dit heeft erin geresulteerd dat vanaf 13 september van dat jaar aan alle leden een tablet in bruikleen is gegeven, waarop nu alle relevante stukken staan die betrekking hebben op alles wat in commissies en plenair speelt. Bewust is ervoor gekozen de digitale informatiestromen 'in één klap' in de plaats te stellen van de omvangrijke toezendingen per post of koerier van papieren documenten .

De eerste iPads zijn net uitgedeeld onder de senatoren, september 2011.

De belangstelling voor het gegeven dat de Eerste Kamer tot de eerste parlementaire huizen ter wereld behoorde die papierarm gingen opereren en het eerste was dat alle agenda's en daarbij behorende vergaderstukken digitaal aanbood, heeft het inzicht versterkt dat er een voordeel kleeft aan klein zijn: je kunt gemakkelijker pionieren. Het iPadproject heeft wereldwijd de aandacht getrokken. Zo kwam in 2013 een omvangrijke delegatie van het Europees Parlement naar Den Haag om te vernemen hoe het papierarme parlement georganiseerd is en werkt. Een jaar later lanceerde het Europees Parlement zijn eerste pilots waarbij het directoraat-generaal ICT met name steun vroeg van de Eerste Kamer om te helpen parlementsleden mentaal de omslag naar het digitale vergadercircuit te laten maken.

Overigens kon de Eerste Kamer gebruikmaken van de voorhoederol die de Tweede Kamer op andere terreinen van de parlementaire ICT-ondersteuning ontwikkelde. Zoals bij het verslagleggingssysteem (VLOS) waarmee binnen enkele uren na een debat een woordelijk verslag online beschikbaar is. De Eerste Kamer kon daarnaast ook gebruikmaken van de door de Tweede Kamer ontwikkelde Line Distribution Room (LDR-centrum) voor het live uitzenden van plenaire debatten. Sinds 2015 beschikt de Eerste Kamer op de website ook over de faciliteit DebatGemist.

Het Overleg Primair Proces (OPP) op de donderdagochtend waar wekelijks op ambtelijk niveau de vergaderagenda van de Kamer voor de komende week (weken) wordt doorgenomen.

Bepalende ontwikkelingen voor de Griffie

In de afgelopen tien jaar is de Griffie ontstaan zoals wij die nu kennen. In het werk van die Griffie is een aantal ontwikkelingen bepalend geweest.

Ten eerste is de Europese Unie de afgelopen 25 jaar een veel grotere rol gaan spelen in het werk van de Eerste Kamer, een trend die al in hoofdstuk 1 besproken werd. Het gaat hierbij enerzijds om de implementatie en uitvoering van Europese richtlijnen en verordeningen. Implementatiewetgeving is een steeds prominenter onderdeel geworden van alle wetgeving die de Eerste Kamer passeert. De puur nationale wetgeving komt daar nog eens bovenop. Bovendien is in de afgelopen jaren de tendens ontstaan dat de regering steeds meer wetsvoorstellen als 'spoedeisend' aanmerkt. De Eerste Kamer is altijd bereid mee te werken aan redelijke verzoeken om voorstellen die grote maatschappelijke thema's betreffen of grote financiële gevolgen hebben met de nodige spoed – maar onder handhaving van de vereisten van zorgvuldigheid – te behandelen. Niettemin zet deze tendens druk op de Kameragenda en daarmee ook op het werk van de Griffie.

Anderzijds proberen de Eerste Kamer en haar commissies reeds in een vroeg stadium invloed uit te oefenen op toekomstige EU-regelgeving, zoals in hoofdstuk 7 is beschreven. Het is in dit verband van belang te vermelden dat het Verdrag van Lissabon grote invloed heeft op het parlementaire werk. Dit verdrag heeft in 2009 mede geleid tot een nieuwe 'Europese werkwijze', eveneens in hoofdstuk 7 beschreven. Centraal daarin staat dat de Eerste Kamer niet ná de Tweede Kamer komt en minder bevoegdheden heeft, maar dat beide Kamers elk dezelfde eigenstandige rol hebben in het Europese beleids- en regelgevingsproces. Beide Kamers kunnen los van elkaar overwegen een parlementair behandelvoorbehoud te maken of subsidiariteitsbezwaren naar de Europese instellingen te sturen, waarbij in het laatste geval overigens vaak de samenwerking gezocht wordt. Een ander uitgangspunt van de genoemde werkwijze is dat de Europese Unie álle commissies aangaat. In alle commissies, in de een uiteraard meer dan in de andere, worden wetgevende en niet-wetgevende voorstellen van de Europese Commissie onder de loep genomen. Dit betekent dat van alle plaatsvervangend griffiers en stafmedewerkers kennis van de Europese Unie wordt verlangd, terwijl als gezegd enkele informatiespecialisten zich fulltime met Europa bezighouden.

Verder is de Kamer allengs meer gaan behandelen dan alleen formele wetgeving. Hierbij kan in de eerste plaats gedacht worden aan (concept)-algemene maatregelen van bestuur (AMvB's), die de Kamer op basis van zogenaamde voorhangprocedures aan de Kamer voorgelegd krijgt. Deze zijn in de hoofdstukken 1 en 5 al aan de orde gekomen. De Kamer en haar commissies behandelen daarnaast ook steeds meer brieven met beleidsvoornemens van bewindspersonen, visienota's, beleidskaders en wetsevaluaties. Moties van de Kamer kunnen ook weer tot correspondentie met de regering leiden, en hetzelfde geldt voor het genoemde parlementaire onderzoek naar de privatisering en verzelfstandiging van overheidsdiensten. Ook door dit alles is de werklast van de Griffie gegroeid.

Ten slotte wordt veel meer dan in het verleden werk gemaakt en wordt meer verwacht van zogenoemde toezeggingen. Leden kunnen tijdens debatten bepaalde toezeggingen vragen van bewindspersonen en voor registratie daarvan is een systeem opgezet. Het begint ermee dat een stafmedewerker de Handelingen doorleest op gedane toezeggingen en deze voorlegt aan alle woordvoerders in het debat. Daarna worden de toezeggingen in het registratiesysteem ingevoerd en krijgen ze een nummer toegekend (bijvoorbeeld T02033). Alle geregistreerde toezeggingen worden ambtelijk onder de aandacht van het relevante ministerie gebracht. Tweemaal per jaar worden de verantwoordelijke ministers schriftelijk gewezen op de toezeggingen waarvan de deadline voor nakoming reeds is verstreken of binnenkort zal verstrijken. De toezeggingen en de rappels staan niet op zichzelf. Zij leiden uiteraard tot meer stukken en dus ook meer werk. Met name is het aantal beleidsnota's dat binnenkomt erdoor vergroot. En verder wijst de praktijk uit dat antwoorden van bewindspersonen vaak weer aanleiding geven tot verdere (schriftelijke) vragen.

De Europese vlag wappert op de Mauritstoren.

De Griffie in internationaal verband

Nederland heeft een lange traditie op het terrein van parlementaire organisatie. In veel landen in de wereld zijn rechtsstaat en democratie nog jong. Landen met een beperkte parlementaire traditie komen geregeld met vragen naar de oudere parlementen. In veel landen stellen de beperkte middelen grenzen aan wat het parlement wel en niet kan doen. Ook de Eerste Kamer moet haar beperkte middelen doelmatig en doeltreffend besteden. In het kader van studiereizen brengen parlementaire of ambtelijke delegaties uit andere landen met enige regelmaat een bezoek aan de Eerste Kamer om te vernemen hoe het parlementaire werk en de ondersteuning daarvan zijn georganiseerd.

Fora die zich richten op de uitwisseling van informatie en 'best practices' op parlementair-organisatorisch terrein, daaronder begrepen ICT-ondersteuning, zijn de Association of Secretaries General of Parliaments (ASGP; www.asgp.co), het European Centre for Parliamentary Research and Documentation (ECPRD) en het World e-Parliament. In elk van deze fora heeft de Griffie van de Eerste Kamer haar innovaties van de laatste jaren gepresenteerd en draagt zij bij aan de discussie over constitutionele, organisatorische, protocollaire, personele en financiële vraagstukken die binnen parlementen aan de orde zijn.

Ontvangst van een ambtelijke delegatie van het Moldavische parlement.

INTERVIEW MET DRIE GRIFFIERS

"EEN KLEINE ORGANISATIE, IEDERE PLEK MOET DUS ONTZETTEND GOED BEZET ZIJN"

Chris Baljé was Griffier van de Eerste Kamer van 1993 tot 2002. Hij werkte daarvoor bij de Rijksuniversiteit Groningen.

Hoe trof u de organisatie aan bij uw komst in 1993?

Baljé: Ik trof een organisatie aan in problemen. Er was een mislukte reorganisatie geweest. Het was er buitengewoon hiërarchisch en bureaucratisch. Er heerste een zeker wantrouwen en er was heel weinig onderling overleg. Alles werd erg top-down geregeld. Ook was er gemiddeld een te laag niveau van het personeel voor hun rangen waarin ze waren aangesteld. Het ziekteverzuim was heel hoog. Daar heeft de Kamer zelfs de voorpagina van *De Telegraaf* mee gehaald.

Welke ontwikkelingen heeft u toen ingezet?

Baljé: Om te beginnen: bevorderen van openheid en samenwerking. Daarnaast heb ik een klein budget ingevoerd voor het maken van uitstapjes één keer per jaar. Af en toe haalde ik iemand naar de Kamer toe die een soort scholingscursus op een bepaald terrein kon geven. En we gingen andere instellingen en gebouwen bezoeken, met name nieuwe ministeries. Dat soort bijeenkomsten werd altijd afgesloten met een Indische maaltijd als lunch.

Toen ik hier kwam bestond het beeld van de Eerste Kamer als een goede rustplaats voor ambtenaren. Daar kon je wel het wat mindere personeel naartoe afschepen vanuit de Tweede Kamer of vanuit de departementen. Ik heb op een gegeven moment tegen mijn collega in de Tweede Kamer gezegd: 'Ik doe dat niet meer.' Ik heb er zeer voor gepleit vers bloed aan te blijven nemen, vooral in de hogere functies.

Ik heb zelf twee reorganisatieplannen geschreven, om te kijken of we van die strakke organisatie een lerende organisatie konden maken. Daarna probeerde ik mensen in projecten samen te laten werken. Om mensen uit de verschillende hokjes te halen en daarmee de vaak verrassend grote

Chris Baljé

kennis die er bij de mensen zat te benutten. Er kwam een budgetje voor scholing en dat gold voor iedereen. Ik zei tegen de dames van de huishoudelijke dienst: 'Als jullie een cursus bloemschikken willen doen is het prima, moet toch gebeuren.'

Verder heb ik aangemoedigd dat derden werden binnengehaald, om te beginnen voor de hogere rangen: plaatsvervangend griffiers en het hoofd van de Griffie. Om doorstroming te bevorderen. Een van de plaatsvervangend griffiers is nu al jaren secretaris van de ministerraad, een ander is een tijdlang directeur bij de gemeente Zoetermeer geweest.

De rol van de Griffie is puur dienstverlenend: niet alleen naar de Kamerleden, ook naar buiten toe. Het Europees Bureau Eerste Kamer dat ik heb opgezet was bijvoorbeeld ook bedoeld om open te staan voor universiteiten en andere belangstellenden. Dat is ook gebeurd.

Leendert Klaassen was Griffier van de Eerste Kamer van 2003 tot eind 2005. Hij was daarvoor twintig jaar burgemeester.

Hoe trof u de organisatie aan bij uw komst in 2003?

Klaassen: Ik trof een organisatie aan waarin veel onzekerheden zaten. Het was geen blije organisatie: men was op zoek naar hoe het verder moest. Dat had niet alleen met de ambtelijke organisatie te maken maar ook met de uiteenlopende manier waarop de politieke leiding van de Eerste Kamer naar de toekomst keek. De ambtelijke organisatie was van oudsher faciliterend ingericht; weinig inhoudelijk-ondersteunend. De discussie was of je ook niet wat inhoudelijke ambtelijke ondersteuning zou moeten regelen, zoals het voorbereiden van bepaalde wetgevingsdossiers of standpunten van fracties op hun verzoek. Mijn voorganger had de Europapoort opgezet voor de behandeling van Europese regelgeving; een ondersteuning die bij de leden heel erg goed viel en waarvan men het gevoel had: eigenlijk zouden wij wel meer van dat soort ondersteuning willen op andere dossiers.

Kamermedewerkers kregen in de rechtspositie allemaal een Kamerschaal, net als in de Tweede Kamer. Iedereen werd per definitie één schaal hoger gewaardeerd dan hij of zij eigenlijk qua functiewaardering verdiende. Dat betekende dat er nooit meer iemand wegging, want je kon het nergens beter krijgen. Ik vond de organisatie in bepaalde opzichten archaïsch.

Welke ontwikkelingen heeft u ingezet?

Klaassen: Ik heb in de twee jaar en negen maanden die ik er heb gezeten veel energie gestoken in het stimuleren van de samenwerking met de Tweede Kamer, bijvoorbeeld in de beveiliging, de administratie en de ICT. De gedachte die aanvankelijk leefde was: 'Wij hebben onze eigen verantwoordelijkheid, dus we gaan ons niet door de Tweede Kamer laten helpen, want stel je voor dat ze zich ermee gaan bemoeien.' Dat hebben we redelijk doorbroken. Er zijn veel gezamenlijke activiteiten ontstaan in de ondersteunende en faciliterende sfeer.

Leendert Klaassen

Intensief overleg met de politieke leiding leidde er ook toe dat het proces van de Eerste Kamer naar buiten toe bekender werd gemaakt: een dag na de vergadering werden besluitenlijsten en samenvattingen van de debatten op de website geplaatst. We legden ook contacten met de provinciale staten. Dat is immers onze achterban, de statenleden kiezen de Eerste Kamer.

We hebben geprobeerd via een beperkte reorganisatie met name de inhoudelijke ondersteuning wat verder te ontwikkelen. Maar er zat heel veel terughoudendheid en remkracht in die organisatie. In vergelijking met gemeenten ontbrak het de Eerste Kamer aan dynamiek en ontwikkelkracht. Dat komt ook een beetje door de Eerste Kamer zelf. De leden worden perfect verzorgd en gefaciliteerd in die 1,5 dag in de week dat ze er zijn. Dat creëert een omgeving die conserverend is in plaats van stimulerend. Ik ben sneller weggegaan dan ik me had voorgenomen, omdat ik toch duidelijk meer behoefte had aan een bestuurlijke rol dan aan een ambtelijk-faciliterende rol. Toen ik uitstapte had ik niet het gevoel dat het allemaal klaar was. Er was heel veel in beweging en mensen waren op zoek naar hun rol in de organisatie en soms ook naar zekerheden die er niet meer zijn in deze tijd.

Geert Jan Hamilton is Griffier van de Eerste Kamer sinds 2006. Hij werkte daarvoor als jurist in de gezondheidszorg en als wetgevingsdirecteur bij het ministerie van Volksgezondheid, Welzijn en Sport.

Hoe trof u de organisatie aan bij uw komst in 2006?

Hamilton: Ik trof een organisatie aan met vrij veel spanningen. Ieder evenement bracht onnodig veel nervositeit en mijn devies was: 'Ontspannen zijn, dan lukt alles.' Dat had ik in mijn eerste toespraak tot het personeel al gezegd, ook al wist ik toen nog niet dat er zoveel spanningen waren. Die werden voor een deel veroorzaakt door een niet gezonde afbakening van verantwoordelijkheden tussen het politieke en het ambtelijke niveau. Er was ruim één jaar geen Griffier geweest, waardoor er meer politieke bemoeienis met de ambtelijke organisatie was. Er moest een duidelijke afbakening komen wat van de politiek is en wat van de Griffier en wat de ambtelijke organisatie moet doen.

Welke ontwikkelingen heeft u ingezet?

Hamilton: Er was een reorganisatie doorgevoerd met een heel eenvoudig concept: een afdeling Inhoudelijke Ondersteuning en een afdeling Bedrijfsvoering. Alleen de plaatsvervangend griffiers hingen wat los in de organisatie. Daarom hebben we de commissiegriffiers ook ingebed in de afdeling Inhoudelijke Ondersteuning en daarboven kwam een hoofd dat ook griffiersdiensten kon verrichten en mij kon vervangen.

Het aantal stafmedewerkers moest uitgebreid worden, zodat je rond alle commissies ook wat ondersteunende medewerkers had; een soort cluster per commissie. Daarbij hebben we steeds gezegd: de lat moet hoog

Geert Jan Hamilton

liggen. De Eerste Kamer is een kleine organisatie, dus iedere plek moet ontzettend goed bezet zijn. Dat heeft tot een brede kwaliteitsverhoging geleid van de organisatie en zo wordt het ook beleefd door het politieke niveau. Er moet wel altijd enige distantie blijven tot de politiek; we moeten een scherp rolbewustzijn hebben.

We hebben ook doorgewerkt op de structuren en de achterliggende gedachten van mijn voorgangers. Bijvoorbeeld met Europa: we nemen niemand meer aan op universitair niveau die geen blijk heeft gegeven van affiniteit met Europese zaken, want Europese dossiers spelen in vrijwel alle commissies. We zijn verdergegaan met het vergroten van de zichtbaarheid en hebben de website doorontwikkeld tot een echte kernbron van wat de Eerste Kamer allemaal doet.

We hadden in allerlei documenten staan dat het papierarmer zou moeten. Er gingen namelijk karrenvrachten papier naar de leden. Op een dag kreeg ik van onze ICT-medewerker de iPad onder ogen en ik dacht: 'Verdraaid, dit is het.' De iPad is medio 2010 op de markt gekomen en op 13 september 2011 heb ik de hele Eerste Kamer mogen toespreken om de vergaderapp te demonstreren. Van de ene op de andere dag is de totale automatische toevoer van papier gestopt. We hebben er nu vier jaar mee gedraaid en het is steeds verder verfijnd.

Waar staat de Eerste Kamerorganisatie nu?
Hamilton: Het is een vrij blije, energieke en professionele organisatie, durf ik wel te zeggen. Ik voel mij als Griffier ook ontzettend veel comfortabeler dan in de eerste twee jaar: we hebben nu een gezonde mix van ervaring die je onmiskenbaar moet hebben: het institutioneel geheugen en daarnaast veel jonge medewerkers en vers bloed van buiten. De ambtelijke organisatie heeft niet bepaald de uitstraling van een oudemannenbolwerk.

DE VOORZITTERS
VAN DE EERSTE KAMER

Ch.I.Ph. graaf de Thiennes de Lombise
1815-1830*

W.F. baron Röell
1818-1829*, 1830-1832, 1833-1834

Ch.A.F.R. prins de Gavre
1830

De Thiennes de Lombise en Röell wisselden elkaar vanaf oktober 1818 jaarlijks af als Voorzitter.

W.F. graaf van Reede
1832-1833, 1834-1838

A. van Gennep
1838-1845

H.R. Trip
1845-1849

L.G.A. graaf van Limburg Stirum
1849-1850

D. Blankenheym
1850-1851

jhr. J.C. Martens van Sevenhoven
1851-1852

J.A. Philipse
1852-1870

H. van Beeck Vollenhoven
1870-1871

E.J.A. graaf van Bylandt
1871-1874

J.A.G. baron de Vos van Steenwijk
1874-1880

jhr. F.J.J. van Eysinga
1880-1888

W.A.A.J. baron Schimmelpenninck
van der Oye
1888-1889

VEELZIJDIG IN DEELTIJD
TWEEHONDERD JAAR
EERSTE KAMER

A. van Naamen van Eemnes
1889-1902

J.E.N. baron Schimmelpenninck
van der Oye van Hoevelaken
1902-1914

J.J.G. baron van Voorst tot Voorst
1914-1929

W.L. baron de Vos van Steenwijk
1929-1946

R. Kranenburg
1946-1951

J.A. Jonkman
1951-1966

J.P. Mazure
1966-1969

M. de Niet Gzn.
1969-1973

Th.L.M. Thurlings
1973-1983

P.A.J.M. Steenkamp
1983-1991

H.D. Tjeenk Willink
1991-1997

F. Korthals Altes
1997-2001

G.J.M. Braks
2001-2003

Y.E.M.A. Timmerman-Buck
2003-2009

P.R.H.M van der Linden
2009-2011

G.J. de Graaf
2011-2013

A. Broekers-Knol
2013-heden

VOORZITTERS
1990-2015

De laatste zeven Voorzitters van de
Eerste Kamer, v.l.n.r. De Graaf (VVD),
Timmerman-Buck (CDA), Braks (CDA),
Broekers-Knol (VVD), Korthals Altes
(VVD), Tjeenk Willink (PvdA) en Van der
Linden (CDA); niet in chronologische
volgorde. Steenkamp (CDA) ontbreekt.

Lijst van geraadpleegde literatuur

Bij de totstandkoming van dit jubileumboek is onder meer gebruikgemaakt van de volgende boeken, artikelen, onderzoeken, notities en reportages. De lijst is geenszins uitputtend bedoeld.

Chr.L. Baljé (red.), *Hollandse graven hervinden hun residentie*, Den Haag: Sdu Uitgevers 1996.

M. Bolten, *De Slag bij Gibraltar. Een zeventiende-eeuws schilderij 'zonder geldelijke waarde'*, Den Haag: Sdu Uitgevers 1999.

M. Bolten, *Huis van de Senaat. De rijke historie van Binnenhof 22*, Utrecht: Omniboek 2014.

P. Bootsma & C. Hoetink, *Over Lijken. Ontoelaatbaar Taalgebruik in de Tweede Kamer*, Amsterdam: Boom 2006.

C. Borman, *Het Statuut voor het Koninkrijk*, Deventer: Kluwer 2012.

P.P.T. Bovend'Eert & H.R.B.M. Kummeling, *Het Nederlandse parlement*, Deventer: Kluwer 2010.

B.H. van den Braak, *De Eerste Kamer. Geschiedenis, samenstelling en betekenis 1815-1995* (diss. Leiden), Den Haag: Sdu Uitgevers 1998.

A. Broekers-Knol, 'Aandacht voor Europa in de Eerste Kamer: Een voortrekkersrol', in: C.C. van Baalen e.a. (red.), *Jaarboek Parlementaire Geschiedenis 2012. De Verenigde Staten van Europa* (Centrum voor Parlementaire Geschiedenis), Amsterdam: Boom 2012, p. 47-58.

J.L.W. Broeksteeg, 'De Eerste Kamer als politiek orgaan', in: J.Th.J. van den Berg, L.F.M. Verhey & J.L.W. Broeksteeg (red.), *Het Parlement* (Staatsrechtconferentie 2006), Nijmegen: Wolf Legal Publisher 2007, p. 171-175.

De Eerste Kamer en Europa, eigen uitgave Eerste Kamer der Staten Generaal 2007.

De geboortepapieren van Nederland, ingeleid en toegelicht door Coos Huijsen en Geerten Waling, Elsevier 2014.

B. Dijksterhuis, *Criteria voor wetgevingskwaliteit. Onderzoek naar het gebruik van criteria voor wetgevingskwaliteit, alsmede voor de kwaliteit van de uitvoering van in wetsvoorstellen neergelegde beleidsprogramma's door de Eerste Kamer en andere organen op het terrein van wetgeving, bestuur en advies*, juni 2007.

D.J. Elzinga & R. de Lange, *Van der Pot. Handboek van het Nederlandse staatsrecht*, Deventer: Kluwer 2006.

R. Groen e.a., *Yes Senator. Perspectieven voor de Griffie van de Eerste Kamer*, Den Haag: Nederlandse School voor Openbaar Bestuur 2009.

E.T.C. Knippenberg, *De Senaat. Rechtsvergelijkend onderzoek naar het House of Lords, de Sénat, de Eerste Kamer en de Bundesrat* (diss. Maastricht), Den Haag: Sdu 2002.

J.P.M. Koch, *Koning Willem I 1772-1843*, Amsterdam: Boom 2013.

Notitie parlementaire diplomatie Eerste Kamer, *Kamerstukken I* 2010/11, 32 500 V, C.

Notitie tweekamerstelsels, *Kamerstukken I* 2014/15, 34 000, C.

E.J. Nusselder, 'Vergaderzaal van de Eerste Kamer. 17de-eeuws interieurpragmatisme op herhaling', *Jaarboek Monumentenzorg 2001. Interieurs belicht*, Zeist: Rijksdienst voor de Monumentenzorg 2001.

G.J. Oostindie & I.A.J. Klinkers, *Gedeeld Koninkrijk. De ontmanteling van de Nederlandse Antillen en de vernieuwing van de trans-Atlantische relaties*, Amsterdam: Amsterdam University Press 2012.

S.P. Otjes & Th.P. Louwerse, 'Een middenkabinet of een minderheidskabinet', in: G. Voerman (red.), *Halverwege? Tussenbalans kabinet-Rutte II*, Den Haag: Montesquieu Instituut 2014.

S.P. Otjes, 'De Vier Wetten van Noten getoetst', in: B.M. van den Braak (red.), *Het 'probleem' Eerste Kamer. Visies op de toekomstige rol van de Senaat*, Den Haag: Montesquieu Instituut 2015.

E. Paashuis, *Door de Senaat* (tv-documentaire Holland Doc), VPRO 2013.

J.A. Peters, 'Het tweekamerstelsel in Nederland: nut en doel', in: J.Th.J. van den Berg, L.F.M. Verhey & J.L.W. Broeksteeg (red.), *Het Parlement* (Staatsrechtconferentie 2006), Nijmegen: Wolf Legal Publisher 2007, p. 123-155.

A. Postma e.a. (red.), *Aan deze zijde van het Binnenhof. Gedenkboek ter gelegenheid van het 175-jarig bestaan van de Eerste Kamer der Staten-Generaal*, Den Haag: Sdu 1990.

Rijkshuisvesting Monumenten. Binnenhof 1. Door Tijd en Ruimte, uitgave Rijksgebouwendienst 2012.

L.J.J. Rogier, 'Het Koninkrijk der Nederlanden na de opheffing van de Nederlandse Antillen op 10 oktober 2010', *Ars Aequi* 2010/9, p. 563-572.

D. Smit, *Het belang van het Binnenhof. Twee eeuwen Haagse politiek, huisvesting en herinnering*, Amsterdam: Prometheus – Bert Bakker 2015.

P.E. Spijkerman (red.), *Eerste Kamer: reflecties over de vergaderzaal van de 'Chambre de Réflection'*, Den Haag: Sdu Uitgevers 1995.

Y.E.M.A. Timmerman-Buck, 'De kracht van het parlement', in: J.Th.J. van den Berg, L.F.M. Verhey & J.L.W. Broeksteeg (red.), *Het Parlement* (Staatsrechtconferentie 2006), Nijmegen: Wolf Legal Publisher 2007, p. 1-14.

A. Vliegenthart & A.A.G.M. van Raak (red.), *De Eerste Kamer. De andere kant van het Binnenhof: toen, nu, straks*, Soesterberg: Aspekt 2011.

F. de Vries, *De staatsrechtelijke positie van de Eerste Kamer* (diss. Groningen), Deventer: Kluwer 2000.

G.C.F. van Westerloo, *Niet spreken met de bestuurder*, Amsterdam: De Bezige Bij 2007, p. 183-212.

M. Westerveld, 'Hoe zinloos is de Eerste Kamer? Enige reflecties naar aanleiding van het preadvies "Nut en doel van het tweekamerstelsel"', in: J.Th.J. van den Berg, L.F.M. Verhey & J.L.W. Broeksteeg (red.), *Het Parlement* (Staatsrechtconferentie 2006), Nijmegen: Wolf Legal Publisher 2007, p. 157-170.

J. van Zanten, *Koning Willem II 1792-1849*, Amsterdam: Boom 2013.

Verantwoording foto's en andere afbeeldingen

Dit jubileumboek bevat meer dan 300 foto's en andere afbeeldingen. De Eerste Kamer heeft haar uiterste best gedaan steeds alle rechthebbenden te achterhalen en aan correcte bronvermelding te doen.

Circa de helft van de foto's is gemaakt door Hans Kouwenhoven (foto), al meer dan tien jaar de 'huisfotograaf' van de Eerste Kamer. Sommige foto's heeft hij speciaal voor deze uitgave gemaakt en andere zijn afkomstig van de vele gebeurtenissen die hij de afgelopen jaren voor de Eerste Kamer in beeld heeft gebracht. Zo'n tien in dit boek gepubliceerde foto's zijn in opdracht van hem gemaakt door Jeroen van der Meyde van Fotogeniek. Ook medewerkers van de Eerste Kamer zelf hebben foto's voor dit boek gemaakt.

Foto's van - of in opdracht van - Hans Kouwenhoven en van de medewerkers worden niet apart verantwoord. De foto's in dit jubileumboek zijn, tenzij hieronder anders wordt aangegeven, dus van Hans Kouwenhoven, van Jeroen van der Meyde of van de Eerste Kamer zelf.

COLOFON

Veelzijdig in deeltijd; 200 jaar Eerste Kamer, het vizier op de laatste 25 jaar is een uitgave van de Eerste Kamer in samenwerking met uitgever Boom, Amsterdam, ter gelegenheid van het 200-jarig bestaan van de Eerste Kamer in oktober 2015. Het boek behandelt vooral de periode 1990-2015 en is onder verantwoordelijkheid van de Griffier van de Eerste Kamer geschreven door medewerkers van de Griffie van de Eerste Kamer.

REDACTIE

Korné Boerman, Laurens Dragstra, Ilse Van den Driessche, Geert Jan Hamilton, Peter Ording, Gert Riphagen en Stephan de Vos.

MET MEDEWERKING VAN

Linda Augusteijns, Fred Bergman, Jacqueline Bodemann, Warmolt de Boer, Emma Brandsen, Kim van Dooren, Matthijs Eskes, Elvier Geurink, Christward Gradenwitz, Peter Kranendonk, Bas Paauwe, Myrna Prenger, David Rijks, Marjolein Rijs, Leonoor Russell, Klaartje Sanders-Koomans, Lara Wittkowski, Floris Wolf en vele anderen.

CARTOONS

Opland, c/o Pictoright Amsterdam 2015 (pagina 64), Fokke & Sukke (pagina 116), Jos Collignon (pagina 178) en Tom Janssen (pagina 228).

FOTOGRAFIE

Zie verantwoording foto's en andere afbeeldingen, pagina 290

ONTWERP EN REALISATIE

VormVijf, Den Haag

DRUKWERK

Graphius, Gent (België)

OPLAGE

3.000 exemplaren

VERSCHIJNING

Oktober 2015